XML

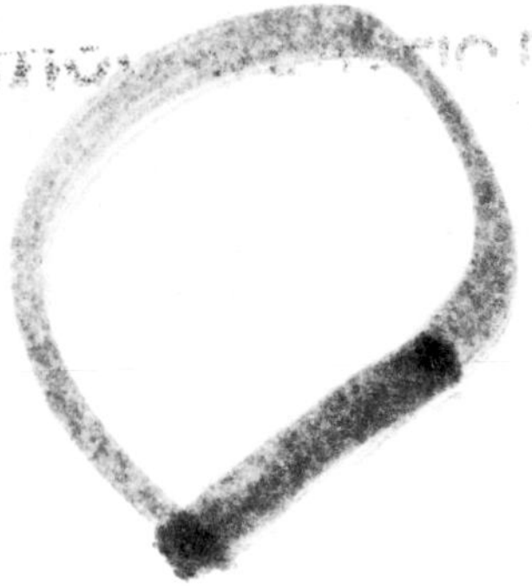

XML

Óscar González

ANAYA
MULTIMEDIA

GUÍAS PRÁCTICAS

Responsable editorial:
Eugenio Tuya Feijoó

Diseño de cubierta:
Narcís Fernández

Autoedición:
Slocum, S.L.

Realización de cubierta:
Cecilia Poza Melero

Juan Ignacio Luca de Tena, 15. 28027 Madrid
Depósito legal: M. 2.384-2001
ISBN: 84-415-1108-X
Printed in Spain
Impreso en Anzos, S. L. - Fuenlabrada (Madrid)

A Mus, Gina, la Princesa Cani y Tigretón

Índice

Introducción 11

Cómo usar este libro 13

1. Conceptos básicos 17

1.1. Introducción 17
1.2. Preguntas frecuentes sobre XML 21
1.2.1. ¿Qué es XML? 21
1.2.2. ¿Para qué sirve XML? 22
1.2.3. ¿Quién ha creado XML? 23
1.2.4. ¿Por qué ha sido creado? 25
1.2.5. ¿A qué se parece XML? 26
1.2.6. ¿Es difícil XML? 26
1.2.7. ¿Es XML útil en Internet? 28
1.2.8. ¿Tiene algo que ver con el mundo Web? 28
1.3. Lenguajes de marcado 30
1.3.1. Historia y necesidad 30
1.3.2. SGML 31
1.3.3. HTML 33
1.3.4. Comparativa 34
1.4. Las tablas de la ley de XML 35
1.4.1. Introducción 35
1.4.2. Las reglas en la práctica 42
1.5. Nuestro primer documento XML 43
1.5.1. La declaración XML 44
1.5.2. Codificación XML 46
1.5.3. Escribiendo el documento 48

2. Introducción a DTD 55

2.1. Introducción 55
2.2. ¿Qué es una DTD? 61
2.2.1. Entorno de trabajo 63
2.2.2. Tipos de DTD 63
2.2.2.1. DTD Internas 64
2.2.2.2. DTD Externas 66
2.3. DTD en la práctica 68
2.3.1 Elementos 70
2.3.1.1. Sintaxis 71
2.3.2. Atributos 78
2.3.2.1. Atributos CDATA 80
2.3.2.2. Enumeraciones 83
2.3.2.3. Declaraciones 85
2.4. XML Schema 85
2.4.1. ¿Qué es XML Schema? 87
2.4.2. Comenzando a trabajar con XML Schema 89
2.4.3. Elemento Schema 90
2.4.4. Elemento datatype 91
2.4.5. Elemento ElementType 93
2.4.6. Elemento element 98
2.4.7. Elemento group 101
2.4.8. Elemento AttributeType 101
2.4.9. Elemento attribute 103

3. XML + HTML = XHTML 107

3.1. Introducción 107
3.2. Por qué HTML no sirve 107
3.2.1. Los "pecados" de HTML 110
3.3. XML y HTML 117
3.3.1. ¿Qué aporta XML a HTML? 119
3.3.2. Implantación de XHTML 120
3.3.3. Validación de XHTML 122
3.4. Errores más comunes en XHTML 123
3.5. Migración 132
3.5.1. Conversión manual 134
3.5.2. Conversión automática 138
3.5.2.1. HTML Tidy 139

4. XML y CSS 143

4.1. Introducción 143
4.2. ¿Qué es CSS? 144
4.3. Especificación CSS 146
4.3.1. Formatos FONT 147
4.3.2. Formatos TEXT 150
4.3.3. Formatos COLOR y BACKGROUND 153
4.3.4. Formatos BOX 155
4.3.5. Comentarios 158
4.3.6. Clases especiales 160
4.4. Formas de aplicación de CSS 163
4.4.1. Aplicación individual 163
4.4.2. Aplicación global 165
4.4.3. Estilos por clases 167
4.4.4. Aplicación por identificador 169
4.4.5. Selectores simples y contextuales 170
4.5. Importación CSS 173
4.5.1. Clases IMPORTANT 175
4.6. CSS avanzado 178
4.6.1. Posicionamiento 178

5. XSL y XSLT 185

5.1. Introducción 185
5.2. ¿Qué es XSL? 186
5.3. XSL y XSLT en la práctica 188
5.3.1. Plantillas 190
5.3.2. XSL y HTML 204
5.3.3. Referencia de instrucciones XSLT 211

6. Implementaciones de XML 223

6.1. Introducción 223
6.2. XML y Microsoft 225
6.2.1. Introducción a COM 226
6.2.2. COM+ 231
6.2.3. MSXML 233
6.2.4. XML e Internet Explorer 5 236
6.2.5. XML e Internet Information Server 240
6.3. XML y Java 251

7. XML y derivados 255

7.1. Introducción 255
7.2. 3DML 256
7.3. CDF 260
7.4. MathML 267
7.5. SMIL 271
7.6. VML y SVG 275
7.6.1. VML 275
7.6.2. SVG 281
7.7. WIDL 281
7.8. WML 283
7.9. SOAP 288
7.9.1. Especificación 290
7.9.2. Mecánica 291

Apéndice A. Lista de Acrónimos 293

Apéndice B. XSLT y Microsoft 299

Apéndice C. Comparativa de motores XSLT 303

Índice alfabético 309

Introducción

XML es la última revolución en Internet. La red es un mundo realmente curioso si se presta la atención adecuada. Para la gran mayoría de la gente, consiste en un "algo" que existe más allá de su ordenador, y que le permite intercambiar mensajes de correo electrónico, navegar por páginas Web y hablar por "chat" con sus amigos. Para otro gran porcentaje de usuarios, Internet constituye básicamente una oportunidad de negocio, una especie de publicidad interactiva que permite vender al tiempo que anunciarse. Pero para un reducido (entre comillas) grupo de personas, Internet supone una gran red de ordenadores intercambiando información a varios niveles sobre los que se construyen distintos protocolos de comunicación. Y algo tan grande supone también un gran esfuerzo de cohesión. ¿Ha probado alguna vez a poner de acuerdo a diez informáticos de distintas empresas? Imagínese lo que supone poner de acuerdo a todas las empresas de informática del planeta acerca de unos estándares.

Por imposible que parezca, el milagro ha ocurrido, y actualmente Internet extiende sus estándares (TCP/IP, HTTP, SMTP, POP3, etc.) a lo largo y ancho del mundo. Pero todavía existe un área en la que los fabricantes no se han puesto de acuerdo, y es en la del intercambio de información a nivel de aplicación. Datos bursátiles, transacciones comerciales, intercambio de noticias tienen cientos de formatos distintos e incompatibles entre sí, dejando la mayor parte de las veces al desarrollador de software la tarea de escribir programas que los pongan de acuerdo entre sí.

XML es la solución a la mayor parte de estos problemas. XML se trata de un lenguaje de definición de datos de carácter general utilizado para ofrecer una mayor cohesión en el intercambio de datos B2B (Business-to-business) o B2C (Business-to-consumer) y que permite la creación de nuevos lenguajes gracias a sus mecanismos de extensibilidad. Aunque ocasionalmente pueda utilizarse XML para definir formatos, de forma habitual se utiliza apoyado por una serie de lenguajes o tecnologías adicionales que sirve para dar a estos mismos datos el formato final que tendrán los datos en pantalla o impresora. En esta Guía práctica vamos a estudiar tanto el lenguaje XML en profundidad, como todas estas tecnologías o lenguajes circundantes. Feliz lectura.

Cómo usar este libro

Este libro está destinado principalmente a todos aquellos programadores o personas (términos no excluyentes hasta el momento) con interés por conocer y profundizar en el lenguaje que sin duda está siendo una de las mayores revoluciones en la informática moderna y en concreto en el mundo de Internet. Este lenguaje no es otro que XML.

Al tratarse de una Guía Práctica, este libro ofrece una lectura sencilla y ordenada por capítulos temáticos acompañados de abundantes ejemplos, por lo que constituye la herramienta perfecta para todos aquellos desarrolladores que quieran adentrarse en los secretos de este lenguaje, para aquellos que únicamente quieran ampliar sus conocimientos, y para todos aquellos que busquen una guía de referencia cómoda y fiable.

XML se trata de un nuevo lenguaje de marcado, derivado del antiguo SGML, pero mucho más moderno y preparado para la era de Internet. El lenguaje XML ha sido aceptado a nivel mayoritario por la industria de software, que ha adaptado en un tiempo récord sus aplicaciones y sistemas a este nuevo lenguaje, y ha creado decenas de lenguajes derivados de XML para todo tipo de propósitos.

Con XML aparece una nueva era de interconexión entre servicios y aplicaciones, actuando este lenguaje como nexo de unión y codificación en la gran torre de babel que hasta ahora era el vasto mundo de Internet.

El libro consta de los siguientes capítulos:

1. Conceptos básicos
2. Introducción a DTD

3. XML + HTML = XHTML
4. XML y CSS
5. XSL y XSLT
6. Implementaciones de XML
7. XML y derivados

En el capítulo 1, "Conceptos básicos", empezaremos con una pequeña introducción a la definición de XML y a su situación actual en el mercado. Nos ocuparemos de las utilidades que se le dan a XML, sus principios de uso, características y en especial de cómo realizar un primer contacto con este lenguaje.

En el capítulo 2, "Introducción a DTD", nos ocuparemos de explicar en qué consisten los documentos de definición DTD, utilizados conjuntamente con XML como lenguaje de definición de propósito general. De igual forma estudiaremos los llamados XML Schema, alternativa a estos últimos.

El capítulo 3 es quizá el que más interés pueda tener para los programadores o diseñadores HTML. En él se muestran las diferencias y paralelismos entre XML y HTML y se explican los pormenores de un nuevo lenguaje surgido como mezcla de estos dos: XHTML.

Los capítulos 4 y 5 entran en los aspectos de cómo ofrecer formato a los documentos XML. Dichos documentos se componen básicamente de datos, y por tanto necesitan de sistemas adicionales para ofrecer un formato en pantalla (en nuestro caso, en el explorador de Internet). Es así como entraremos en contacto con los lenguajes CSS (Cascading Style Sheets) y XSL (eXtensible Style Language).

En el capítulo 6 entramos en el aspecto mas práctico de XML. Veremos las distintas formas de comenzar a trabajar con este lenguaje en la práctica, desde el punto de vista de las dos plataformas mas extendidas en el mundo de desarrollo XML: Microsoft por un lado, con sus componentes MSXML y el lenguaje Java por otro, con una multitud de iniciativas relacionadas con este lenguaje, como el proyecto Xalan de Apache.org.

En el capítulo 7 veremos una serie de lenguajes derivados de XML, que se están utilizando en la práctica en cientos de sistemas y aplicaciones. Tales lenguajes se han aplicado a sistemas tan dispares como la visualización de gráficos en tres dimensiones, aplicaciones de voz, sistemas de intercambio de información a nivel empresarial o programas de cálculo matemático.

Al final del libro se ofrecen tres apéndices que esperamos sean de utilidad. En el Apéndice A (Lista de acrónimos) el lector encontrará una lista de los acrónimos mas utilizados en el mundo XML. Aunque son muchos y pueden amedrentar en un principio, podrá comprobar que en poco tiempo se sabrá todos (y muchos más) de memoria. Además, el Apéndice B (XSLT y Microsoft) ofrece una relación de las especificaciones introducidas por Microsoft al XSLT, y en el Apéndice C (Comparativa de motores XSLT) encontrará una comparativa de los motores XSLT.

Esperamos sinceramente que este libro le sirva como manual de aprendizaje y excelente guía práctica. El uso de un lenguaje moderno como XML es uno de los aspectos con más futuro y proyección en el campo del desarrollo de aplicaciones distribuidas (Internet) de hoy en día y creemos firmemente que esta Guía Práctica, con sus ventajas y limitaciones, le será de gran ayuda. Feliz programación.

1 Conceptos básicos

1.1. Introducción

Hacer una Guía Práctica sobre XML se presenta como una ardua tarea. Se trata de intentar condensar una gran cantidad de conceptos y tecnologías en un pequeño espacio. Pero también es pulir la ingente cantidad de información disponible acerca de XML y tecnologías afines e intentar hacer un curso práctico pero rico en teoría al mismo tiempo. Queda muy lejos del espíritu de esta guía el construir una mera guía de referencia en la que consultar los pormenores de algún comando o alguna especificación. El objetivo fundamental es el aprendizaje de XML en su sentido más práctico.

Por tanto, podemos fijar que el objetivo principal y fundamental de esta Guía Práctica será el de enseñar al lector desde los fundamentos básicos del lenguaje XML hasta las prácticas y herramientas necesarias para desarrollar aplicaciones reales basadas por completo o que puedan manejar y entender este lenguaje.

Debido al carácter eminentemente práctico de la colección, este libro no se orientará a una la forma de guía de referencia sobre XML, sino más bien como un curso conciso sobre cómo trabajar con este novísimo lenguaje desde el punto de vista más práctico posible. Al final de la lectura de esta guía, usted tendrá conocimientos sólidos sobre qué es y cómo utilizar XML, y sobre cómo realizar aplicaciones XML en distintas plataformas.

Y es que este lenguaje, al tratarse de un estándar de facto en Internet, es susceptible de ser utilizado desde o por distintos tipos de programas o aplicaciones ejecutándose en distintos tipos de plataformas. Así, podrán beneficiarse de las bondades de XML desde los programadores más visuales que utilicen las habituales herramientas RAD para Windows (Visual Basic, Delphi, o incluso Visual C++), hasta los mas puntillosos programadores Java o C bajo plataformas SUN Solaris o Linux. Y es que, como podrá comprobar, una de las "maravillas" de XML es permitir la comunicación entre distintos tipos de aplicaciones heterogéneas.

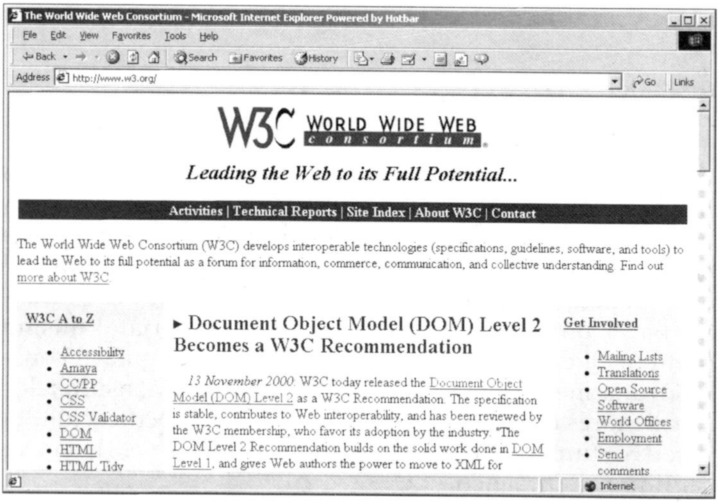

Figura 1.1. XML se ha convertido en uno de los grandes estándares de Internet

```
<?xml version="1.0"?>

<Model>
<Package NAME= "Printer">

   <CollaborationDiagram>
      <TaggedValue>
         <Tag>Title<Value>Printer Sample</Value></Tag>
         <Tag>Author<Value>Junichi Suzuki</Value></Tag>
         <Tag>Date<Value>15, May, 1998</Value></Tag>
         <Tag>Version<Value>1.0</Value></Tag>
      </TaggedValue>

      <Collaboration NAME="Printing">
         <Instance CLASS="User"/>
```

```
        <Instance CLASS="Computer"/>
        <Instance CLASS="PrinterServer"/>
        <Instance CLASS="Printer"/>

        <Message  TYPE      = "sync"
           SENDER   = "User"
           RECEIVER = «Computer»>
        <Label  SEQUENCE_EX   = "1"
           MESSAGE_NAME = "print"
           ARGUMENTS    = "psFile"/>
        </Message>
        <Message  TYPE      = "sync"
           SENDER   = "Computer"
           RECEIVER = "PrinterServer">
        <Label  SEQUENCE_EX   = "2"
           MESSAGE_NAME = «print»
           ARGUMENTS    = "psFile"/>
        </Message>
        <Message  TYPE="sync"
           SENDER="PrinterServer"
           RECEIVER="Printer">
        <Label  GUARD_CONDITION = "[printer
available]"
           SEQUENCE_EX      = "3"
           MESSAGE_NAME     = "print"
           ARGUMENTS        = "psFile"/>
        </Message>
      </Collaboration>
   </CollaborationDiagram>
</Package>
</Model>
```

Una página XML de ejemplo

Como veremos en el desarrollo esta guía, XML es un nuevo estándar de Internet que está causando una pequeña revolución en lo que a desarrollo de software se refiere. Ya se cuentan por cientos las aplicaciones que a nivel mundial están migrando toda su funcionalidad y su mecánica interna para la adopción de este nuevo estándar. Productos como SQL Server 2000, Microsoft Office o tecnologías como Java 2 están siendo actualizadas o ampliadas para la adopción del nuevo estándar, y esto tiene que tener algún motivo.

Visto desde el punto de vista del desarrollador, la relación de Microsoft con XML es, como todo aquello en lo que se mete Microsoft, difícil. Por un lado, no se trata de un estándar propio de Microsoft, sino que es una especificación mantenida por el grupo W3C (World Wide Web Consortium) y en este sentido la compañía de Bill Gates no tendría por qué prestarle especial atención (como ha hecho con tantos y tantos estándares de Internet que ha "interpretado" o cambiado a su gusto). Pero por otro lado XML encierra una poderosa tecnología en la que todo el mundo quiere estar y competir, y se da la curiosa circunstancia de que XML encaja perfectamente con el modelo de programación Windows DNA que Microsoft quiere implantar en todos sus productos y sistemas de desarrollo. Es por estas razones por las que el departamento de XML de Microsoft ha estado trabajando a marchas forzadas para depurar cada vez más sus productos relativos a XML, liderados por el "parser" llamado MSXML, y que se integra en productos tan conocidos como el Internet Explorer 5.0 o el Internet Information Server 4.0.

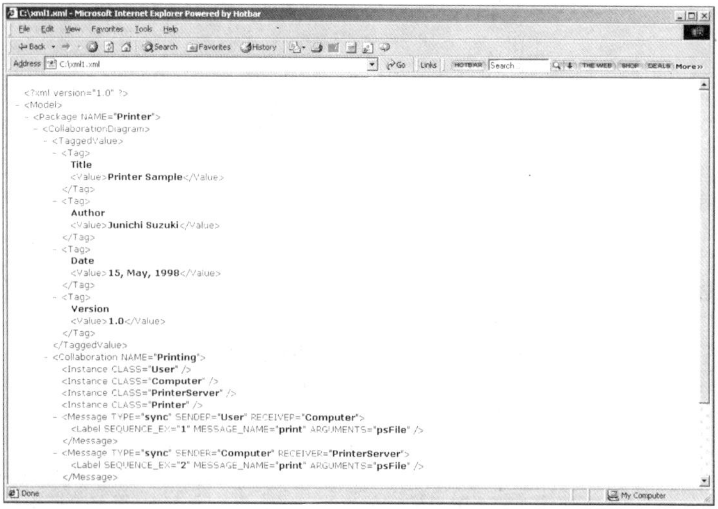

Figura 1.2. Visualización de nuestra página de ejemplo en Internet Explorer 5

Como veremos a través de los capítulos de este libro, el lenguaje XML se integra perfectamente dentro de los paradigmas de programación en tres capas de aplicaciones de Internet. Estas nuevas plataformas de programación son ofrecidas principalmente por los dos grandes competidores en el desarrollo de aplicaciones de Internet: el modelo Enterprise JavaBeans de SUN y la plataforma Windows DNA de Microsoft. En ambos sistemas (y en muchos otros basados en similares esquemas) XML actúa como un formato estándar de información compatible (con el aval de estar aceptado ampliamente a lo largo y ancho de Internet), mediante el cual poder integrar las aplicaciones desarrolladas con el resto de aplicaciones del mercado. Y es que, aunque no necesariamente, el significado y futuro de XML se une íntimamente al de Internet, ya que es este lenguaje el que probablemente se convierta en el sucesor de muchos de los formatos utilizados actualmente en la red.

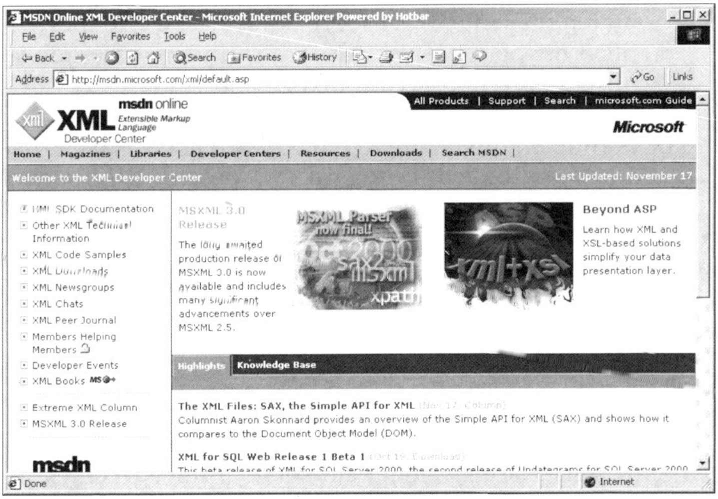

Figura 1.3. XML se está convirtiendo en uno de los puntos fundamentales de desarrollo para todo tipo de plataformas

1.2. Preguntas frecuentes sobre XML

1.2.1. ¿Qué es XML?

Las siglas XML significan "Extensible Mark-up Language" o "lenguaje de marcado extensible", y no es más que lo que su propio nombre indica. XML es básicamente un lenguaje utilizado para crear especificaciones o modelos de documentos o datos con el fin de poder estandarizar el intercambio de datos entre los componentes de una aplicación, o incluso entre distintas aplicaciones o sistemas. XML es, por definición, un estándar de Internet y por tanto no puede decirse que su tecnología, especificación o intención sea propiedad de ninguna empresa en concreto, aunque una de las compañías que más y mejor tecnología están invirtiendo en este lenguaje es precisamente Microsoft, y de su implementación de XML vamos a hablar en este número.

- **Metalenguaje**: Se dice que XML es un Metalenguaje. El prefijo Meta- se utiliza para designar a elementos que versan sobre ellos mismos. Así, Metalenguaje es un lenguaje que trata sobre lenguajes, o afinando un poco más para el caso de XML, un lenguaje que se utiliza para la creación de otros lenguajes.

La definición oficial del lenguaje XML la ofrece la organización creadora del mismo, la World Wide Web Consortium, o W3C (http://www.w3c.org). Esta organización define a XML como "un lenguaje sencillo y flexible basado en SGML".

1.2.2. ¿Para qué sirve XML?

La utilidad de XML reside en que se trata de un estándar. Así de claro y de sencillo. El resto de utilidades que se quieran sacar de este lenguaje serán independientes de cada empresa y cada desarrollador. Suponga que usted está desarrollando (por ejemplo) un portal financiero de Internet. Este portal va a publicar información bursátil que recoge a su vez de tres proveedores de información.

Los pasos lógicos a seguir en este proyecto serían los siguientes:

1. Definir qué información se va a obtener y cómo va a ser ésta publicada en nuestro site.
2. Elaborar un estándar para el intercambio de este tipo de información en concreto entre el proveedor de información y nosotros. Hay que fijar aspectos como

el formato en que recibiremos la información, los campos, tipos de datos, medio de comunicación, etc. Muchas aplicaciones de este estilo se basan en peticiones HTTP (Internet) que recogen listas de datos separadas por comas (o cualquier otro separador).

3. El tercer paso es lógicamente el de la implantación del sistema, en la que los técnicos de cada una de las partes tienen que desarrollar sus programas que generen y reciban los datos en este formato y sean capaces de comunicarse e intercambiarlos correctamente. Actualmente existen miles de sistemas similares a éste a lo largo de Internet, y todos adolecen del mismo problema: la falta de entendimiento. Una coma mal puesta, un tamaño de campo diferente, o cualquier fallo en el protocolo de comunicaciones y todo el proyecto se va abajo. Un día vemos que nuestro site está publicando información bursátil errónea y comienzan a llover llamadas de usuarios insatisfechos. Es en estos momentos cuando desearíamos que alguien en Internet haya desarrollado un sistema fiable de intercambio de información.

Pues bien, este estándar es XML. No vamos a decir que XML elimina todos estos errores y que sea la panacea de las aplicaciones sin errores, pero sí que aseguraremos que previene y ofrece los medios para realizar documentos estándar de intercambio o almacenamiento de datos. Como veremos a lo largo de esta Guía Práctica, XML define los mecanismos necesarios para la creación de formatos uniformes de intercambio de datos, y las herramientas adecuadas para la comprobación y validación de los datos generados o recibidos, de tal forma que tanto el emisor como el receptor (en el caso de nuestro site financiero) puedan comprobar la validez de los datos sin la necesidad de realizar un gran esfuerzo de programación.

1.2.3. ¿Quién ha creado XML?

XML ha sido creado por una organización bien conocida en Internet llamada *World Wide Web Consortium*. Esta organización es la encargada de creación, adopción y revisión de los estándares por los que se rige el mundo Web (de ahí su nombre).

La W3C se creó en octubre de 1994. Su fin primordial es el de servir de punto de apoyo y creación de las distintas cuestiones técnicas (especificaciones, revisiones, etc.) referentes a los estándares utilizados en Internet. Actualmente el World Wide Web Consortium está formado por más de cuatrocientas organizaciones y tiene más de veinte estándares de Internet publicados. La misma página de la W3C define estos tres objetivos principales para la organización:

- **Acceso universal**: Este primer punto significa que la W3C desarrollará sus actividades en el marco de una comunidad global y mundial que incluye entre sus miembros a diferentes culturas, educaciones, etc. También hace mención especial a un apoyo a los grupos de personas disminuidas, intentando orientar Internet hacia la superación de todo tipo de barreras. Esta última iniciativa se recoge como un grupo dependiente de la W3C llamado Web Accesibility Initiative (WAI).
- **Web accesible**: Otro de los pilares de la W3C es la consecución de un sistema que permita a cada usuario sacar el máximo partido de los recursos de la red, abriendo sus posibilidades hacia una mejor integración entre sistemas y aplicaciones.
- **Punto de referencia**: Por último, la W3C intenta actuar o servir como punto de referencia en toda una serie de aspectos relativos al mundo Web, como pueden ser problemas o cuestiones legales, comerciales y sociales que pueden surgir en una comunidad tan global y universal como lo es el mundo Web de Internet.

En definitiva, el World Wide Web Consortium es un pilar del sistema Web con la credibilidad y autoridad suficiente como para conseguir una necesaria independencia comercial sobre cualquier sistema o compañía, y que sirve de punto de apoyo a miles de desarrolladores y compañías de todo el mundo, que sin ella andarían en un mar de dudas y de especificaciones sin orden ni concierto. Para todo aquel programador relacionado con el mundo de

Internet y en especial para nosotros, futuros desarrolladores de XML, es recomendable (incluso obligatoria) una visita al menos quincenal al sitio web de la W3C, para mantenerse al día sobre las evoluciones de los distintos estándares, nuevas herramientas, recomendaciones, discusiones, etc.

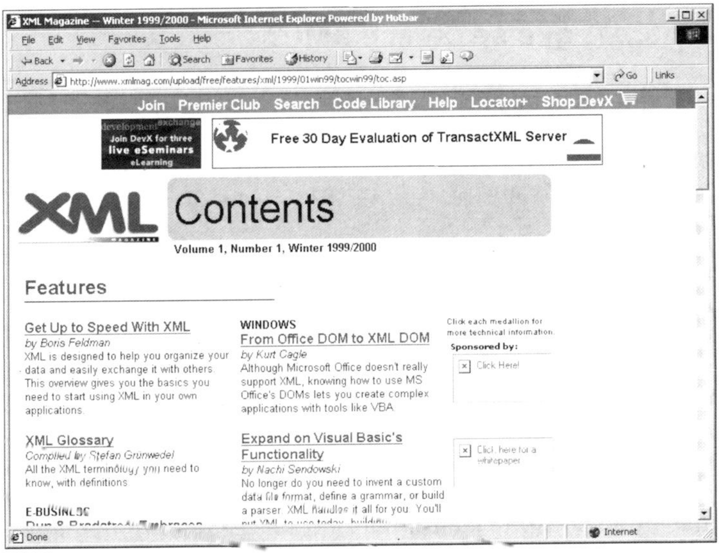

Figura 1.4. Son cientos los sitios web que dedican sus contenidos a informar sobre XML

1.2.4. ¿Por qué ha sido creado?

XML se ha creado para evitar problemas como el que hemos expuesto anteriormente, y similares. Los desarrolladores de medio mundo gastan la mayor parte de su tiempo en la producción y depuración de "parsers" (programas de tratamiento de información) que trabajan con especificaciones de datos que en la mayoría de las veces están mal realizadas y no resultan ampliables o entendibles por otros sistemas.

XML define, por tanto, una serie de reglas para la elaboración de documentos de datos que, gracias al cumplimiento de una serie de reglas, resultan mucho más legibles y ordenados que cualquiera de estas especificaciones. Por tanto, XML no representa nada que un buen analista o programador no pueda haber hecho por su cuenta.

XML únicamente ahorra un buen trabajo de análisis y programación a miles de compañías y desarrolladores de aplicaciones.

1.2.5. ¿A qué se parece XML?

Aunque esta pregunta pueda parecer algo superflua, puede que al lector más neófito en estos temas le resulte de gran ayuda. Al tomar contacto con un nuevo sistema, ya sea dentro del campo de la informática como en cualquier otra área, ya sea profesional o personal, el establecer una relación de lo nuevo con algo que ya conocemos, aunque sea una relación vaga y difusa, puede ayudarnos sobremanera en la comprensión de la nueva materia o sistema a estudiar.

Por tanto, vamos a decir que XML se parece a HTML. Esto no quiere decir que sean iguales, o que persigan los mismos objetivos. Únicamente especificamos que un documento XML se basa en un lenguaje de marcas similar al que presenta una página HTML, que probablemente sea mucho más conocida por cualquier tipo de lector mínimamente relacionado con el mundo de Internet.

En resumen, XML se parece a HTML en el sentido en que ambos se basan en documentos de texto plano (que pueden ser editados por cualquier editor similar al **Bloc de Notas** de Windows o **VI** de Unix), basados en un lenguaje de marcas (que define una serie de etiquetas como <FONT> o <TABLE>), y que son fácilmente entendibles a primera vista. Por tanto, XML no se parece a un lenguaje de programación como C++, ni se trata de ficheros binarios, ni de ningún programa ejecutable. Afortunadamente, veremos cómo XML resulta infinitamente mucho más fiable y definido que HTML.

1.2.6. ¿Es difícil XML?

XML no tiene por qué resultar complicado para cualquier persona relacionada con el mundo de la programación o con Internet. Son miles los desarrolladores que en los últimos meses han debido aprender los fundamentos de este nuevo lenguaje, y a muy pocas personas les suele ofrecer algún problema de comprensión.

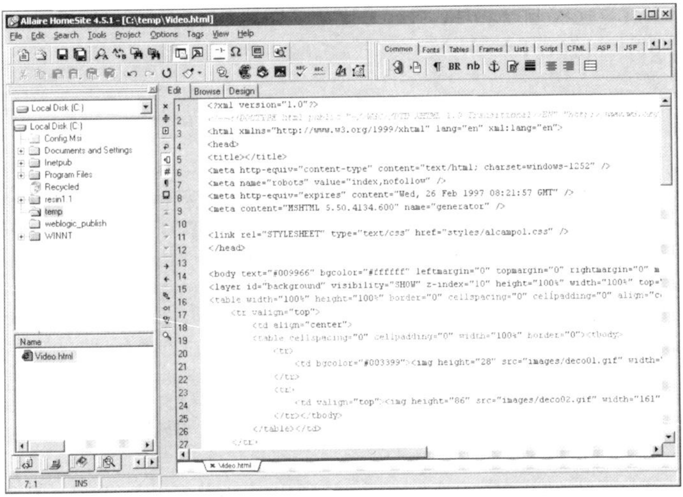

Figura 1.5. Los nuevos documentos XHTML son una mezcla entre HTML y XML

Obviamente, en XML como en cualquier área hay un paso muy grande entre la iniciación en el sistema, el dominio del mismo y la "maestría". Aprender bien XML no le llevará mucho más tiempo de lo que tarde en leer este libro. Dominar el lenguaje XML dependerá del tiempo que pueda dedicarle y de cómo aborde su aprendizaje. Aquí, se puede afirmar que la experiencia es un grado, y que por tanto no dominará bien XML hasta que haya realizado cuatro o cinco proyectos reales de aplicaciones comerciales que utilicen este lenguaje.

Otra de las prácticas más enriquecedoras en lo que a XML se refiere es el de la elaboración de un documento estándar XML que vaya a ser utilizado por otras compañías o desarrolladores. Es entonces, en la puesta en común con otras formas de pensar y otro tipo de aplicaciones y plataformas, cuando realmente se llega a obtener una visión clara de lo que XML representa, y de los beneficios y trampas que puede ocultar en la consecución de un buen estándar de intercambio de datos.

A lo largo de esta guía intentaremos recalcar todos aquellos aspectos que puedan ayudarle en trazar este pequeño puente entre la más pura teoría XML con la eminentemente aplicación práctica en sistemas y entornos reales (con todas las peculiaridades y problemas que la práctica conlleva).

1.2.7. ¿Es XML útil en Internet?

Después de varios proyectos reales y estudios sobre los pormenores de XML, algo podemos afirmar, y es que XML no es "humo". El lenguaje XML realmente aporta beneficios en el desarrollo de aplicaciones, y especialmente en todas aquellas aplicaciones relacionadas de algún modo con la red.

1.2.8. ¿Tiene algo que ver con el mundo Web?

XML tiene que ver **especialmente** con el mundo Web. XML por tanto se integra dentro de un conjunto de lenguajes y tecnologías surgidas o adaptadas especialmente para su desarrollo dentro del mundo Web. Este conjunto de lenguajes y tecnologías, que han apoyado y fundamentado desde un principio la construcción de aplicaciones en modelos I*Net (Internet, Intranet y Extranet), se encuentra formado principalmente por dos grandes grupos de lenguajes. Por un lado, los lenguajes tradicionales encargados de ofrecer las librerías o componentes básicos que permitan la comunicación mediante una red TCP/IP. En este grupo de lenguajes, los reyes son los lenguajes C y C++, mediante los cuales se han desarrollado numerosas librerías de protocolos, y la mayoría de los servidores y aplicaciones de Internet y "middle-tier" existentes en el mercado.

El segundo grupo de lenguajes que han hecho posible el increíble crecimiento y popularidad de las aplicaciones Web, se encuentran los lenguajes encargados de crear páginas o contenidos Web dinámicos.

En este grupo se encuentran las pioneras páginas activas de Microsoft (páginas ASP), sus homólogas de la compañía SUN (páginas JSP y Servlets), los conocidos lenguajes PERL y PHP, otros sistemas similares como

ColdFusion y pocos más. Todas estas tecnologías guardan una serie de coincidencias entre sí mucho mayores de lo que se podría esperar debido en gran parte a que todas comparten una mecánica de trabajo muy similar.

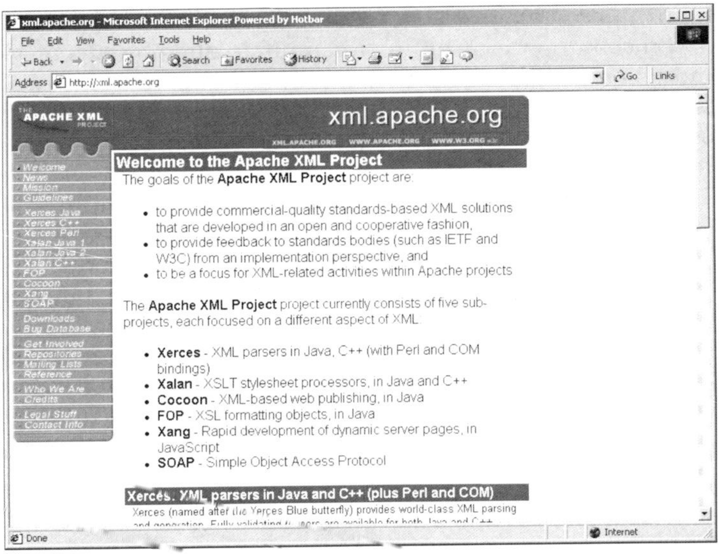

Figura 1.6. El conocido servidor Web open-source Apache también se integra con XML

El papel actual de XML es el de encontrar la mejor forma de integración con todas estas tecnologías, que ya cuentan con un gran parque de instalaciones. Pero también es papel de estas plataformas el de facilitar la entrada de XML en sus modelos de programación, y mucho más cuando la competencia tecnológica y comercial entre ellas se basa en gran parte en la forma en que resuelvan esta integración con XML.

Cualquier aplicación desarrollada para funcionar bajo la mecánica de Internet estará claramente influida en gran parte por el funcionamiento intrínseco del protocolo HTTP (por su mecánica de "petición/respuesta"), y por tanto todos estos lenguajes y plataformas presentan un modelo de programación muy similar.

Es decir, todos estos lenguajes desarrollan sus respectivas aplicaciones bajo un modelo en que los usuarios hacen una serie de peticiones de URL (direcciones de recursos de Internet) concretas, con un mecanismo de paso de parámetros o variables muy sencillo y definido, y dichas aplicaciones devuelven una serie de datos, ya sean estáticos (páginas HTML) o dinámicos (las mismas páginas HTML pero construidas dinámicamente).

En cualquier caso el funcionamiento que nos encontramos siempre es el mismo. Lo único que cambia es el lenguaje utilizado y la orientación que se le quiera dar a la aplicación en el servidor (sistemas de n-capas, distintos motores de base de datos, software transaccional, etc.).

La integración de XML en este sistema por tanto está clara. XML se encargará de dividir lo que antes era una página HTML generada dinámicamente (con todos los problemas que esto ha dado), a un modelo similar, pero en el que la respuesta enviada a los usuarios sea una mezcla o conjunto de un documento de datos definido por XML, formateado mediante terceros lenguajes de presentación como CSS. Así, el antiguo modelo de programación Internet se ve reforzado por una nueva abstracción de los datos suministrados en relación a la presentación de los mismos.

1.3. Lenguajes de marcado

1.3.1. Historia y necesidad

Cuando hablamos actualmente de conceptos tales como desarrollo de páginas Web, lo hacemos pensando siempre en un medio que en teoría es independiente de la plataforma de visualización que el usuario utilice. Al margen de los problemas de compatibilidad entre navegadores que todos conocemos, y que se deben más que nada a cuestiones políticas y comerciales entre las empresas competidoras de este mercado, una página HTML debería de visualizarse de forma idéntica en cualquier navegador, ya sea éste Internet Explorer, Netscape Navigator, Opera, se esté ejecutando en Windows, Apple, Linux o incluso un PDA.

La filosofía de este sistema es sencilla. El documento HTML se basa en una serie de marcas que definen qué datos van a ser presentados, y la forma en que se van a presentar. Así, una página HTML puede mostrar una imagen en pantalla mediante la etiqueta <IMG> o un texto con un tipo determinado de fuente mediante la etiqueta <FONT>. En tal caso, HTML no le dice directamente al ordenador cómo entender o mostrar en pantalla el formato GIF o JPEG de la imagen en cuestión, ni la forma de obtener el tipo de fuente del sistema operativo. HTML se basa únicamente en una serie de marcas que otro programa debe interpretar. Esta es la base de los lenguajes de marcado.

Veamos un ejemplo muy claro. Todos (o casi todos) recordaremos el famoso procesador de texto WordPerfect 5.1 o 6.0. Este procesador de texto tenía un modo de edición en el que además del texto que escribíamos, podíamos visualizar una serie de marcas que definían todos los aspectos relativos al formato del texto, como letras en negrita, itálica, etc.

Este formato no se diferenciaba en gran cosa del actual HTML, ya que la intención es la misma: confiar en un sencillo lenguaje de marcado el formato de nuestros datos.

1.3.2. SGML

Las siglas SGML significan **Standart Generalized Mark-up Language** (Lenguaje general estándar de marcado), y se basan en una especificación de lenguajes estándares de marca, creada por IBM como estándar internacional en el año 1986. Fue esta empresa la que encargó a Charles Goldfard el diseño de un nuevo lenguaje que sería utilizado para la definición de documentos. Este, con la colaboración de Ed Mosher y Ray Lorie creó la primera versión de un lenguaje que se denominó **GML (Generalized Mark-up Language)**.

SGML es, por tanto, un estándar de creación y definición de documentos. Para ello, SGML implementa unos documentos de validación (que también posee XML como veremos más adelante) llamados **DTD** (Definición de Tipo Documento o *Document Type Definition*). El estándar SGML define la sintaxis del documento de datos además de la sintaxis y semántica de los documentos DTD. Tan lejos llega su importancia que incluso su especificación se recoge bajo la forma de norma internacional, siendo ésta la ISO 8879.

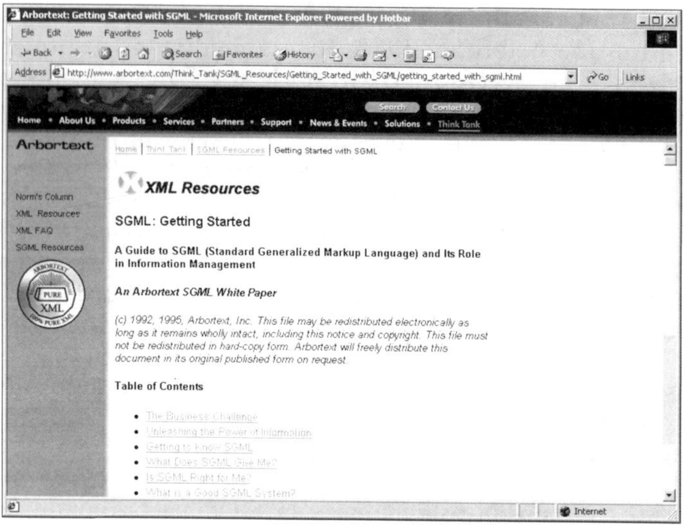

Figura 1.7. SGML es una especie de precursor de XML y lleva unos quince años en el mercado

Una de las peculiaridades de SGML es que los documentos de datos escritos mediante este lenguaje no especifican detalles acerca de su representación formal (como la representación en pantalla, impresa, etc.). Por tanto, SGML define únicamente la parte relativa a los datos de un documento o sistema, dejando la tarea de visualización de dichos datos a terceros programas de presentación, que mediante otra serie de documentos de presentación o estilo se encargarán de definir y construir la representación final que vaya a presentar el documento SGML. Por tanto, este lenguaje ya hacía desde hace mucho tiempo la distinción entre contenido de datos y presentación, que tan fundamental parece ahora en el tiempo de Internet.

Uno de los objetivos principales de SGML es también compartido por su sucesor XML. Ya a finales de los ochenta existían numerosos lenguajes de marcado (o similares) desarrollados por distintas compañías. La precipitación de todas estas normas sobre la comunidad informática hizo que surgiese la necesidad de crear un lenguaje estándar que reuniese una serie de conceptos y normas básicos y universales que pudiesen servir de piedra angular para la construcción de nuevos lenguajes y estándares.

Como veremos, XML guarda muchísimas referencias y similitudes con SGML, tanto en la definición de entidades y elementos de los documentos DTD, como la sintaxis del sistema de marcado.

- La especificación XML se ha creado en contraposición a SGML con un menor nivel de dificultad. XML es significativamente menor que SGML, y por tanto mucho más asequible para el aprendizaje y uso cotidiano.

1.3.3. HTML

HTML es quizá uno de los lenguajes más conocidos de toda la red Internet. Es increíble cómo un lenguaje tan sencillo e incluso imperfecto como HTML ha alcanzado un estatus de estándar y un conocimiento por todo tipo de públicos tan grande. El estándar de HTML (*Hiper-Text Markup Language* o Lenguaje de Marcado de Hiper-texto) fue creado a finales de los años ochenta, por uno de los fundadores de la W3C, y el proclamado inventor del mundo Web, llamado Tim Berners-Lee.

Su gran aportación al mundo de Internet fue la creación de un curioso sistema de hipertexto (documentos de texto marcado con enlaces a otros documentos). Este sistema permitía realizar una "navegación" entre los distintos documentos gracias a este sistema de enlaces o *links*. Es curioso cómo la visión de una sola persona (aunque apoyada por un enorme trabajo previo, como el realizado por los creadores de SGML, en el que HTML está basado) ha influido tanto en el desarrollo de todo un sistema de comunicación y comercial a lo largo y ancho del mundo de las telecomunicaciones.

Uno de los puntos que recalcaremos más en esta Guía Práctica es el de la alternativa que XML ofrece (en cierto modo) al estándar HTML. Sin quitar ningún mérito a este último lenguaje, que en un principio propició un enorme salto conceptual, lo cierto es que con el tiempo ha dejado entrever una serie de vicios ocultos. El más importante de todos ellos es el de la nula separación entre contenido (datos) y presentación (formato).

```
<!DOCTYPE HTML PUBLIC "-//W3C//DTD HTML 4.01 Transitional//EN">
<HTML>
<HEAD>
  <TITLE>Netscape.com</TITLE>
  <SCRIPT TYPE="text/javascript" LANGUAGE="JavaScript">
  <!--
    if (parseFloat(navigator.appVersion) < 3)
    {
      document.write('<FRAMESET>');
      location.HREF="http://home.netscape.com/computing/download/upgrade_index.htm
    }

    function ReplaceText(mystring, searchfor, replacewith)
    {
      var i=mystring.indexOf(searchfor);
      while (i!=-1)
      {
        mystring=mystring.substring(0,i)+replacewith+mystring.substring(i+searchfo
        i=mystring.indexOf(searchfor);
      }
      return(mystring);
    }

    function ChangeLinks()
    {
      for (var i=0;i<document.links.length;i++)
      {
        document.links[i].href=ReplaceText(document.links[i].href,'CLICK','hop10')
      }
```

Figura 1.8. HTML es uno de los lenguajes de marcado que más popular es. Es la base del sistema de páginas Web

Esto se debe a que HTML se basa en SGML para definir no un estándar de documentos de datos, sino un estándar de presentación de documentos en pantalla o impresora. Como se puede comprobar, prácticamente la mayoría de las etiquetas (*tags*) de HTML definen un formato en pantalla, y prácticamente ninguna etiqueta se reserva para la mera definición de datos. Debido a esta razón, es normal encontrarse ahora con que HTML resulta deficitario en lo que se refiere a las necesidades de las actuales aplicaciones de Internet (grandes sitios, portales, sistemas de *e-business*, etc.)

1.3.4. Comparativa

Con el fin de resultar más didáctico, he incluido una pequeña tabla que a modo de explicación compara las tecnologías HTML, SGML y XML en una serie de puntos, para poder observar de un vistazo las diferencias fundamentales entre los tres sistemas.

Esta tabla debe de servir únicamente de referencia general, ya que las características que incluye podrían ser estudiadas y matizadas en un nivel mucho mayor. Veamos cuáles son las diferencias entre estos tres lenguajes:

	HTML	*XML*	*SGML*
Especificación de marcas	Fija	Extensible	Extensible
Aplicación de formato	CSS	XSL / CSS / DSSSL	DSSSL
Búsquedas	Sin sistema propio de búsquedas	XQL y jerarquía de objetos	Motor propio
Complejidad	Baja.	Mediana	Alta
	Nivel de diseño y herramientas de autor	Herramientas de ayuda y SDK	Herramientas no muy modernas
Etiquetas de marcado	Fijadas por estándar HTML 4	Sin límite	Sin límite
Hipervínculos	Hipervínculos simples	Sistema propio (XPath, XPointer)	HyTime
Organización interna	Semi-estructurada	Jerárquica (árbol)	Jerárquica (árbol)
Validación de gramática	Sin validación	Validación DTD o XML Schema opcional	Obligatorio DTD

1.4. Las tablas de la ley de XML

1.4.1. Introducción

Cuando hablamos de XML uno de los conceptos que hay que tener presentes es el de corrección. La corrección (que no la rigidez) es una de las máximas de XML. Si los documentos de datos XML no estuviesen correctamente formateados, con un cumplimiento estricto de una serie de normas, su lectura y procesamiento sería una ardua labor. De igual forma que un programa ejecutable debe de tener una estructura básica para que un sistema operativo pueda ejecutarlo, o una DLL debe de presentar una codificación binaria en concreto para poder ser utilizada, un documento XML debe de observar ciertas reglas igualmente.

El problema es que cuando el formato de un documento es el de texto plano (cuando se puede editar con cualquier programa editor de texto) parece que tanto usuarios como desarrolladores esperan que ese documento sea mas flexible en cuanto a formato y especificaciones, cuando realmente no tiene que ser así.

Como ya hemos visto, a lo largo y ancho de Internet se están desarrollando una multitud de aplicaciones basadas en el lenguaje HTML, que basan su funcionamiento en una amplia gama de sistemas de servidor como pueden ser las páginas ASP, el sistema de Servlets de SUN o las aplicaciones CGI.

Pero estas aplicaciones poseen una grave deficiencia, que es la que precisamente viene a paliar el lenguaje XML. Por un lado, la integración de las aplicaciones de Intranet tradicionales con las fuentes de datos se hace de una forma excesivamente débil y muy poco controlada. Tanto los datos receptores de la información como los sistemas y procedimientos de almacenamiento de datos u objetos (persistencia) suelen mezclarse de forma confusa en una serie de páginas activas o programas CGI que actúan a la vez como **Interfaz de Usuario** y **Reglas de Negocio**, tratando y manejando los datos de forma poco estandarizada.

Nota: *A menudo en esta Guía Práctica haremos referencia a los siguientes términos:*

- ***Aplicación Multicapa (n-Tier):*** *Tecnología que divide una aplicación en una serie de áreas. Una aplicación en* ***"tres capas"*** *se compone de una capa de Acceso a Datos, una capa de Reglas de Negocio y una capa de Interfaz de Usuario. El objetivo es que las capas puedan ser intercambiables, y por ejemplo, poder tener una aplicación con* *distintas interfaces de usuario (Web y WAP por ejemplo) sin tener que modificar o cambiar el resto de componentes de las otras capas.*

- ***Capa de Acceso a Datos:*** *Una serie de componentes de servidor que se encargan de todos los aspectos relacionados con el almacenamiento o persistencia de datos de la aplicación. La capa de acceso a datos ofrece a la aplicación una serie de objetos que simplifican la comunicación con el sistema de persistencia, que puede ser un sistema RDBMS (SQL Server, Oracle, etc.), un repositorio XML, un sistema de archivos, etc.*
- ***Capa de Reglas de Negocio:*** *Una serie de componentes que implementan toda la lógica de la aplicación. El objetivo fundamental es que todas las funciones, métodos y procedimientos de la aplicación se realicen por parte de los objetos o librerías integrantes de esta capa, y que no se mezclen con los objetos de la Interfaz de Usuario (un gran problema que se reproduce demasiado a menudo en los desarrollos de sites de Internet).*
- ***Capa de Interfaz de Usuario:*** *Parte de la aplicación o arquitectura que se encarga de mostrar la interfaz de usuario a los propios usuarios. Esta capa (básicamente) debe de recoger los datos suministrados por la capa de* ***Reglas de Negocio****, y darles formato para su presentación al usuario. De igual forma recoge las acciones y datos introducidos por los usuarios (inputs) y se los suministra a las Reglas de Negocio para la consecución de las operaciones realizadas.*

Mediante XML, se crea una estructura de datos (previa a la misma base de datos) que va a poder ser manejada de una forma mucho más ordenada, tanto en la parte de cliente como en la regla de negocio o la capa de acceso a datos. En tal sentido, XML actúa como elemento unificador de los datos que viajan desde el servidor hacia el cliente y viceversa.

Por otro lado, el lenguaje HTML, que fácilmente podría englobarse dentro de las especificaciones de SGML o XML, carece de las reglas o procedimientos de validación necesarias para asegurar su corrección. Esto influye muy directamente en la calidad de código del ochenta por ciento de los sitios de Internet, que presentan en su mayoría un código HTML infame y muy mal construido, mezcla de errores de las herramientas de autor con errores de la generación programática de HTML.

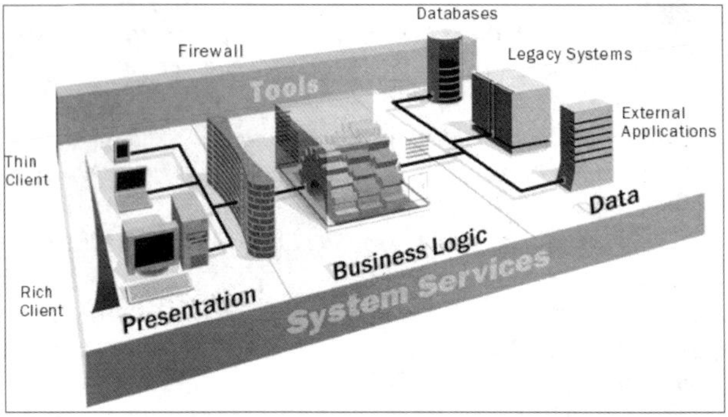

Figura 1.9. El modelo de desarrollo en tres capas es uno de los más aceptados actualmente por la industria del software

En este punto vamos a ver las reglas de validación que presenta el lenguaje XML y que precisamente le distinguen del resto de lenguajes de marcado sin validación. Recuerde siempre que la inclusión de reglas no significa necesariamente un aspecto restrictivo o negativo del estándar. Como podrá observar, las reglas de XML son muy básicas, y en ningún momento influyen en la flexibilidad, elegancia o escalabilidad del lenguaje. Veamos cuáles son estas reglas (permítame la licencia (simpática) de llamarlas "Leyes"):

- **Primera ley**: Las etiquetas XML tendrán que cerrarse en el mismo orden en que se hayan ido creando. Esta regla se basa en la meta de poder construir un árbol de documento bien formado.
- **Segunda ley**: Todas las etiquetas XML se constituyen por una etiqueta de apertura y una de finalización, que tendrá idéntico nombre que la de apertura, pero comenzando por el carácter barra "\".
  Por motivos de comodidad, es posible crear etiquetas XML únicas que actúen como apertura y finalización al mismo tiempo. Estas etiquetas deberán acabar con el carácter barra "/".
- **Tercera ley**: Los identificadores de etiqueta son sensibles a la utilización de caracteres en mayúsculas y

minúsculas. Por tanto, tanto la etiqueta de apertura y finalización de un mismo elemento, como todas las etiquetas iguales de un documento deberán guardar esta similitud en lo que a mayúsculas y minúsculas se refiere.

Así, por la tercera ley, no serán iguales las etiquetas <DATOS>, <dATOs> o <datos>. De igual forma la siguiente expresión sería inválida, debido a que la etiqueta de apertura y la de finalización no coinciden:

```
<Datos> bla, bla, bla </DATOS>
```

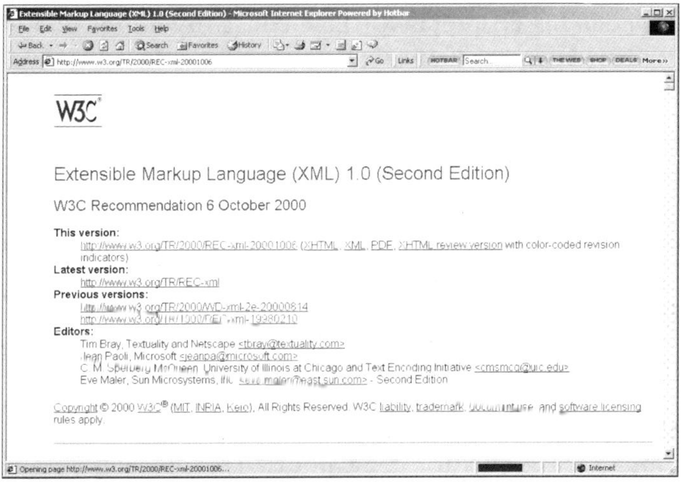

Figura 1.10. La especificación de XML se puede encontrar en el sitio Web de la W3C

Obviamente estas reglas no son las únicas en las que se basa en lenguaje XML, pero sí que es recomendable grabarlas en la mente, ya que la mayoría de los fallos del "día a día" del desarrollo XML se deben al incumplimiento de alguna de estas reglas. A continuación vamos a estudiar el conjunto de reglas que rigen a XML como una segunda lista, superconjunto de la primera, y de igual importancia en lo que se refiere a su estricto cumplimiento.

Todo documento XML se basa en una estructura jerárquica (en forma de árbol) en la que siempre se encuentra un primer elemento (raíz o *root*).

Cuando nos referimos a que un documento XML sigue una estructura jerárquica queremos expresar que el conjunto de etiquetas que componen el documento se anidan unas dentro de otras en una estructura en árbol (ver LISLIS). Esto no tiene nada que ver con su lectura normal en pantalla, que puede no dar la impresión de ser organizada, cuando realmente sí que lo está.

Las etiquetas XML siempre aparecen marcadas por un carácter de inicio (<) y otro de finalización (>).

Esta norma se deriva directamente de la especificación de SGML, y es similar a la notación a la que estamos acostumbrados en el lenguaje HTML. (LISLIS)

Todas las etiquetas XML se constituyen por una etiqueta de apertura y una de finalización, que tendrá idéntico nombre que la de apertura, pero comenzando por el carácter barra "\".

La segunda ley vista anteriormente. Ver explicación anterior.

Los identificadores de etiqueta son sensibles a la utilización de caracteres en mayúsculas y minúsculas.

La tercera ley vista anteriormente. Ver explicación anterior.

Todos los elementos constitutivos de un documento XML deberán estar marcados por una etiqueta.

Un documento XML es ante todo un documento estructurado, y como tal, no deja espacio para elementos que rompan esa estructura, como podrían ser elementos "huérfanos" que no estuviesen definidos por ninguna etiqueta. Todo contenido dentro de un documento XML debe de estar relacionado con una etiqueta. Esta norma previene la creación de documentos mal formados.

Las etiquetas de XML se componen del nombre de la etiqueta, y de una serie de atributos.

Esta es una forma de expandir las posibilidades de XML, ya que dan la vuelta a un modelo puramente jerárquico, permitiendo que cada etiqueta pueda contener una serie de valores dentro de ella sin tener que construir para ello una nueva etiqueta anidada.

El siguiente ejemplo ilustra esta regla. Para ello tomaremos como ejemplo la etiqueta FONT (formato de fuente) utilizada en HTML.

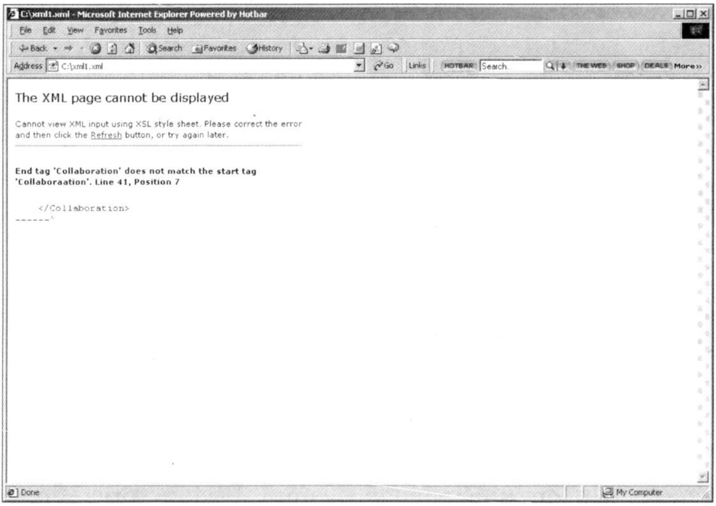

Fifgura 1.11. Cuando un documento XML tiene algún error, el motor XML (en este caso Internet Explorer) se encarga de advertirlo

Este es el aspecto que presenta un ejemplo de la etiqueta FONT:

```
<font size="4" color="black" face="verdana"></font>
```

Sin la ayuda de los atributos de etiqueta (si éstos no existieran, habría que formar el anterior ejemplo de la siguiente forma, mucho más incómoda y falta de utilidad:

```
<font>
   <size>4</size>
   <color>black</color>
   <face>verdana</face>
</font>
```

Ambos sistemas son válidos dentro de la especificación de XML (y en HTML), pero dado un documento con una media de trescientas etiquetas, resulta de sentido común utilizar el sistema de atributos, que ofrece una claridad de código (¡y disminución del tamaño en bytes de documento, otro aspecto importante!) mucho mayor.

El valor de los atributos anteriormente descritos debe ir expresado entre comillas. Estas pueden ser dobles (") o sencillas (').

En HTML es muy común escribir documentos con etiquetas llenas de elementos con errónea escritura. Así, es muy común encontrarse código como el siguiente: (LISLIS)

Cuando lo correcto sería escribir el documento como el siguiente:

1.4.2. Las reglas en la práctica

Si usted está mínimamente relacionado con el mundo de Internet, ya sabrá que estas tres reglas son ampliamente incumplidas en la generación de HTML por las aplicaciones y desarrolladores de este medio. Debido a la falta de unas reglas similares en la creación y visualización de código HTML se originan los múltiples problemas de visualización y compatibilidad que existen en este medio. Puede realizar una pequeña comprobación copiando el código fuente de cualquier portal o sitio de Internet que le guste, y someterlo a un corrector de HTML (la W3C ofrece uno bastante bueno). La mayoría de los sites incumplen normas básicas en lo que a formalidad de código se refiere.

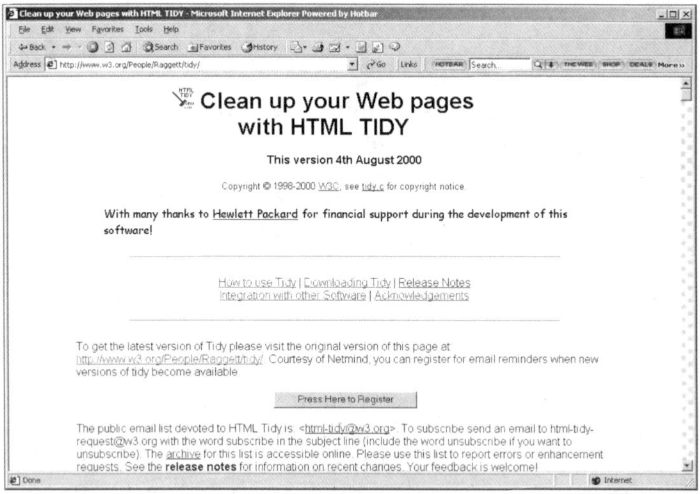

Figura 1.12. Página de inicio del corrector de HTML de la W3C

Gracias a estas tres reglas, XML resuelve este tipo de problemas de raíz, no permitiendo al programador ni un solo error en el código producido, por lo que se erradica un gran problema de las aplicaciones de I*Net.

Los programadores de otro tipo de lenguajes disponen de una característica que es la de "compilar" un programa. Esta acción recoge el código fuente de una aplicación y la transforma en código binario, avisando al desarrollador de cualquier error que haya podido encontrarse. Estos errores se denominan "errores en tiempo de compilación", y son distintos a los errores en tiempo de ejecución. En cierta forma, al poseer herramientas de validación XML que permiten comprobar nuestro código o documentos desde un primer momento, se emula de alguna forma ese efecto de compilar un programa, eliminando una gran fuente de errores en tiempo de desarrollo.

1.5. Nuestro primer documento XML

Ya hemos visto cuáles son las reglas fundamentales que hay que observar en la creación de documentos XML. Es importante aprenderse estas reglas y comprender que habrá que aplicarlas en todo nuestro trabajo futuro con este lenguaje, independientemente de la plataforma o variación del mismo que utilicemos. En este aspecto, las reglas no varían entre unos fabricantes y otros, o entre unas aplicaciones de XML y otras.

Así, todas las reglas se aplican con igual exactitud en un lenguaje basado en XML como es el popular WML (lenguage utilizado en la creación del sistema de páginas WAP), como en VML, MathML o cualquiera de las decenas de lenguajes derivados de esta especificación. De igual forma, estas reglas se aplicarán ya estemos utilizando el motor XML de Microsoft, bajo el sistema operativo Windows, como el motor de SUN, Apache, IBM o cualquier otro fabricante. Únicamente los motores XML peor desarrollados (sobre los que no hablaremos ni una línea en esta guía) dejarán alguna de estas reglas sin cumplimiento. En cualquier modo aseguramos que los motores antes mencionados (los más utilizados) y muchos otros cumplen a la perfección la observación de las reglas fundamentales, y detectan perfectamente los errores cometidos por el usuario.

> ***Nota:*** *Conforme vayamos profundizando en el uso de XML, dejaremos gradualmente de escribir documentos XML por nosotros mismos y serán programas desarrollados por nosotros los que los escriban. Aunque parezca una observación trivial (que no lo es), nunca hay que olvidar que las reglas de XML se aplican tanto a los documentos que escribimos nosotros mismos "a mano" como a los generados programáticamente por nuestras aplicaciones o procesos.*

No voy a pedirle que se aprenda estas reglas de memoria (aunque es habitual sabérselas al dedillo después de unos pocos días de trabajo con XML) y por tanto mantendremos una pequeña marca en este capítulo para revisarlas de vez en cuando y para comprobar que siempre se aplican.

A continuación, y antes de comenzar la creación de un documento XML bien formado, vamos a cometer intencionadamente algunos de los errores más comunes con los que nos vamos a encontrar. Siempre ha sido una buena práctica el cometer intencionadamente los errores más comunes en un lenguaje de programación o sistema, para ver desde un primer momento cómo reacciona el sistema o las herramientas utilizadas cuando se encuentran con un error.

El conocimiento de estas reacciones nos servirá en el futuro para localizar problemas de una forma más natural y sencilla y para desarrollar nuestro instinto dentro del nuevo lenguaje que estamos aprendiendo.

1.5.1. La declaración XML

Siempre que se comienza la escritura de un nuevo documento XML, ya sea de forma manual o programática, éste debe de ser definido como un documento XML. Recordemos que XML es un estándar textual y no binario, por lo que dicha declaración de documento XML deberá de hacerse de igual forma por algún mecanismo de marcado textual.

Dicha declaración XML es una instrucción que identifica todo documento XML como un documento realizado en dicho lenguaje. Por tanto, todo documento XML deberá comenzar obligatoriamente por una declaración XML que seguirá el formato que se describe a continuación:

```
<?xml
   version="VERSION"
   encoding="ENCODING"
   standalone="STANDALONE"
?>
```

En esta especificación de declaración XML encontramos tres variables que definen las características básicas de nuestro documento XML. Estas variables pueden tomar distintos valores dependiendo de las características de nuestro documento. Son los siguientes:

Variable	*Descripción*
VERSION	Versión dFe XML que se está utilizando en el documento.
ENCODING	Codificación empleada para el documento textual **Valores permitidos**: UTF-8 (Unicode) UTF-16 (Unicode) ISO-10646-UCS-2 (Unicode) ISO-10646-UCS-4 (Unicode) ISO-8859-1 a ISO-8859-9 ISO-2022-JP Shift_JIS EUC-JP Entre estos valores, las codificaciones UTF-8 y UTF-16 son las más comúnmente utilizadas en la creación de documentos XML.
STANDALONE	Relación del documento en cuanto a su definición de documento. **Valores permitidos**: . **yes**: La especificación DTD del documento se encuentra dentro del propio documento . **no**: El documento se basa en un documento DTD externo para su definición de formato.

La inclusión de la declaración XML en un documento XML debe de seguir una serie de normas preestablecidas y que son de obligatorio cumplimiento. Estas normas son las siguientes:

- Esta declaración de documento XML se compone de una única etiqueta, que comienza por "?>" y termina en "?>". Todo el contenido de dicha etiqueta deberá de presentarse en minúsculas, con la excepción del tipo de codificación, que incluye mayúsculas en la mayor parte de los casos.
- La declaración de documento XML deberá de situarse obligatoriamente al principio de la primera línea del documento.
- No resulta necesario declarar todos los atributos expuestos anteriormente. Si se especificasen todos, será necesario declararlos en el mismo orden expuesto en el ejemplo anterior. En cualquier caso, la declaración de documento XML siempre contendrá información acerca del atributo de número de versión (*version*).
- Los valores de los atributos deben indicarse entre comillas. Así no será válida (aún siendo correcta) la siguiente declaración:

```
<?xml version=1.0 encoding="UTF-16" standalone=no ?>
```

Como se puede observar, se trata de unas cuantas reglas sencillas aunque estrictas, conformes con el carácter general del lenguaje XML, que de forma general utiliza dicho carácter estricto no como elemento de anclaje o "represor" (por utilizar algún término descriptivo), sino como elemento de unificación en el cumplimiento del estándar de forma unificada (tarea que con el paso de los años se ha demostrado como casi imposible).

1.5.2. Codificación XML

El lenguaje de datos XML presenta también una serie de mecanismos para representar códigos especiales, que se salen del juego de caracteres ASCII estándar. Para ello, XML define dos técnicas o modos distintos de representar caracteres, que son utilizando un sistema de numeración en base 10 o en base 16 (decimal o hexadecimal).

En el caso del sistema en base 10, para representar cualquier carácter se utilizará la siguiente sintaxis:

```
&#Code;
```

Donde *Code* representa al número decimal del carácter que queremos representar. En el siguiente ejemplo se ve un documento XML que utiliza este tipo de codificación para representar dos caracteres "extraños".

```
<?xml version="1.0" encoding="UTF-8"?>
<datos>
   Esta es la 1&#170; vez que te escribo.
   Apunta mi n&#186; de telefono...
</datos>
```

El resultado que el usuario ve en pantalla es muy distinto. Veamos qué ofrece nuestro editor (XML SPY) al interpretar este documento. Como se puede observar, se ha realizado la conversión automática entre caracteres:

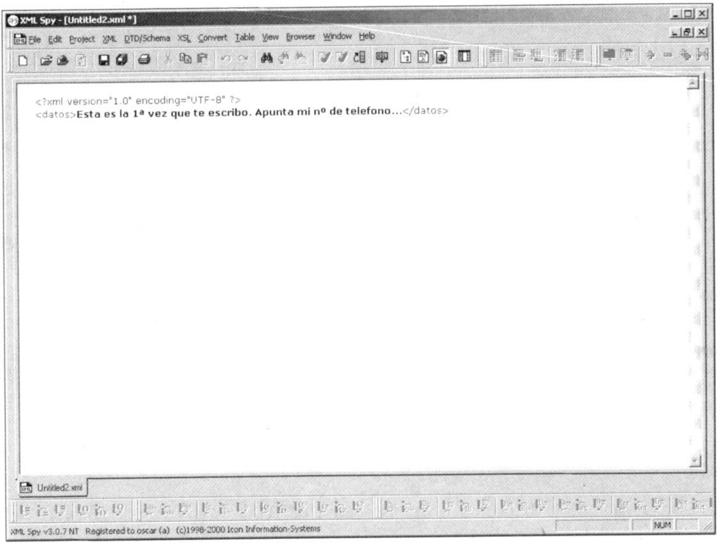

Figura 1.13. Los caracteres especiales del documento han sido bien intrepretados

El segundo caso es el que utiliza una codificación en base 16, o en números hexadecimales. La sintaxis es muy similar a la que acabamos de ver, solo que se incluye el carácter "x" después del símbolo de *almohadilla*. Esta es la sintaxis:

```
&#xCode;
```

Donde *Code* sigue representando al número del carácter que queremos representar, solo que referido a números hexadecimales. Veamos al anterior ejemplo convertido a números hexadecimales.

```
<?xml version="1.0" encoding="UTF-8"?>
<datos>
   Esta es la 1&#xAA; vez que te escribo.
   Apunta de una vez mi n&#xBA; de telefono...
<datos/>
```

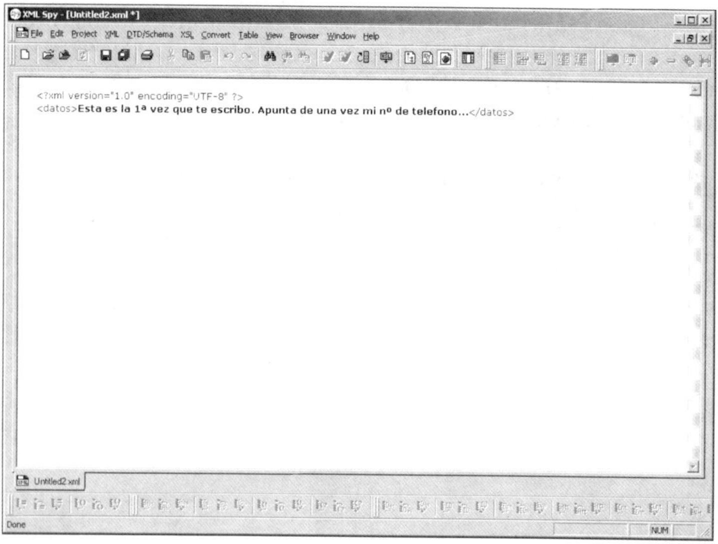

Figura 1.14. Los caracteres especiales del documento siguen siendo intrepretados correctamente

Como se puede observar, el ejemplo es básicamente el mismo, solo que cambiando los códigos que empleamos de base 10 a base 16. Utilice libremente en sus desarrollos la codificación que le resulte más sencilla o mejor se adecue al tipo o fuente de datos que esté manejando.

1.5.3. Escribiendo el documento

Un aspecto importante de los documentos XML es su planificación. Escribir un documento XML es tan sencillo como ejecutar la aplicación **Bloc de Notas** y escribir lo siguiente:

```
<?xml version="1.0" encoding="UTF-8"?>
<discos>

   <disco>
      <titulo>Evolution</titulo>
      <formato>CD</formato>
      <autor>Tony Macalpine</autor>
   </disco>

   <disco>
      <titulo>Passion and Warfare</titulo>
      <formato>CD</formato>
      <autor>Steve Vai</autor>
   </disco>

   <disco>
      <titulo>Steve Morse</titulo>
      <formato>K7</formato>
      <autor>Major Impacts</autor>
   </disco>

</discos>
```

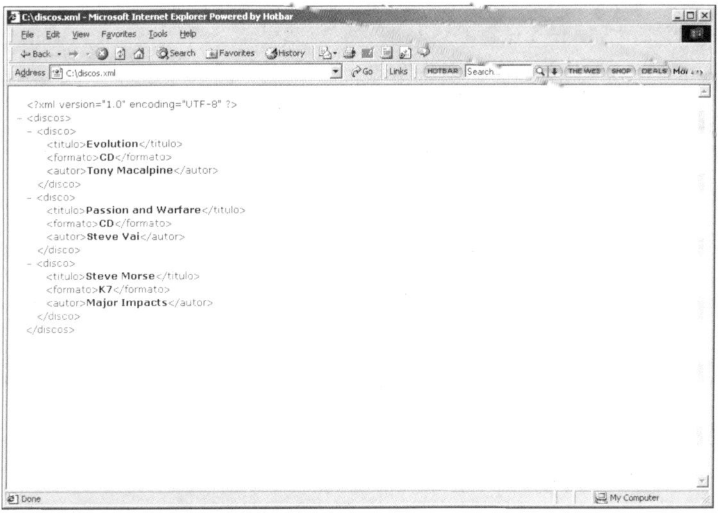

Figura 1.15. Nuestro documento tiene esta presentación en Internet Explorer

Ya lo hemos visto anteriormente: un documento XML no es más que un documento de texto plano que sigue ciertas reglas.

Pero precisamente son estas reglas, junto con las posibilidades de expansión e intercambio de datos que le ofrecen, las que ofrecen la potencia al lenguaje XML. Detrás de un documento XML como el del ejemplo tiene que haber un trabajo de análisis de datos, creación de documentos DTD o XML Schemas, preparación de entornos de desarrollo y detección de errores, aplicaciones que utilicen dichos datos, confrontación de los datos con su modelo "real", etc.

Por ejemplo, en XML se pueden sustituir "elementos" por "atributos" (estudiaremos estos conceptos en el siguiente capítulo). En tal caso, y sin entrar mucho en detalles por el momento, nuestro anterior ejemplo podría quedar de la siguiente forma:

```
<?xml version="1.0" encoding="UTF-8"?>
<discos>

   <disco formato="CD">
      <titulo>Evolution</titulo>
      <autor>Tony Macalpine</autor>
   </disco>

   <disco formato="CD">
      <titulo>Passion and Warfare</titulo>
      <autor>Steve Vai</autor>
   </disco>

   <disco formato="K7">
      <titulo>Steve Morse</titulo>
      <autor>Major Impacts</autor>
   </disco>

</discos>
```

Lo que hemos hecho es eliminar el elemento *formato*, y convertirlo en un atributo del elemento *disco*. También podemos hacer lo mismo con el resto de elementos:

```
<?xml version="1.0" encoding="UTF-8"?>
<discos>

   <disco formato="CD" titulo="Evolution»
autor="Tony Macalpine" />
```

```
   <disco formato="CD" titulo="Passion and Warfare"
autor="Steve Vai" />
   <disco formato="K7" titulo="Steve Morse"
autor="Major Impacts" />

</discos>
```

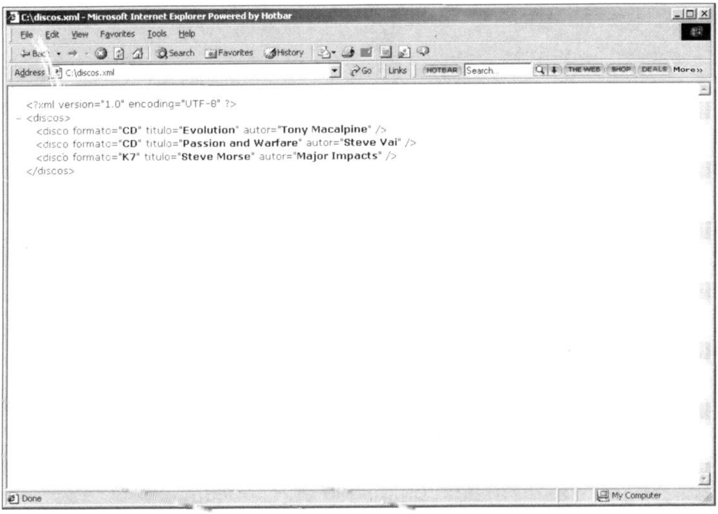

Figura1.16. Los documentos XML son flexibles a la hora de organizar la información

Parece más compacto ¿verdad? Pero detrás de uno de estos tres formatos puede encerrarse un grave problema de escalabilidad en el futuro. Por poner un ejemplo, si un elemento *disco* pudiese tener distintos elementos *autor*, el primer ejemplo sí nos valdría, ya que podríamos hacer lo siguiente:

```
<disco>
   <titulo>Evolution</titulo>
   <formato>CD</formato>
   <autor>Tony Macalpine</autor>
   <autor>Oscar Gonzalez</autor>
</disco>
```

Pero por el contrario no podríamos hacer lo siguiente:

```
<disco autor="Tony Macalpine"
        autor="Oscar Gonzalez">
```

```
    <titulo>Evolution</titulo>
    <formato>CD</formato>
</disco>
```

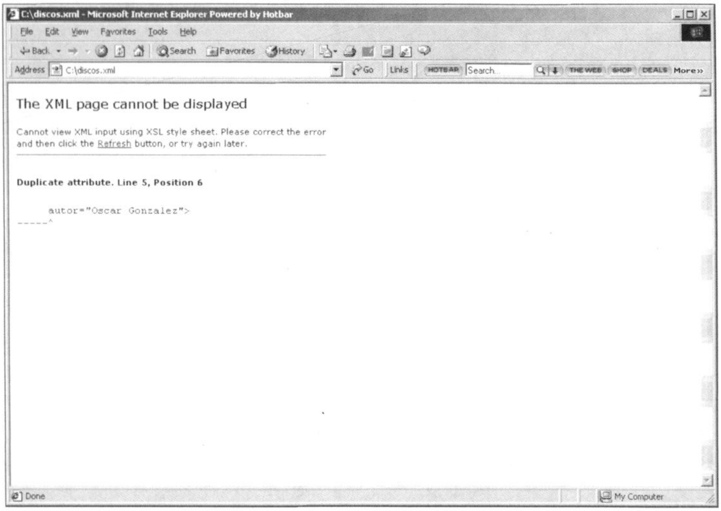

Figura 1.17. Internet Explorer muestra el error de atributo duplicado que se ha producido en el documento

Ya que el motor de XML que estemos utilizando nos dará un error de "atributo duplicado". El problema es que esta sorpresa nos la podemos llevar en proyectos mucho más serios que éste, y en una etapa del proyecto mucho más tardía, por lo que el papel de la planificación en proyectos XML es igual o más importante que en cualquier otro campo del desarrollo informático.

Tenga en cuenta que si en un programa por ejemplo en Visual Basic cometemos un error de este tipo, probablemente bastará con subsanar parte del código para corregir dicho error. Por el contrario, los proyectos XML suelen realizarse para utilizar dicho lenguaje como lenguaje de intercambio de datos entre distintos programas, empresas o entidades. Por tanto, cualquier error de diseño que podamos cometer probablemente involucrará a varias aplicaciones o incluso a varias empresas.

No conviene tampoco ser excesivamente fatalista en este aspecto, pero sí recalcar que si XML es un lenguaje de intercambio de datos, en el que distintas aplicaciones o entidades intercambian datos en base a unos documentos de definición (documentos DTD o XML Schema), cualquier cambio en éstos probablemente afectará a todas las partes involucradas en el proyecto.

Por ejemplo, un servidor de Internet dedicado a portal financiero sirve datos de bolsa en formato XML. El formato de estos datos se ha publicado en un documento DTD el cual se ha suministrado a distintas empresas clientes de datos financieros. Una de las empresas ha desarrollado un Applet de Java que visualiza dichos datos, validándolos antes mediante dicho documento DTD. Una tercera empresa ha realizado un programa en Visual C++, con el motor de XML de Microsoft (MSXML) que igualmente valida dichos datos y los presenta al usuario en una aplicación típicamente Windows. Resulta obvio que cualquier cambio en la definición de los datos deberá ser transmitido a ambas empresas en forma de una nueva DTD. Estas empresas deberán cambiar seguramente partes de la interfaz de usuario, además del problema de trabajar con los nuevos datos y ocasionalmente con datos antiguos que los clientes hayan guardado en sus aplicaciones.

Por tanto, un diseño de aplicación XML deberá ser lo suficientemente flexible como para poder aceptar cambios lógicos dentro de su ámbito de datos. En el próximo capítulo aprenderemos a trabajar con documentos DTD y XML Schema, que constituyen el punto de partida para todo desarrollo o definición de datos XML.

2 Introducción a DTD

2.1. Introducción

El día a día del desarrollo de páginas o aplicaciones Web pasa por una amplia y profusa utilización del lenguaje de marcado HTML. En muchas ocasiones, este lenguaje ha pasado a ser una parte integrante de la forma de pensar del programador y diseñador, hasta tal punto que nadie (o casi nadie) se preocupa de qué etiqueta utilizar o de cuáles atributos tiene, ya que la experiencia y la ayuda de las herramientas de desarrollo hacen de este conocimiento algo inútil. Por poner un ejemplo, escribiendo páginas con el programa Homesite 4.5 (y con muchos otros), disponemos de una ayuda en línea para acceder a todos los atributos de cualquier etiqueta. Así, si estamos escribiendo la etiqueta <table>, podremos acceder a una sencilla caja de diálogo que nos permitirá configurar los distintos atributos de esta etiqueta de una forma realmente sencilla.

El problema de esto es que a menudo se maneja HTML sin la conciencia de que es un lenguaje de marcado, y que como tal posee unas normas que es necesario seguir. Como ya hemos visto, los navegadores hacen caso omiso de estas reglas e intentan visualizar cualquier tipo de página HTML, por muy mal que ésta esté escrita. Sin embargo, XML no es así. Y no lo es porque como hemos visto obliga al cumplimiento de una serie de normas estrictas. Sencillamente, si un documento XML no observa todas y cada una de las normas, por mínimo que sea el error, el compilador o manejador del fichero se "quejará" e informará del error producido.

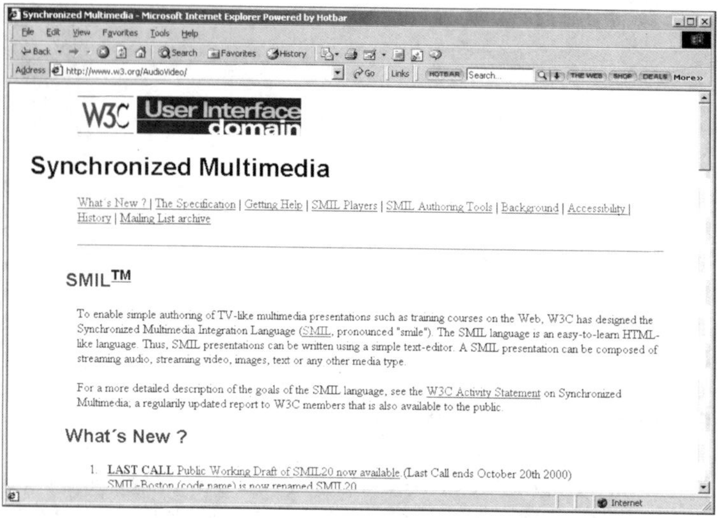

Figura 2.1. SMIL es un lenguaje de marcado para definir presentaciones multimedia

Una DTD de ejemplo: El lenguaje multimedia SMIL

```
<!--
   This is a draft and experimental XML document type
   definition for SMIL 1.0.
      Draft:  $Date: 1998/05/22 19:33:00 $ ($Revision:
1.2 $)
      Author: Jacco van Ossenbruggen <jrvosse@cwi.nl>
   This is work in progress, subject to change at any
time.
   Further information about SMIL 1.0 is available at:
      http://www.w3.org/AudioVideo/
-->
<!--=SMIL Document=-->
<!--
   The root element SMIL contains all other elements.
-->

<!ELEMENT smil (head?,body?)>
<!ATTLIST smil
   id    ID       #IMPLIED
>

<!--= The Document Head=-->
<!ENTITY % layout-section “layout|switch”>
<!ENTITY % head-element “%layout-section;|meta”>
```

estándar basado en XML. Existen distintas formas de definir estos ficheros de "definición" (valga la redundancia), y en esta Guía Práctica nos vamos a ocupar de las dos más importantes del mercado: DTD y XML Schema. Existen más formas de definir estándares de documentos XML, pero podemos asegurar que en el noventa por ciento de los casos ustedes utilizarán alguno de estos dos lenguajes de definición.

En este capítulo veremos todas las características de estas dos formas de diseñar especificaciones de documentos DTD, así como las diferencias que existen entre los documentos DTD y los XML Schemas.

> ***Nota:*** *Tanto los documentos DTD como los XML Schemas pueden considerarse esquemas de datos o de documentos XML. Por tanto, no confundiremos la palabra "esquema" como concepto general con la especificación "XML Schema".*

2.2. ¿Qué es una DTD?

Las siglas DTD se refieren a *Document Type Definition* o definición de tipo de documento. Los documentos DTD no son más que documentos basados a su vez en XML que actúan como un estándar de definición de las normas que regulan la formación de las etiquetas de un lenguaje de marcas determinado.

Una definición exacta de DTD sería la siguiente: "Conjunto de definiciones que describe una estructura de documento XML, declarando y definiendo todos los tipos de los elementos del documento, el orden de cada tipo de elemento y cualquier atributo, entidad, anotación, comentario o referencia incluida en el mismo".

Supongamos que estamos realizando una aplicación que va a recoger datos de distintos proveedores de información, y que dichos datos los esperamos en un formato XML en concreto. Según nuestra aplicación vaya recibiendo los datos o ficheros, tendrá que ir analizándolos para reconocer si están correctamente formados o no. Es aquí donde los documentos DTD entran en juego, ofreciendo una plataforma (métodos y operaciones) sólida para realizar este tipo de comprobaciones.

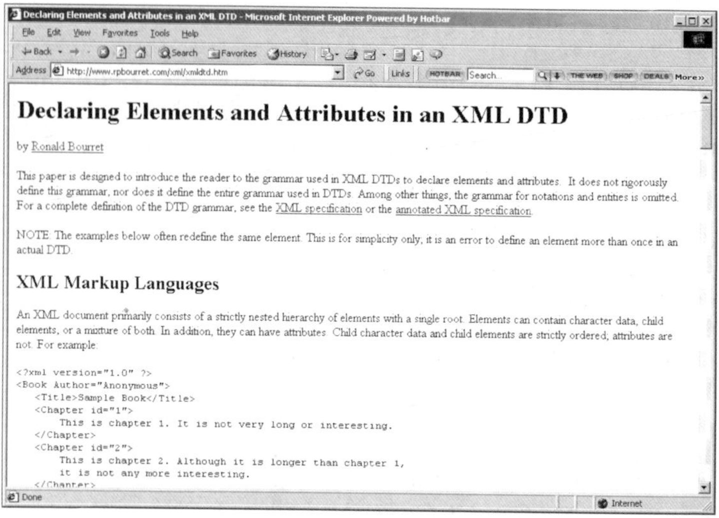

Figura 2.2. DTD es un lenguaje bien conocido y con muchos recursos en Internet

Por tanto, se puede decir que los documentos DTD son documentos basados en XML que proporcionan un conjunto de reglas que pueden ser utilizadas para definir otros documentos XML y para validar los documentos realizados bajo su misma especificación. Los datos enviados con un DTD se reconocen como XML válido. Como veremos más adelante, existen multitud de aplicaciones analizadoras de XML que son capaces de comparar los datos de un documento XML en concreto con las normas definidas en el documento DTD correspondiente con el fin de determinar la validez o no de los datos contenidos en dicho documento XML.

Una vez más, la ventaja principal que ofrece este sistema basado en XML es la de ahorrar trabajo, tanto de análisis como de programación, a los desarrolladores. Obviamente existen cientos de miles de aplicaciones alrededor del mundo que hacen una tarea similar, la de recoger datos y comprobar su formato correcto. XML actúa una vez más como elemento integrador ofreciendo una forma universal y bien estudiada de realizar este tipo de operaciones.

> ***Nota:*** *No obstante, los DTD son opcionales con XML.*

2.2.1. Entorno de trabajo

A continuación vamos a definir el entorno de trabajo que necesitaremos en este capítulo. Es importante recalcar que todo el trabajo que hagamos, tanto de aprendizaje como profesional, relacionado con el lenguaje XML no tiene por qué estar ligado a una herramienta o sistema en concreto. El propio carácter universal de XML le hacen independiente de cualquier sistema propietario.

Resulta obvio que existen (como en todas las áreas de la informática) peores y mejores herramientas de trabajo XML, con más o menos comodidades, pero sigue siendo recomendable acostumbrarnos a trabajar con todas a la vez y con ninguna en concreto, ya que resulta mucho más interesante aprender los fundamentos del XML, DTD, XSLT, etc., que los menús y forma de trabajo de un programa en concreto.

Pero para simplificar un poco las cosas vamos a comenzar a trabajar con una herramienta de desarrollo XML que puede ser conseguida de forma gratuita (una versión de evaluación) en Internet. El programa es XML Spy (http://www.xmlspy.com) La ventaja de este programa es que ofrece una forma de trabajo muy sencilla, con un sistema de validación de forma y de DTD muy cómodo de utilizar.

2.2.2. Tipos de DTD

Existen básicamente dos tipos diferenciados de DTD que pueden ser aplicadas a un documento XML: DTD internas y DTD externas. Ambas definen la estructura que deberá presentar un documento o conjunto de documentos XML, pero se diferencian en el lugar donde se define esta especificación de documento. Ambas comparten un elemento llamado "Declaración DOCTYPE". Esta declaración se utiliza dentro de los documentos XML para informar al motor de XML o visualizador del documento DTD que utilizará dicho documento XML. Por tanto, ya trabajemos con DTD internas o externas, siempre deberemos referenciarlas mediante la instrucción DOCTYPE.

La sintaxis de dicha instrucción es la siguiente:

```
<!DOCTYPE root SYSTEM externalDTD [InternalDTD]>
```

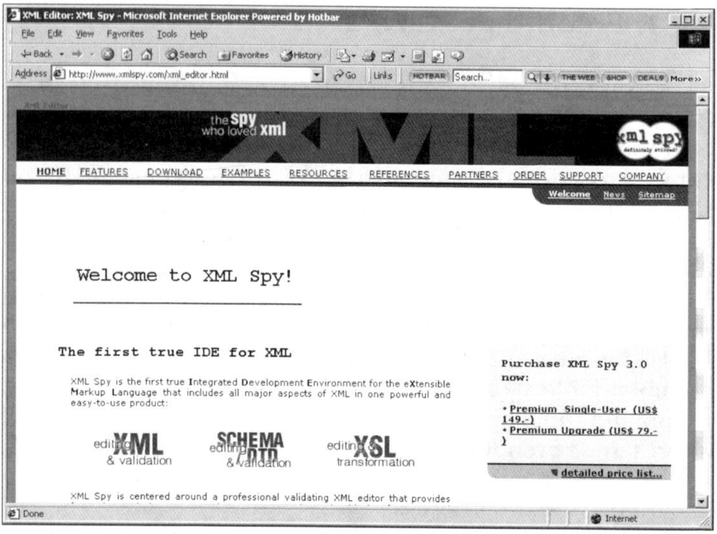

Figura 2.3. En esta Guía Práctica veremos muchos ejemplos realizados con XML Spy

Elemento	*Descripción*
DOCTYPE	Nombre del elemento
Root	Elemento raíz del árbol jerárquico que construirá el documento XML.
SYSTEM	
externalDTD	Referencia a un archivo de definición de documento DTD externo
InternalDTD	Declaración de la definición de documento DTD interna. Su sintaxis obliga a que vaya entre paréntesis.

Veamos cómo se utiliza esta declaración en cada uno de los tipos de DTD que acabamos de ver.

2.2.2.1. DTD Internas

Supongamos que queremos realizar una serie de documentos XML que recojan el contenido de una colección de libros. Para ello, podríamos definir el siguiente archivo XML:

```
<?xml version="1.0" encoding="UTF-8"?>
<!DOCTYPE coleccion [
   <!ELEMENT libro (#PCDATA)>
]>

<colección>
<libro>Guia Practica de XML</libro>
<libro>Ulises</libro>
<libro>El juego de Ender</libro>
</coleccion>
```

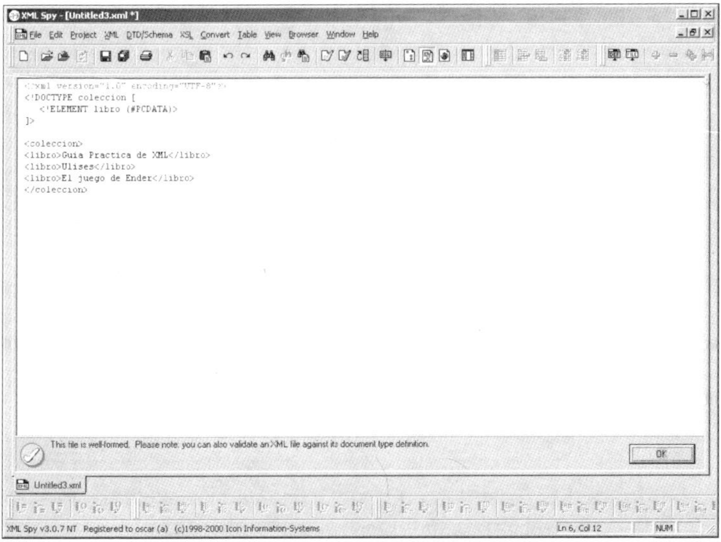

Figura 2.4. Una vista de nuestro documento XML con XML Spy

Como puede observar, este documento XML incluye una declaración DOCTYPE que define un elemento raíz para nuestro archivo XML llamado *coleccion*. Por tanto, dentro del documento XML todos los elementos o etiquetas que utilicemos tendrán que "colgar" o estar dentro de un primer y único elemento *coleccion*. La DTD de este documento se encuentra dentro del mismo documento XML, ya que como se puede ver se incluye la definición de un tipo ELEMENT (*libro*) en su cabecera. Pruebe a escribir y validar (utilizando XML Spy) el siguiente documento:

```
<?xml version="1.0" encoding="UTF-8"?>
<!DOCTYPE mi_coleccion [
   <!ELEMENT libro (#PCDATA)>
]>

<coleccion>
<libro>Guia Practica de XML</libro>
<libro>Ulises</libro>
<libro>El juego de Ender</libro>
</colección>
```

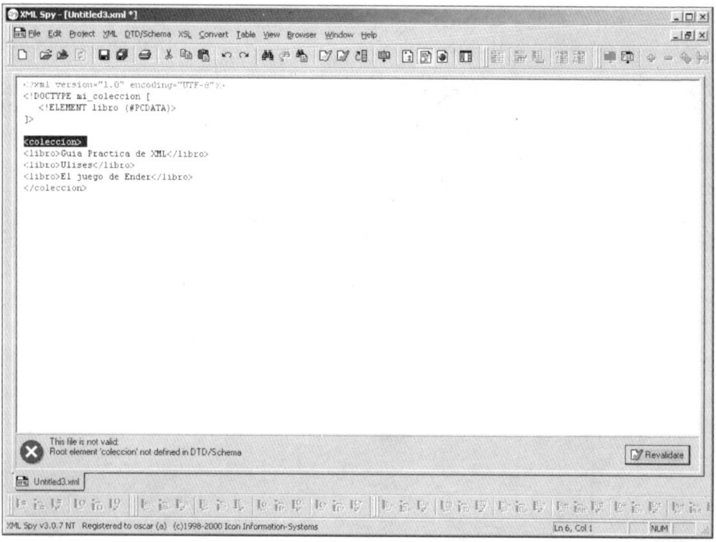

Figura 2.5. Existe un error sintáctico ya que el elemento mi_colección no es el elemento raíz

Aunque el documento XML sigue estando bien formado, es decir, no presenta ningún error sintáctico que viole las reglas del XML, existe un error de formato en el cual no se encuentra el elemento *mi_colección* como elemento de primer nivel o raíz, sino que se encuentra un elemento *coleccion* que no ha sido definido en ningún sitio.

2.2.2.2. DTD Externas

Los documentos XML también soportan una referencia a documentos de validación DTD externos o fuera del propio archivo XML. Las ventajas de utilizar un documento DTD externo son muchas. Por un lado, un documento DTD externo puede ser compartido por múltiples documentos XML, sin necesidad de copiar la declaración DTD interna en cada uno de ellos. Por otro lado, la creación de documentos DTD externos permite el trabajo en grupo con dichos documentos. Así, en las decenas de sistemas basados en XML con que podemos trabajar en Internet (véase capítulo 8) es posible obtener el correspondiente documento DTD para poder implementar dichos sistemas.

La utilización de documentos DTD externos es de uso recomendado la mayoría de las veces, especialmente cuando nuestro proyecto crece en tamaño y objetivos. Obviamente, para un pequeño documento XML que únicamente va a ser utilizado en una ocasión muy concreta y que no tiene vistas de ser ampliado, la utilización de una DTD interna puede ser una buena solución, pero en el resto de ocasiones son más beneficiosos los archivos de validación externos.

Veamos cómo trabajaríamos con uno de estos archivos. Para ello definiremos un documento DTD y otro XML con el que trabajar. Desde el documento XML haremos referencia al documento DTD externo.

coleccion.dtd

```
<!ELEMENT colección (pelicula)+>

<!ELEMENT pelicula (titulo, actor+, director+)>

<!ELEMENT titulo (#PCDATA)>

<!ELEMENT actor (#PCDATA)>

<!ELEMENT director (#PCDATA)>
```

coleccion.dtd

```
<?xml version=”1.0" standalone=”no”?>
<!DOCTYPE coleccion SYSTEM “coleccion.dtd”>

<colección>
   <pelicula>
      <titulo>Blade Runner</titulo>
      <actor>Harrison Ford</actor>
      <actor>Sean Young</actor>
```

```
      <director>Ridley Scott</director>
   </pelicula>

   <pelicula>
      <titulo>Con faldas y a lo loco</titulo>
      <actor>Jack Lemmond</actor>
      <actor>Tony Curtis</actor>
      <director>William Wilder</director>
   </pelicula>

</coleccion>
```

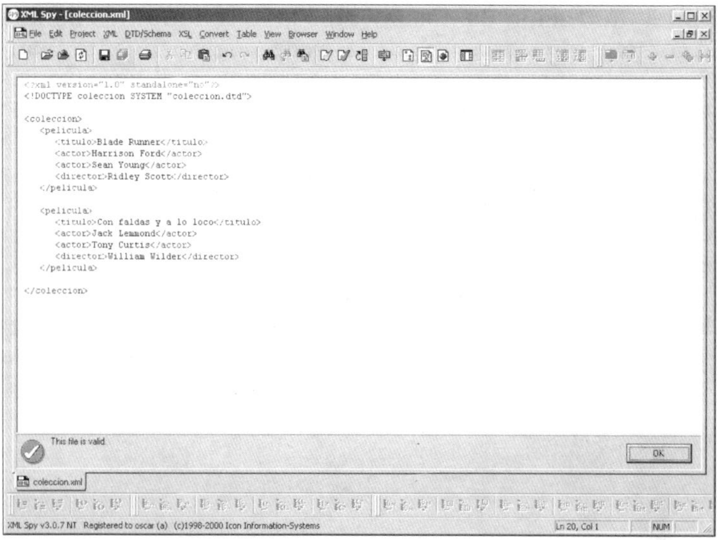

Figura 2.6. Nuestro documento XML se valida con el documento DTD que acabamos de crear. XML Spy nos informa de su validez

Así es como se utiliza una DTD externa. Revise algunos documentos XML que pueda tener o encontrar por Internet y vea qué tipo de DTD utilizan, externa o interna. En ambos casos, intente estudiar su sintaxis y vea cómo los documentos XML cumplen dicha DTD.

2.3. DTD en la práctica

La creación de un documento DTD no es en sí mismo un fin. Es cierto que un desarrollo que maneje datos XML va a tener a las DTD como piedra base para todas sus estructuras de datos, y que éstas se van a comportar como elementos de orden entre distintas aplicaciones, rutinas y desarrolladores. Pero no hay que olvidar que la DTD define los datos o el formato de los datos XML que vamos a utilizar, al igual que en un sistema de base de datos tenemos ficheros .SQL que definen los campos de nuestras tablas. Efectivamente ambos son muy importantes, pero no son la aplicación final.

Cuando la tarea de construir o escribir los documentos de validación DTD acaba, realmente es el resto de la aplicación la que comienza. Todavía quedarán por delante la codificación de nuestros programas, elección o desarrollo del motor de interpretación XML, construcción del sistema de transformaciones o estilos XSLT, rutinas de actualización de datos, pruebas, bugs, etc. Por tanto, la tarea de definición de unos buenos y robustos documentos DTD van a tener una gran repercusión sobre el desarrollo de nuestro proyecto, de igual forma que un análisis de aplicación puede hacer que el proyecto triunfe o se hunda en la más honda de las miserias.

Por tanto, el desarrollo y planificación de nuestros modelos de datos XML tiene que estar realizado dentro de unos parámetros de conocimiento del estándar y experiencia sobre el tema importantes. Como nosotros estamos comenzando a aprender el uso de las DTD, y la experiencia en este tema todavía no la tenemos, el paso más lógico es llegar a conocer bien la especificación de DTD en la teoría, y ejecutar cuantos ejemplos prácticos sean necesarios para obtener un buen conocimiento sobre las posibilidades y limitaciones de este sistema.

El conocimiento de más utilidad y más sólido que tenemos que asimilar en un principio es el siguiente: para que un documento XML cumpla las especificaciones de su correspondiente documento DTD, deben de cumplirse las siguientes condiciones:

- El documento XML debe de guardar las normas definidas por las reglas de XML (vistas anteriormente).
- El primer elemento (y único de primer nivel) o elemento raíz del documento XML debe de coincidir con el especificado en la declaración DOCTYPE del mismo.

- La DTD utilizada para dicho documento, ya sea interna o externa, debe de definir todos los elementos, atributos y entidades que más tarde se utilizarán en el documento XML. Por tanto, los documentos DTD presentan un esquema cerrado (closed) en los que no se permite una ampliación del documento mediante elementos no definidos. Como veremos más adelante, XML Schema sí que permite la creación de modelos abiertos y, por tanto, más extensibles.

Aunque ya lo hemos comentado anteriormente, es importante recalcar que un documento XML puede ser conforme a las reglas de XML en cuanto a anidación de elementos, gramática XML y formato de atributos. A esto se le llama un documento XML "bien formado". Pero un documento XML "bien formado" puede no ser válido en relación con su definición de documento DTD (u otro sistema como XML Schema). A esto se le llama un documento "válido" o "no válido". Por tanto, un documento XML deberá de seguir las siguientes reglas:

Documentos XML	
Cumplen reglas XML	Bien / mal Formado
Cumplen reglas DTD	Válido / inválido

2.3.1 Elementos

El primer concepto en cuanto a los documentos DTD y a los documentos XML que sobre la base de éstos se producirán es el de "*elemento*". Un *elemento* en el mundo de las DTD o documentos XML es un componente que se encarga de definir la estructura de nuestros datos. Por tanto, los elementos serán las entidades que se encarguen de definir nuestros documentos en cuanto a datos se refiere. Por establecer una similitud para aquellos que tengan menos clara la idea, un *elemento* es como una etiqueta de cualquier documento HTML. ¿Recuerda la etiqueta "<font>" o "<table>"? Estas etiquetas son elementos de la especificación DTD del lenguaje HTML.

El siguiente ejemplo recoge una DTD con cuatro elementos y un documento XML basado en dicha DTD que los utiliza:

etiquetas.dtd

```
<!ELEMENT root (etiqueta1 | etiqueta2 | etiqueta3 |
etiqueta4)*>

<!ELEMENT etiqueta1 (#PCDATA)>
<!ELEMENT etiqueta2 (#PCDATA)>
<!ELEMENT etiqueta3 (#PCDATA)>
<!ELEMENT etiqueta3 (#PCDATA)>
```

etiquetas.xml

```
<?xml version="1.0" standalone="no"?>
<!DOCTYPE root SYSTEM "etiquetas.dtd">
<root>
   <etiqueta1>Hola</etiqueta1>
   <etiqueta2>Esto</etiqueta2>
   <etiqueta3>es</etiqueta3>
   <etiqueta4>un</etiqueta4>

   <etiqueta2>documento</etiqueta2>
   <etiqueta3>XML</etiqueta3>
</root>
```

Este documento DTD define un elemento raíz *root*, que se encarga de permitir la inclusión de otros cuatro elementos *etiqueta1..4*. Como se puede ver en el documento XML, los *elementos* son lo que mucha gente llama *etiquetas*, por la misma herencia o costumbre que conservamos de la utilización del lenguaje HTML.

2.3.1.1. Sintaxis

Para definir un elemento ELEMENT dentro de un documento DTD tendremos que utilizar la siguiente sintaxis:

Como se puede observar y como ya hemos dicho anteriormente, una de las características más denostadas del lenguaje de definición DTD en cuanto a otros métodos de realizar especificaciones de datos como XML Schema es que DTD no está basado a su vez en XML, por lo que la sintaxis, aunque parecida, no es susceptible de tratarse por los motores de XML existentes.

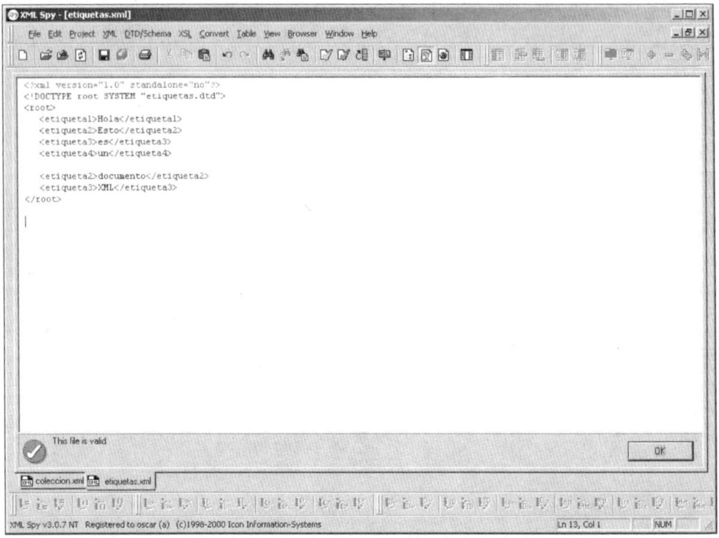

Figura 2.7. Nuestro documento de etiquetas no presenta ningún error para XML Spy

En esta especificación del elemento ELEMENT tenemos un atributo *Name*, que es el nombre que se desea dar al elemento, y el que aparecerá dentro del documento XML, y el tipo (*Type*), que define el tipo de elemento que estamos creando. Los tipos disponibles en la especificación de DTD son los siguientes:

Type	*Descripción*
EMPTY	No tiene ningún contenido.
Elementos	Únicamente permite contener otros elementos.
Mixto	Permite contener otros elementos así como datos textuales.
ANY	Permite contener cualquier tipo de contenido.

Vamos a ver a continuación cada uno de estos tipos de ELEMENT y cual es su uso en la práctica.

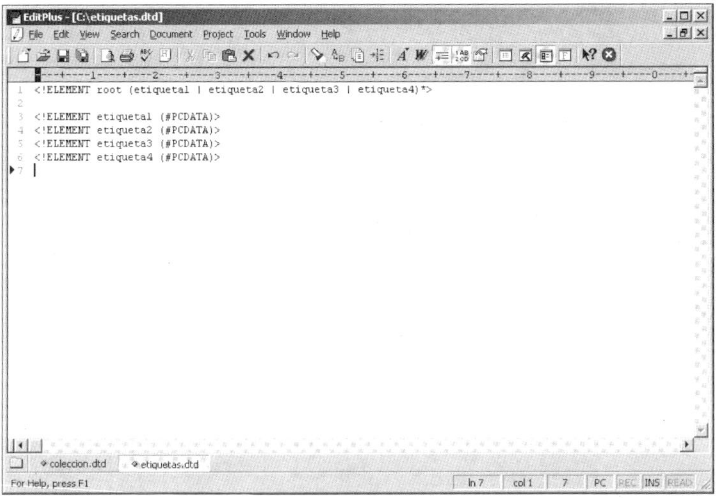

Figura 2.8. Aunque podemos editar documentos XML y DTD con XML Spy, también podemos hacerlo con cualquier editor de texto normal

EMPTY

Los elementos del tipo EMPTY se denominan elementos vacíos, y son todos aquellos elementos que no permiten la inclusión dentro de sí mismos ni de otros elementos ni de ningún tipo de contenido textual. Por el contrario, estos elementos sí permiten la inclusión de atributos (más adelante en este capítulo veremos qué son los atributos y en qué consisten). Su especificación es la siguiente:

```
<!ELEMENT Name EMPTY>
```

Veamos el siguiente fragmento de documento DTD, sacado de la especificación del lenguaje de marcado XHTML (veremos este lenguaje, similar a HTML en el capítulo 3).

```
<!--====Horizontal Rule=====-->

<!ELEMENT hr EMPTY>
<!ATTLIST hr
   %attrs;
   align      (left|center|right) #IMPLIED
   noshade    (noshade)       #IMPLIED
```

```
   size          %Pixels;          #IMPLIED
   widt          %Length;          #IMPLIED
  >
```

En este fragmento de código DTD se define la popular etiqueta HTML "<hr>", que se utiliza para mostrar una raya o regla horizontal en pantalla, a modo de separador. La siguiente página HTML muestra el uso de esta etiqueta o elemento:

```
<html>
   <head><title></title></head>
   <body>
   <hr>
   Texto entre dos lineas horizontales
   <hr/>
   </body>
</html>
```

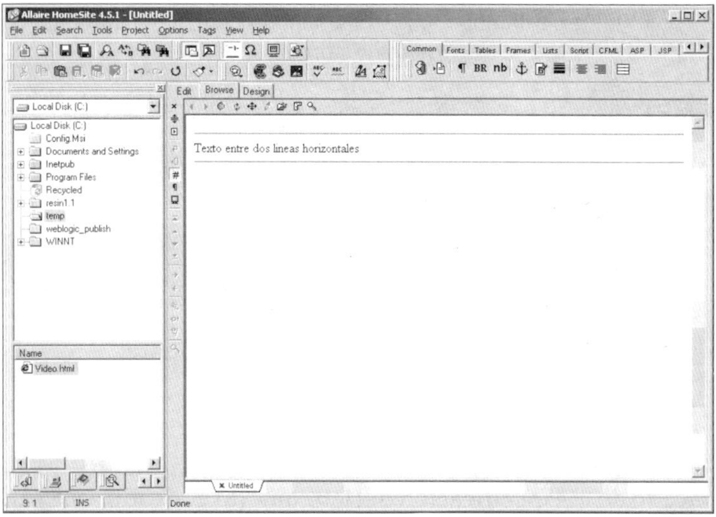

Figura 2.9. Visualización de la simple página HTML que acabamos de crear

En este código hemos incluido un error de forma intencionada. El primer elemento <hr> se ha escrito de la forma tradicional HTML, es decir, sin etiqueta de cerrado. La forma correcta es la segunda forma, incluyendo el carácter de cierre "/" al final del elemento. Dado que los elementos EMPTY son elementos vacíos, los dos elementos del código que ponemos a continuación serían equivalentes:

```
1) <hr></hr>
2) <hr />
```

Sin duda, debido a que este tipo de elementos no permiten dentro ningún tipo de contenido, es mucho mejor la segunda forma de representarlos, ya que evita errores tipográficos o de inclusión de caracteres extraños (caracteres en blanco, saltos de línea, tabuladores, etc.). De igual forma, no todos los elementos que nos encontremos en esta forma tienen por qué ser obligatoriamente elementos EMPTY, sino que pueden ser otro tipo de elementos, pero que por motivos de los datos que se estén representando, en ese momento no lleven ningún contenido dentro de ellos. Para diferenciar unos de otros tendremos que recurrir obligatoriamente al documento DTD, ya que los datos XML no resultan lo suficientemente explícitos.

ELEMENTOS

El segundo tipo de elementos con que nos encontramos, y quizá uno de los más importantes, es el grupo de elementos que únicamente permiten contener otros elementos. Este tipo de elementos desempeñan un papel muy importante en lo que es la estructura de los documentos que queremos obtener, ya que definen qué elementos, en qué orden y en qué número podrán estar contenidos dentro de otros. La especificación de estos elementos es la siguiente:

```
<!ELEMENT Name Contenido>
```

El parámetro *Contenido* se configura mediante unos estándares de codificación con los que es posible obtener un gran número y de combinaciones según nuestras necesidades. La especificación de codificación es la siguiente:

Símbolo		Descripción
Asterisco	*	Este signo indica que el elemento puede aparecer cualquier número de veces.

(continúa)

Símbolo		Descripción
Coma	,	Se utiliza para separar los nombres de los elementos que se quieren utilizar. Cuando se utiliza este carácter, también se define el orden de aparición de dichos elementos, de izquierda a derecha.
Interrogación	?	Este signo indica que el elemento únicamente podrá aparecer una o ninguna vez.
Mas	+	Este signo indica que el elemento debe aparecer al menos una vez.
Paréntesis	( )	Estos símbolos contienen la secuencia de elementos que queremos incluir dentro del elemento que se está definiendo
Sin signo		Los elementos sin signo indican que únicamente deberán aparecer una vez
Tubería	|	Se utiliza para definir los elementos que se quieren incluir, actuando los mismos como alternativas (O lógico)

MIXTOS

El tercer tipo de elementos es el tipo de datos Mixto. Como su propio nombre indica, este tipo de elementos permite tanto una combinación de elementos como el tipo anterior, como un contenido textual. Su especificación es la siguiente:

```
<!ELEMENT Name (#PCDATA)>
```

Este tipo de elementos permite por tanto un contenido textual o de otros elementos. Veamos el siguiente fragmento de documento DTD del estándar XHTML:

```
<!ELEMENT style (#PCDATA)>
<!ATTLIST style
   %i18n;
   type         %ContentType;   #REQUIRED
   media        %MediaDesc;     #IMPLIED
   title        %Text;          #IMPLIED
```

```
   xml:space   (preserve)      #FIXED 'preserve'
>

<!ELEMENT object (#PCDATA | param | %block; | form |
%inline; | %misc;)*>
<!ATTLIST object
   %attrs;
   declare      (declare)       #IMPLIED
   classid      %URI;           #IMPLIED
   codebase     %URI;           #IMPLIED
   data         %URI;           #IMPLIED
   type         %ContentType;   #IMPLIED
   codetype     %ContentType;   #IMPLIED
   archive      %UriList;       #IMPLIED
   standby      %Text;          #IMPLIED
   height       %Length;        #IMPLIED
   width        %Length;        #IMPLIED
   usemap       %URI;           #IMPLIED
   name         NMTOKEN         #IMPLIED
   tabindex     %Number;        #IMPLIED
  >
```

El primer elemento definido en este fragmento de DTD es el elemento <style>. Si usted está familiarizado con el desarrollo Web, sabrá que esta etiqueta se utiliza para definir hojas de estilo CSS dentro de una página HTML. Por tanto, no permite dentro de sí ningún otro elemento, aunque sí algunos atributos como *type, media, title* o *xml:space*

Por el contrario, el segundo elemento definido es el elemento *object*, que permite dentro de sí tanto contenido textual como otra serie de elementos o entidades, incluyendo el más utilizado habitualmente con este tipo de elemento llamado *param*. Por tanto, este último es un caso típico de elemento Mixto.

ANY

El último tipo de elementos es el tipo de elemento ANY. Como veremos a continuación, este es un elemento con un carácter algo especial dentro de toda la especificación de elementos y atributos DTD. Este tipo de elemento presenta la siguiente estructura:

```
<!ELEMENT Name ANY>
```

Este elemento permite dentro de sí cualquier combinación de elementos u otro tipo de contenidos, por lo que resulta el elemento más libre de los cuatro. El problema es que tal grado de libertad también produce un posible grado de confusión o caos, empeorando el código y la "elegancia" de los documentos DTD. Por poner un ejemplo, en toda la especificación de documentos XHTML (que se compone de varias DTD y de una extensión considerable) no se utiliza ni una sola vez el tipo de elementos ANY.

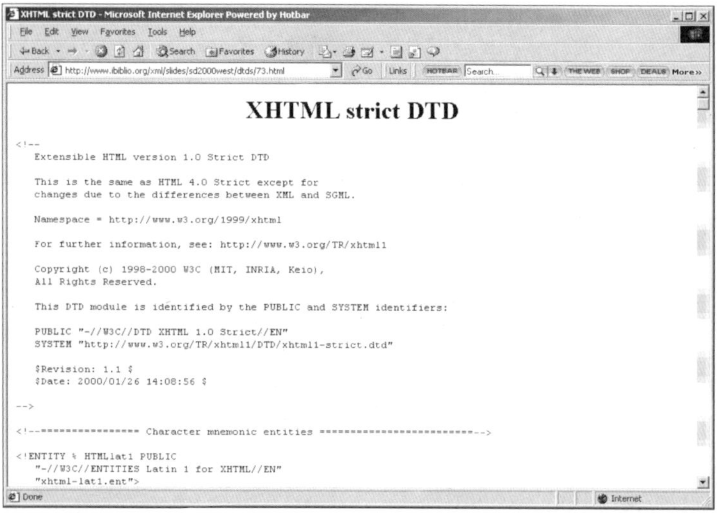

Figura 2.10. Todos los documentos DTD que estamos referenciando se pueden encontrar en Internet

2.3.2. Atributos

Una vez que hemos visto cómo definir los *elementos* de un documento DTD, continuaremos por la definición de los *atributos*. Los atributos son una serie de parámetros o información textual que se incluyen dentro de un elemento para proporcionar información extendida sobre dicho elemento. Si recuerda algo de la sintaxis de HTML, por ejemplo nos encontramos con la siguiente etiqueta o elemento:

```
<body bgcolor="#FFFFFF" text="Black" link="Black">
</body>
```

En este elemento, vemos que existen una serie de pares propiedad / valor que definen o proporcionan información adicional sobre las características del elemento. Es a esta información a la que llamamos *atributos*.

Dentro de la sintaxis de los documentos DTD tenemos la siguiente sintaxis para definir los atributos de un elemento en concreto:

```
<!ATTLIST ElementName AttrName Type Default>
```

Donde los atributos que utilizamos para definir el elemento tienen la siguiente lectura:

Atributo	*Descripción*
ElementName	Nombre del elemento al que nos referimos con este atributo o "propietario" de este atributo.
AttrName	Nombre del atributo que se está definiendo.
Type	Tipo del atributo que se está definiendo.
Default	Valor por defecto del atributo.

Los atributos *ElementName* y *AttrName* definen claramente el nombre del atributo que vamos a definir, y el elemento al que queremos "unirle" o al que ampliamos con la inclusión de este atributo. La especificación DTD permite definir para los atributos distintos "tipos", dependiendo de la información que vayan a presentar. A continuación presentamos una lista con los valores que puede tomar el atributo "Type" del elemento ATTLIST.

Valor	*Descripción*
CDATA	Datos de cadena
ENUMERATION	Valores enumerados (lista de valores)
NOTATION	Referencia a una notación definida en el documento DTD
ENTITY	Referencia a una Entidad
ENTITIES	Referencia a una serie de Entidades

(continúa)

Valor	*Descripción*
ID	Identificador único
IDREF	Referencia a un ID incluido en el documento DTD
IDREFS	Referencia a varios ID incluido en el documento DTD
NMTOKEN	Referencia a un elemento NMTOKEN
NMTOKENS	Referencia a varios elementos NMTOKEN

A su vez, el atributo *Default* puede tener un valor de entre los de la siguiente lista:

Valor	*Descripción*
#REQUIRED	El atributo debe de aparecer en el elemento. Tiene carácter obligatorio.
#IMPLIED	El atribulo puede o no aparecer en el elemento. Tienen carácter opcional
#FIXED	El atributo presenta un valor que siempre es el mismo.
default	El atributo toma su valor predeterminado

Esta lista puede parecer en un primer momento algo liosa, ya que maneja algunos conceptos que quizá no conozcamos todavía. A continuación vamos a ver algunos ejemplos que utilizan estos tipos de datos para clarificar el uso en la práctica de los distintos valores de los atributos *Type* y *Default*.

2.3.2.1. Atributos CDATA

Los elementos con atributo *Type* de CDATA son atributos de cadena. Este tipo de atributos constituye la gran mayoría de los atributos que utilizaremos normalmente, ya que la mayor parte de atributos de nuestros documentos XML se tratan de atributos de contenido textual o de cadena.

En el siguiente ejemplo se define un documento DTD de una supuesta tienda de ordenadores. En ella, se va a definir un elemento *ordenador*, con tres atributos: *cpu* como atributo de cadena requerido, *mhz* como atributo de cadena requerido y *memoria* como atributo de cadena opcional. Esta es la DTD correspondiente:

```
<!ELEMENT tienda (ordenador)+>

<!ELEMENT ordenador (#PCDATA)>
<!ATTLIST ordenador
   cpu CDATA #REQUIRED
   mhz CDATA #REQUIRED
   memoria CDATA #IMPLIED
>
```

Bajo la especificación de este documento DTD hemos creado una serie de elementos en un documento XML. El documento XML es el siguiente:

```
<?xml version=”1.0" encoding=”UTF-8"?>
<!DOCTYPE tienda SYSTEM “tienda.dtd”>
<tienda>

   <ordenador cpu=”386" mhz=”40" memoria=”4"/>
   <ordenador cpu=”AMD” mhz=”800" memoria=”128"/>
   <ordenador cpu=”Pentium” mhz=”300" memoria=”64"/>
   <ordenador cpu=”PentiumII” memoria=”64"/>
   <ordenador cpu=”PentiumIII” mhz=”300" />
```

Si intentamos validar este documento con su DTD, ésta nos dará un error que dirá algo parecido a *“The file is not valid: Required attibute ‘mhz’ is missing”*. Como se puede observar, el quinto elemento de nuestro documento XML (*PentiumII*) no posee el atributo llamado “mhz”, que hemos marcado como requerido (REQUIRED) en el documento DTD. Si eliminamos o arreglamos este elemento en el documento XML, la validación funcionará.

```
<?xml version=”1.0" encoding=”UTF-8"?>
<!DOCTYPE tienda SYSTEM “tienda.dtd”>
<tienda>

   <ordenador cpu=”386" mhz=”40" memoria=”4"/>
   <ordenador cpu=”AMD” mhz=”800" memoria=”128"/>
   <ordenador cpu=”Pentium” mhz=”300" memoria=”64"/>
   <ordenador cpu=”PentiumII” mhz=”200" memoria=”64"/>
   <ordenador cpu=”PentiumIII” mhz=”300" />

</tienda>
```

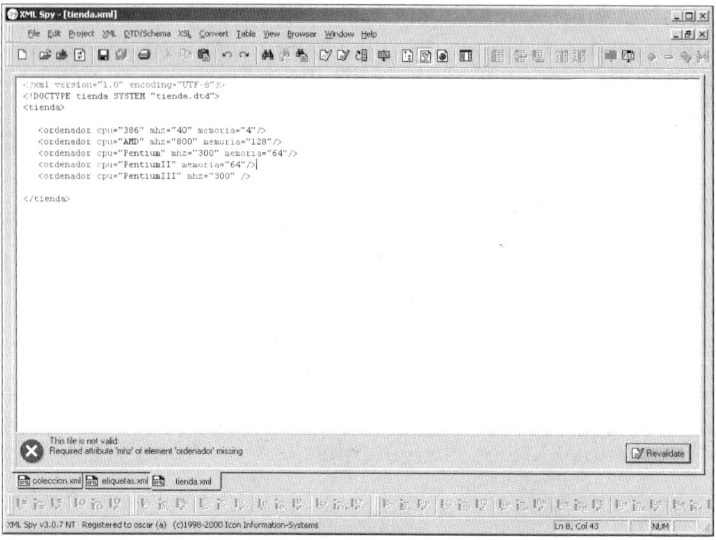

Figura 2.11. Visualización del documento tienda.xml con un error de atributo

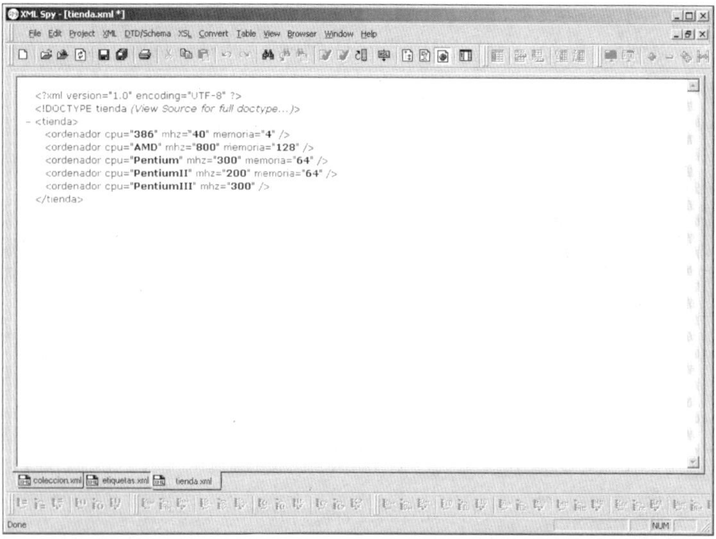

Figura 1.12. Cuando el documento no tiene errores, podemos visualizarlo de forma correcta en forma de árbol XML

Nótese que el último elemento (*PentiumIII*) no posee el atributo *memoria*. La validación no ofrece ningún error al respecto ya que en la DTD hemos marcado este elemento como #IMPLIED, y por tanto posee un carácter opcional.

Espero que este ejemplo sea lo suficientemente significativo del funcionamiento de los documentos DTD. Un aspecto importante que no nos cansaremos de repetir es que la relación documento XML – DTD es una relación "teórica", ya que ambos son dos archivos de texto que sin un motor que los interprete y ponga "de acuerdo" no tendrían ninguna otra relación. Por tanto, cuando hablamos de que un documento XML se valida con un documento DTD (como acabamos de ver) nos referimos a que un motor de XML, comercial o no, se encarga de realizar esta validación. En nuestros ejemplos hemos estado utilizando XML Spy, pero esta validación la puede llevar a cabo cualquier otro motor de XML, ya sea de forma automática o mediante programación por parte del usuario o desarrollador.

2.3.2.2. Enumeraciones

Un aspecto muy útil de la gestión y declaración de atributos mediante DTD es la capacidad de crear enumeraciones. Las enumeraciones sirven para indicar al motor de XML que un determinado atributo podrá tomar un valor únicamente de entre los valores de una lista. Retomemos nuestra antigua DTD y modifiquemos uno de sus valores:

```
<!ELEMENT tienda (ordenador)+>

<!ELEMENT ordenador (#PCDATA)+>
<!ATTLIST ordenador
   cpu (286 | 386 | 486 | Pentium | PentiumII
| PentiumIII | AMD) #REQUIRED
   mhz CDATA #REQUIRED
   memoria CDATA #IMPLIED
>
```

En esta nueva modificación de nuestro documento DTD, hemos convertido un atributo de cadena (CDATA) en un atributo de enumeración, que únicamente permitirá que nuestros elementos *ordenador* sean de unos tipos en concreto (286, 386, Pentium, etc.).

> ***Nota:*** *Aunque hemos cambiado el tipo del atributo, éste puede seguir conservando su carácter de opcional, requerido, etc.*

Si ahora intentamos introducir un documento XML con un valor en este atributo que no se encuentre en la lista, el motor de XML nos ofrecerá un mensaje similar a: "The file is not valid: Attribute 'cpu' has an invalid value according to the DTD/Schema". Pruebe con el siguiente archivo:

```
<?xml version="1.0" encoding="UTF-8"?>
<!DOCTYPE tienda SYSTEM "tienda.dtd">
<tienda>

   <ordenador cpu="186" mhz="40" memoria="4"/>
   <ordenador cpu="AMD" mhz="800" memoria="128"/>
   <ordenador cpu="Pentium" mhz="300" memoria="64"/>
   <ordenador cpu="Celeron" mhz="200" memoria="64"/>
   <ordenador cpu="PentiumIII" mhz="300" />

</tienda>
```

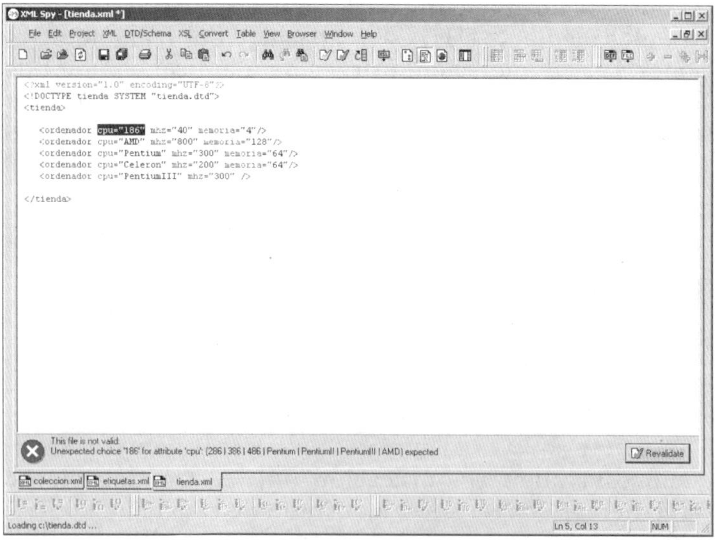

Figura 2.13. El documento XML presenta un valor no válido para un atributo DTD

2.3.2.3. Declaraciones

Como nota al margen, y mientras asimila estos conceptos, vamos a incluir un pequeño apunte. Estamos viendo ejemplos prácticos sobre cómo construir documentos XML con sus correspondientes DTD. En éstas estamos incluyendo elementos y atributos. Nótese que las siguientes formas de declarar una serie de atributos son totalmente equivalentes:

```
<!ELEMENT tienda (ordenador)+>

<!ELEMENT ordenador (#PCDATA)+>
<!ATTLIST ordenador cpu (286 | 386 | 486 | Pentium |
PentiumII | PentiumIII | AMD)
#REQUIRED>
<!ATTLIST ordenador mhz CDATA #REQUIRED>
<!ATTLIST ordenador memoria CDATA #IMPLIED>

<!ELEMENT tienda (ordenador)+>

<!ELEMENT ordenador (#PCDATA)+>
<!ATTLIST ordenador
   cpu (286 | 386 | 486 | Pentium | PentiumII |
PentiumIII | AMD) #REQUIRED
   mhz CDATA #REQUIRED
   memoria CDATA #IMPLIED
>
```

La primera forma guarda las normas básicas de declaración de elementos y atributos, mientras que la segunda guarda una forma mucho más reducida y cómoda de declarar múltiples atributos para un elemento. Elija usted mismo la que le resulte más cómoda y fiable.

2.4. XML Schema

La aparición de los documentos de definición DTD data desde la primera especificación del lenguaje SGML. Por tanto, la especificación de este formato de lenguaje tiene ya bastante tiempo de antigüedad y presenta algunas deficiencias o carencias necesarias o recomendables en la definición de lenguajes basados en XML. Por el contrario, también ofrece algunas mejoras o ventajas sustanciales derivadas de su larga presencia en el mercado. Veamos a continuación las ventajas y desventajas que ofrece DTD con respecto a otros estándares de definición de documentos.

Entre las ventajas nos encontramos con que DTD es un estándar ampliamente utilizado por cientos de aplicaciones. Existe una gran variedad de herramientas de programación y visualización que trabajan con documentos DTD. Por otro lado, es necesario tener en cuenta la gran cantidad de documentos DTD existentes en el mercado, y la gran cantidad de conocimiento y recursos que se han invertido en este estándar de definición.

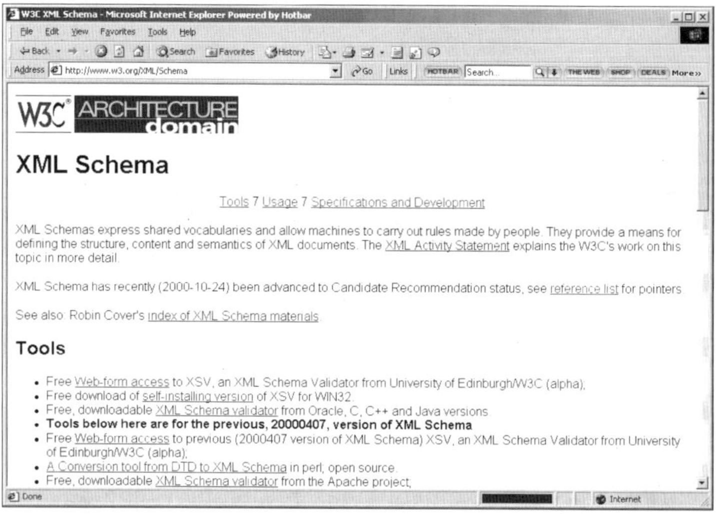

Figura 2.14. Se puede encontrar información sobre XML Schema en el sitio de la W3C

En la parte negativa, nos encontramos con que uno de los puntos que más se argumentan en contra de DTD es que el propio lenguaje DTD no está basado en XML, hecho que le resta muchos puntos en relación con otros estándares de definición de documentos que están luchando por abrirse hueco en este mundo.

El segundo punto en contra es que las DTD no soportan los espacios de nombres o NAMESPACES, que discriminan los distintos elementos por un prefijo, y que previenen errores de coincidencia en nombres de elementos XML.

De forma adicional, los defensores de XML Schema argumentan que los documentos DTD no soportan una definición de tipos muy buena, permitiendo poco más que algunos tipos de cadena y las enumeraciones simples de elementos.

- **Esquema XML**: Conjunto de reglas utilizadas para la definición y validación de documentos XML.

Uno de los estándares aparecidos como propuesta de "relevo" al viejo DTD es el llamado *XML Schema*. XML Schema o esquema XML es una propuesta de estándar de un lenguaje basado en XML y cuyo uso es precisamente el de creación y especificación de lenguajes basados a su vez en XML. La empresa creadora de XML Schema es la archiconocida Microsoft, aunque este estándar tiene sus raíces en la W3C, por lo que XML Schema tiene muchas opciones para convertirse en uno de los lenguajes de definición más populares y utilizados. Como hemos dicho anteriormente, desde la W3C en particular y la comunidad de desarrollo XML en general, han surgido ciertas dudas y limitaciones en lo que se refiere a la utilización del lenguaje DTD. A continuación vamos a ver en qué mejora la tecnología XML Schema a los documentos DTD y cómo se relacionan entre ellas.

2.4.1. ¿Qué es XML Schema?

XML Schema proviene de la mezcla entre XML-Data y DCD, o Document Content Description. DCD es una especificación basada en un tercer estándar llamado RDF (Resource Description Framework) que se utiliza para la definición de estructuras de documentos. RDF a su vez es una especificación de lenguaje creada por la W3C para la creación de un sistema de intercambio de información o recursos entre distintas aplicaciones basadas en el mundo Web.

***Nota**: Las especificaciones de los lenguajes XML-Data y DCD pueden encontrarse en las siguientes direcciones:*

- *http://www.w3c.org/TR/1998/NOTE-XML-data-0105*
- *http://www.w3c.org/TR/NOTE-XML-dcd*

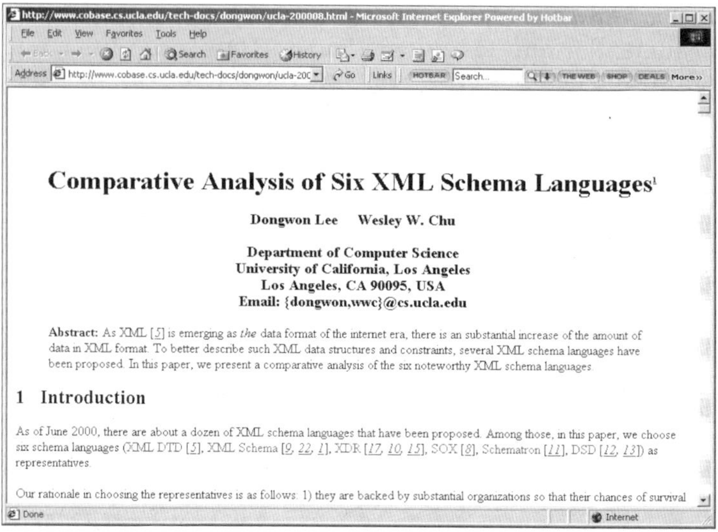

Comparative Analysis of Six XML Schema Languages[1]

Dongwon Lee Wesley W. Chu

Department of Computer Science
University of California, Los Angeles
Los Angeles, CA 90095, USA
Email: {dongwon,wwc}@cs.ucla.edu

Abstract: As XML [5] is emerging as *the* data format of the internet era, there is an substantial increase of the amount of data in XML format. To better describe such XML data structures and constraints, several XML schema languages have been proposed. In this paper, we present a comparative analysis of the six noteworthy XML schema languages.

1 Introduction

As of June 2000, there are about a dozen of XML schema languages that have been proposed. Among those, in this paper, we choose six schema languages (XML DTD [5], XML Schema [9, 22, 1], XDR [17, 10, 15], SOX [8], Schematron [11], DSD [12, 13]) as representatives.

Our rationale in choosing the representatives is as follows: 1) they are backed by substantial organizations so that their chances of survival

Figura 2.15. A lo largo de Internet se pueden encontrar multitud de documentos comparando los distintos sistemas de creación de esquemas

Por tanto, la especificación de XML Schema aúna las mejores características de XML-Data (principalmente su forma de escritura de los distintos elementos) con las de DCD. Por tanto, la situación actual es que una primera especificación de XML Schema está publicada por la W3C, lo que resulta bastante tranquilizador, ya que no se puede alegar que esta especificación es propia de Microsoft y que no es aceptada por el resto de las compañías. Lo cierto es que, por ahora, la única implementación de XML Schema la ha realizado esta misma compañía, estando incluida en la versión 5 y posteriores de su navegador Internet Explorer. Es necesario recalcar que la especificación de XML Schema todavía es un borrador de trabajo, por lo que desde que veamos aquí sus características hasta la aparición del estándar final de XML Schema pueden haber mejoras y correcciones sobre lo aquí expuesto.

Nota: *Como regla general, es muy recomendable visitar siempre la Web de la W3C (http://w3c.org) antes de comenzar cualquier proyecto sobre estándares de Internet e informarse*

sobre los últimos cambios y modificaciones sobre cualquier estándar o borrador de trabajo.

2.4.2. Comenzando a trabajar con XML Schema

La idea básica que hay que retener sobre XML Schema es que sirve para crear especificaciones de documentos o lenguajes XML. La buena noticia es que este lenguaje, a diferencia de los DTD, se basa a su vez en XML, y que gracias a su reciente creación recoge muchas características que hacen de él un lenguaje moderno y preparado para las necesidades actuales en lenguajes de marcado.

La especificación de XMLSchema se basa en una serie de elementos basados en XML que definen este lenguaje. Estos elementos se recogen a su vez en documentos DTD especiales para XML Schema y son los siguientes:

Elemento XML Schema	*Descripción*
Schema	Es el elemento raíz de todo documento XML Schema.
datatype	Se utiliza para definir los tipos de datos utilizados en los elementos y atributos.
ElementType	Define tipos de elementos dentro del documento.
element	Define un tipo de elemento que puede aparecer en otro tipo de elemento.
group	Se utiliza para agrupar elementos.
AttributeType	Define un tipo de atributo.
attribute	Define un atributo que puede aparecer dentro de un elemento.
description	Define información adicional sobre un elemento o un atributo.

A continuación vamos a ver cada uno de estos elementos con ejemplos prácticos de su utilización en un documento real de XML Schema.

2.4.3. Elemento Schema

El elemento *Schema* se utiliza como nodo raíz del documento XML que es realmente un documento XML Schema (recuerde que todos los documentos XML deben de presentar un nodo raíz o primero). Los atributos que puede presentar este nodo *Schema* son los siguientes:

Nombre	*Descripción*
name	Define el nombre del Schema que estamos creando
xmlns	Define el espacio de nombres del Schema

La utilización del atributo *name* resulta obvia, ya que define el nombre de esquema que estamos creando. Por el contrario, el atributo *xmlns* tiene cierta importancia, ya que define el espacio de nombres utilizado especialmente para los documentos XML Schema. Este valor es el siguiente: **urn:schemas-microsoft-com:xml-data**.

Veamos como ejemplo el siguiente documento XML-Schema (un principio de lo que será un documento de Schema completo):

```
mi_esquema.xml

<Schema name = "mi_esquema.xml"
   xmlns = "urn:schemas-microsoft-com:xml-data"
   xmlns:dt = "urn:schemas-microsoft-com:datatypes">
</Schema>
```

Como se puede observar, hemos definido un nombre (atributo name) para nuestro nuevo documento XML Schema y un espacio de nombres concordante con la especificación de espacio de nombres definida por Microsoft para este tipo de documentos XML. Pero como vemos el documento tiene un nuevo atributo llamado **xmlns:dt**. Este atributo se utiliza para especificar que queremos utilizar un documento especial de DataType (tipos de datos) definidos en la dirección **urn:schemas-microsoft-com:datatypes**. Como veremos más adelante, este documento define los distintos tipos de datos que podemos utilizar en la creación de nuestros elementos XML Schema.

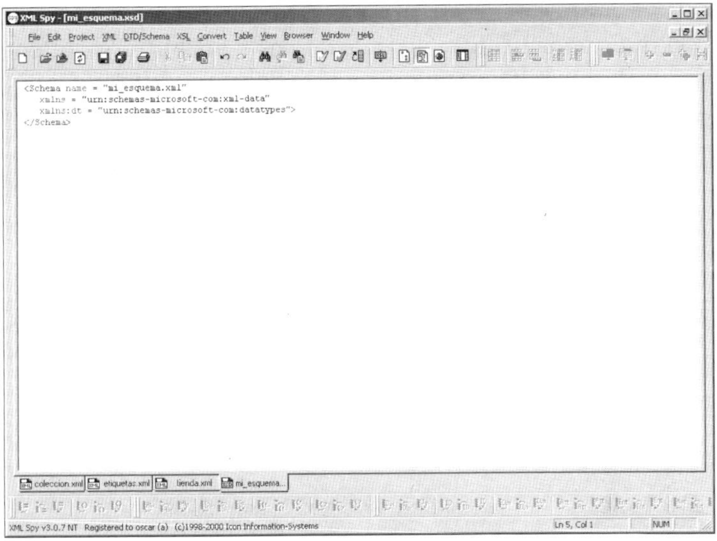

Figura 1.16. Nuestro documento XML Schema dentro de XML Spy

> ***Nota:*** *Como ya habrá podido comprobar, la utilización de namespaces o espacios de nombres comienza a tomar forma en la práctica. Recuerde que los espacios de nombres tienen una función básicamente organizativa dentro de la definición y utilización de documentos XML. Su función es la de separar las etiquetas XML que puedan hacer distintas empresas o desarrolladores, y que podrían coincidir en nombres, definiciones o atributos. Así, la etiqueta* ***microsoft:element*** *se podrá distinguir de la etiqueta* ***sun:element****, mientras que sin los espacios de nombres, ambas empresas tendrían una etiqueta del tipo* ***element*** *que podría dar error a confusión.*

2.4.4. Elemento datatype

El elemento *datatype* se utiliza como definición de un tipo de datos para nuestro nuevo documento XML. Así, es posible definir distintos tipos de datos que más tarde serán los que utilicemos en nuestras propias definiciones de elementos y atributos XML. La especificación del elemento datatype es la siguiente:

```
<datatype dt:type="tipo_datos" />
```

Donde *tipo_datos* es una descripción del tipo de datos que queremos utilizar. El valor de este atributo se obtiene de la siguiente lista, que recoge los valores o tipos de datos que permite utilizar el elemento *datatype*:

Tipo de datos	*Descripción*
bin.base64	Número en base 64.
bin.hex	Número hexadecimal en base 16.
boolean	Tipo de datos booleano (lógico, verdadero o falso).
char	Tipo de datos carácter (un único carácter).
date	Tipo de datos de fecha.
dateTime	Tipo de datos de fecha con hora.
dateTime.tz	Tipo de datos de fecha con hora y configuración regional.
entities	Tipo de datos ENTITIES.
entity	Tipo de datos ENTITY.
enumeration	Tipo de datos de enumeración.
fixed.14.4	Número real con 14 dígitos enteros y 4 de fracción.
float	Número de coma flotante (float).
i1	Número entero de 1 byte.
i2	Número entero de 2 bytes.
i4	Número entero de 4 bytes.
id	Tipo de datos ID.
idref	Tipo de datos IDREF.
idrefs	Tipo de datos IDREFS.
int	Número entero (integer).

(continúa)

Tipo de datos	Descripción
nmtoken	Tipo de datos NMTOKEN.
nmtokens	Tipo de datos NMTOKENS.
number	Número Real (real).
notation	Tipo de datos NOTATION.
r4	Número real de 4 bytes.
r8	Número real de 8 bytes.
string	Tipo de datos de cadena.
time	Tipo de datos de hora.
time.tz	Tipo de datos de hora con configuración regional.
ui1	Número entero sin signo de 1 byte.
ui2	Número entero sin signo de 2 bytes.
ui4	Número entero sin signo de 4 bytes.
uri	Tipo de datos de *Universal Resource Identifier.*
uuid	Número global (identificador único).

Por tanto, en la definición de nuestros documentos XML Schema podremos incluir alguna de las siguientes declaraciones:

```
<datatype dt:type="int" /> ó
<datatype dt:type="string" />
```

2.4.5. Elemento ElementType

El elemento *ElementType* se utiliza como definición de los tipos de elementos que define el propio documento XML Schema. Este es uno de los elementos más importantes y más utilizados ya que crea directamente los elementos que formarán la especificación de documento XML que estamos creando con la especificación en XML Schema. Los atributos que puede presentar este elemento *ElementType* son los siguientes:

Nombre	*Descripción*
name	Define el nombre del elemento que estamos creando.
model	Define el aspecto del modelo que estamos creando. Este atributo puede tomar los valores **open** o **closed**.
content	Define el tipo de contenido del elemento que estamos definiendo.
order	Define el orden de los elementos secundarios que engloba este elemento.
dt:type	Define el tipo de datos del elemento que estamos definiendo.

El atributo model

El atributo *model* especifica el modelo de contenido del elemento. Este modelo puede ser un modelo abierto o cerrado. La diferencia es que un modelo abierto (**open**) permite albergar dentro del elemento que estamos definiendo una serie de elementos adicionales, que no es necesario definir en nuestro esquema. El modelo abierto es el modelo predeterminado de todos los elementos definidos con XML Schema. Por el contrario, en un modelo cerrado (**closed**), no permite la inclusión de elementos que no hayan sido declarados. En este sentido, un XML Schema con un modelo cerrado tiene más similitud con una definición mediante documentos DTD, que siempre implementan modelos cerrados.

El atributo content

Uno de los nuevos atributos que han aparecido en la definición de este nuevo elemento es el atributo *content*. Dicho atributo se utiliza para definir el tipo de contenido que podrá presentar el elemento (*ElementType*) que estamos definiendo. Los valores que puede tomar el atributo *content* son los siguientes:

Valor	*Descripción*
empty	El elemento es vacío (no tiene contenido).

(continúa)

Valor	Descripción
textOnly	El elemento únicamente puede contener contenido textual.
eltOnly	El elemento únicamente puede contener otros elementos (utilizado para elementos aglutinadores de otros elementos, como el elemento *pedido* de nuestro ejemplo).
mixed	El elemento pueden contener tanto contenido textual como otros elementos.

Obviamente estos tipos de contenidos se relacionan con el tipo de modelo que se esté implementando, ya que en modelos abiertos el elemento podrá contener otro tipo de elementos, aunque no se hayan especificado.

El atributo order

Por último, el atributo *order* especifica el orden y número de repeticiones que presentarán los elementos agrupados dentro del actual elemento. Los valores que puede tomar este atributo son los siguientes:

Valor	Descripción
one	Únicamente se permite una serie de elementos.
seq	Los elementos deben de aparecer en el mismo orden en que se declaran.
many	Los elementos pueden aparecer cualquier número de veces, y en cualquier orden.

Siguiendo con la especificación de este elemento, dentro de un elemento *ElementType* se pueden incluir otros elementos que son los siguientes: *datatype, element, group, AttributeType, attribute y description*. Esta característica ofrece una gran potencia y flexibilidad a este tipo de elementos, ya que no sólo le permite especificar elementos, sino agrupar los mismos y definir estructuras más complejas de documentos XML. A continuación vamos a ver en el siguiente código un ejemplo de la utilización del elemento *ElementType* en un documento XML Schema real de definición de datos:

```
<Schema name = "mis_datos.xml"
xmlns = "urn:schemas-microsoft-com:xml-data"
xmlns:dt = "urn:schemas-microsoft-com:datatypes">

<ElementType name="id" content="textOnly"
dt:type="string">
<description>
   <title>ID del pedido</title>
   <body>Identifica el pedido de forma unica</body>
</description>
</ElementType>

   <ElementType   name="descripcion" content="textOnly"
dt:type="string">
<description>
   <title>Descripcion</title>
   <body>Contenido textual del pedido del cliente</
body>
</description>
</ElementType>

<ElementType name="fecha" content="textOnly"
dt:type="date">
<description>
   <title>Fecha</title>
   <body>Contiene la fecha del pedido</body>
</description>
</ElementType>

<ElementType name="total" content="textOnly"
dt:type="int">
<description>
   <title>Total</title>
   <body>Monto del pedido</body>
</description>
</ElementType>

<ElementType name="pedido" content="eltOnly"
model="closed">
<description>
   <title>Pedido</title>
   <body>Un pedido en concreto</body>
</description>

   <element type="id" minOccurs="1" maxOccurs="1"/>
   <element type="descripcion" minOccurs="1"
maxOccurs="1"/>
```

```
    <element type="fecha" minOccurs="1" maxOccurs="1"/>
   <element type="total" minOccurs="1" maxOccurs="1"/>

</ElementType>

<ElementType name="pedidos" content="eltOnly"
model="closed">
    <description>
    <title>Pedidos</title>
    <body>Un conjunto de pedidos de nuestra tienda</
body>
</description>
    <element type="pedido" minOccurs="0" maxOccurs="*"/>

    </ElementType>

</Schema>
```

Este ejemplo recoge un sencillo documento basado en *XML Schema* para una gestión de información acerca de pedidos (obviamente es una simplificación que difícilmente podría valer en el mundo real por sus escasos datos, pero que sirve perfectamente para nuestro ejemplo). En ella se recogen gran parte de los aspectos que hemos visto hasta ahora.

Lo primero que define este documento XML Schema es, como ya hemos visto, un elemento o nodo del tipo Schema con los atributos habituales de URN hacia las especificaciones de documento y datos de Microsoft.

Lo segundo es definir cuatro tipos distintos de elementos mediante el elemento que estamos estudiando (*ElementType*). Estos elementos son los siguientes:

Elemento	*Tipo de datos*	*Descripción*
id	String	Identificador del pedido
descripcion	String	Descripcion
fecha	date	Fecha del pedido
total	int	Monto del pedido

Estos elementos son los que más tarde presentarán los documentos XML finales que se construyan sobre la base de este esquema. En nuestro ejemplo hemos introducido un elemento adicional, que es el de "pedido" y que se encarga de agrupar a los cuatro elementos anteriores, definiendo de forma adicional el número de veces que podrá aparecer cada uno de ellos. Esta definición se realiza en la siguiente sección:

```
<element type="id" minOccurs="1" maxOccurs="1"/>
<element type="descripcion" minOccurs="1"
maxOccurs="1"/>
<element type="fecha" minOccurs="1" maxOccurs="1"/>
<element type="total" minOccurs="1" maxOccurs="1"/>
```

A continuación veremos el significado de este elemento y sus atributos.

2.4.6. Elemento element

El elemento *element* se utiliza para declarar la aparición de elementos dentro de otros elementos o grupos de elementos. Los atributos que puede presentar el elemento *element* son los siguientes:

Nombre	*Descripción*
type	Define el tipo de elemento.
minOccurs	Define el número mínimo de veces que podrá aparecer el elemento.
maxOccurs	Define el número máximo de veces que podrá aparecer el elemento.

Como hemos visto en nuestro anterior ejemplo, el atributo *type* hace referencia a tipos de elementos declarados en el mismo documento de definición XML Schema. Así se ve en la siguiente línea de código:

```
<element type="id" minOccurs="1" maxOccurs="1"/>
```

Pero resultan mucho más interesantes los otros dos atributos de los elementos *element*. Estos, minOccurs y maxOccurs, constituyen una ventaja clara del sistema de definición de datos XML Schema en comparación con los documentos DTD, ya que ofrecen una mayor flexibilidad y potencia a la hora de definir nuestros elementos y grupos de elementos, y permiten especificar claramente cuántas veces están permitidas las apariciones de ciertos tipos de elementos en distintos contextos del documento XML. La siguiente tabla recoge un grupo de combinaciones que pueden tomar estos dos valores.

minOccurs	*maxOccurs*	*Descripción*
0	1	El elemento puede aparecer una vez o ninguna.
1	1	El elemento puede aparecer una única vez.
0	*	El elemento puede aparecer cualquier número de veces, incluyendo ninguna.
1	*	El elemento puede aparecer cualquier número de veces, pero por lo menos una vez
>0	*	El elemento puede aparecer por lo menos *minOccurs* veces

Otra combinación de valores, como por ejemplo el caso en que el número *minOccurs* sea mayor que el número *maxOccurs*, desembocará en un número de veces permitido igual a cero. Veamos cómo utilizar estos valores en distintos elementos de un mismo documento XML Schema:

```
<Schema name="mis_datos.xml"
xmlns="urn:schemas-microsoft-com:xml-data"
xmlns:dt="urn:schemas-microsoft-com:datatypes">

<ElementType name="novia" content="textOnly"
dt:type="string">
<description>
   <title>Novia</title>
   <body>Una novia / novio (concurrente o al mismo
tiempo)</body>
</description>
</ElementType>

<ElementType name="hermano" content="textOnly"
dt:type="string">
<description>
   <title>Hermano</title>
   <body>Hermano/a</body>
```

```
</description>
</ElementType>

<ElementType name="padres" content="textOnly"
dt:type="string">
<description>
   <title>Padres</title>
   <body>Los dos padres</body>
</description>
</ElementType>

<ElementType name="abuelos" content="textOnly"
dt:type="string">
<description>
   <title>Abuelos</title>
   <body>Los cuatro abuelos</body>
</description>
</ElementType>

<ElementType name="amigos" content="textOnly"
dt:type="string">
<description>
   <title>Amigos</title>
   <body>Los amigachos</body>
</description>
</ElementType>

<ElementType name="alma" content="textOnly"
dt:type="string">
<description>
   <title>Alma</title>
   <body>La propia alma</body>
</description>
</ElementType>

<ElementType name="persona" content="eltOnly"
model="closed">
 <description>
 <title>Persona</title>
 <body>Una Persona</body>
</description>

<element type="novia" minOccurs="0" maxOccurs="1"/>
<element type="padres" minOccurs="0" maxOccurs="2"/>
<element type="abuelos" minOccurs="0" maxOccurs="4"/>
<element type="amigos" minOccurs="0" maxOccurs="*"/>
<element type="alma" minOccurs="1" maxOccurs="1"/>

</ElementType>
</Schema>
```

Como se puede ver, nuestro elemento *persona* presenta una combinación de cinco elementos: *Novia,* que puede presentarse ninguna o una vez (en sociedades monogámicas); *Padres,* de los que se puede tener cero hasta dos; *Abuelos* de cero a cuatro; *Amigos* de cero a infinito, y *Alma,* que únicamente se puede tener una (todo esto no incluye a nuestro amigo con tres novias ni al enfermo de personalidad múltiple, se entiende, aunque sí a los ¡bebés probeta!).

Vemos, por tanto, la facilidad con que podemos definir estructuras de elementos basadas en su número de apariciones dentro de otros elementos o estructuras.

2.4.7. Elemento group

Este elemento se utiliza como definición de grupos para ordenar nuestros elementos. Presenta únicamente dos atributos, que son los siguientes:

Nombre	Descripción
order	Define el orden de los elementos dentro del grupo.
minOccurs	Define el número mínimo de veces que podrá aparecer el grupo.
maxOccurs	Define el número máximo de veces que podrá aparecer el grupo.

Por lo demás, el funcionamiento de este elemento es similar al presentado por los *ElementType* y *element* que acabamos de ver.

2.4.8. Elemento AttributeType

El elemento *AttributeType* se utiliza como elemento para definición de los distintos atributos que pueden presentarse dentro de los distintos elementos del documento XML.

Este elemento se utiliza para la definición de atributos, pero únicamente para su definición. Mediante él se definen en el documento XML Schema los siguientes parámetros:

Nombre	Descripción
name	Define el nombre del atributo.
dt:type	Define el tipo de datos del atributo.
dt:values	Define el conjunto de valores posibles para el atributo.
default	Define el valor predeterminado del atributo.
required	Define si el atributo tiene carácter de requerido dentro del elemento.

La mayor parte de estos atributos se explican ellos mismos. En el caso de *dt:values*, se define un conjunto de valores de entre los cuales el atributo podrá tomar uno como valor final. Obviamente, este parámetro o atributo únicamente tendrá sentido cuando el atributo que estemos creando sea del tipo *enumeration* o de *nmtokens*, que precisamente es el tipo de datos que acepta un valor de entre una lista de valores. En el siguiente código podemos ver un ejemplo de este tipo de atributos:

```
<AttributeType name="color"
dt:values="red blue yellow green orange violet black
white"
dt:type="enumeration" >

   <description>
      <title>Color</title>
      <body>Un color </body>
   </description>

</Attribute Type>
```

Como se puede observar, este atributo presenta un atributo de nombre o *name* ("color"), un *dt:type* ("enumeration") y una lista de valores separados por espacios definida dentro del atributo *dt:values*. Si quisiésemos utilizar este atributo dentro de un documento XML, pero que todos los elementos que lo tuviesen presentasen un valor predeterminado, el código a incluir sería el siguiente:

```
<AttributeType name="color"
dt:values="red blue yellow green orange violet black
white"
```

```
dt:type="enumeration"
default="black">

   <description>
      <title>Color</title>
      <body>Un color </body>
   </description>

</AttributeType>
```

Y por supuesto, podríamos hacer que este atributo fuese un atributo obligatorio (o que debe aparecer siempre en los datos XML modelados con este esquema), incluiríamos el siguiente código:

```
<AttributeType name="color"
dt:values="red blue yellow green orange violet black
white"
dt:type="enumeration"
default="black"
required="yes">

   <description>
      <title>Color</title>
      <body>Un color </body>
      </description>

</AttributeType>
```

2.4.9. Elemento attribute

Cuando veíamos los elementos *ElementType* y *element,* nos encontramos que mientras *ElementType* servía para definir las características de los distintos elementos de la especificación de documento XML, el atributo *element* se utilizaba haciendo referencia al anterior, para definir en qué lugares aparecía.

Con los elementos *AttributeType* y *attribute* ocurre algo similar. Mientras que *AttributeType* se utiliza para la definición de atributos y sus características, *attribute* se usa para definir dónde o en qué elementos aparecerán o estarán incluidos dichos atributos. Por tanto, mediante este elemento, cuando estamos definiendo un nuevo elemento, podemos especificar qué atributos contendrá dicho elemento.

El elemento *attribute* presenta tres atributos, que son los siguientes:

Nombre	Descripción
type	Define el tipo de atributo.
default	Define el valor predeterminado que tomará el atributo (en esta posición u ocurrencia).
required	Define el valor de requerido que tomará el atributo (en esta posición u ocurrencia).

El elemento *type,* como resulta obvio, define qué tipo de atributo presentará el elemento que definimos en nuestro esquema. Lógicamente el tipo de atributo lo podremos elegir de entre los que hayamos definido en nuestro XML Schema, es decir, que si en nuestro esquema tenemos definidos tres atributos, color, sabor y olor, mientras no definamos nuevos atributos nuestros elementos únicamente podrán presentar atributos que concuerden con éstos.

Por su parte, los atributos *default* y *required* se comportan de forma similar a como veíamos anteriormente, con la salvedad de que su valor prevalece sobre los valores que se hayan definido en el elemento *AttributeType.* Es decir, si en el elemento *AttributeType* definíamos un atributo "color", con un valor predeterminado "black", y más tarde en la declaración de dicho atributo dentro de un elemento (mediante *attribute*) escribimos otro valor de *default,* el procesador hará caso primero a este último valor. Veámoslo con un ejemplo práctico:

```
<Schema name = "coches.xml"
   xmlns = "urn:schemas-microsoft-com:xml-data"
   xmlns:dt = "urn:schemas-microsoft-com:datatypes">

<AttributeType name="id" dt:type="id">
   <description>
      <title>ID</title>
      <body>Identificador del elemento</body>
   </description>
</AttributeType>

<AttributeType name="color"
dt:values="red blue yellow green orange violet black
white"
```

```
dt:type="enumeration"
default="black">
   <description>
      <title>Color</title>
      <body>Un color </body>
   </description>
</AttributeType>

<ElementType name="coche" content="textOnly">
   <attribute type="id"/>
   <attribute type="color" default="red"/>
   <description>
      <title>Coche</title>
      <body>Un Coche</body>
   </description>
</ElementType>

<ElementType name="camion" content="textOnly">
   <attribute type="id"/>
   <attribute type="color"/>
   <description>
      <title>Camion</title>
      <body>Un Camion</body>
  </description>
</ElementType>

</Schema>
```

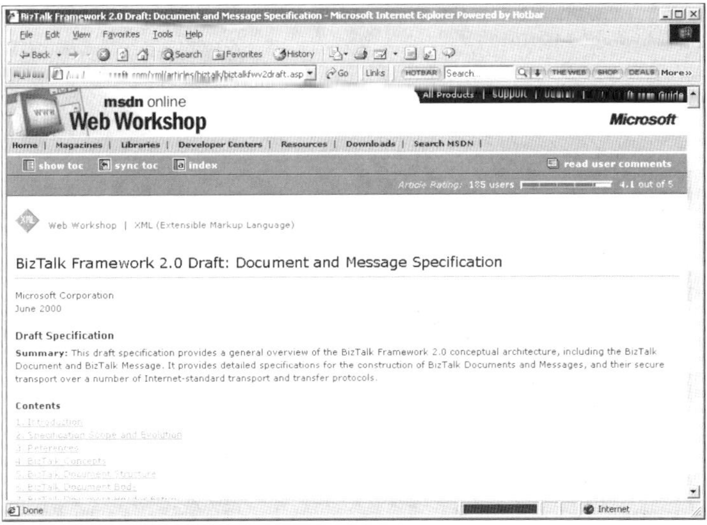

Figura 2.17. Existen muchas otras altenativas con nuevos métodos para crear esquemas de documentos XML

En este ejemplo, el *AttributeType* de *color* presenta un valor predeterminado de "black". Este atributo va a ser utilizado dentro de dos elementos que son *Coche* y *Camion*. El elemento *Coche* sobrescribe el valor por defecto mediante el atributo *default* y así todos los coches serán rojos por defecto. Por el contrario, el elemento *Camion*, que también utiliza el atributo (AttributeType) *Color*, no sobrescribe esta propiedad, por lo que todos los camiones tendrán como color predeterminado "black". Lo mismo ocurriría con el atributo de *required*.

3
XML + HTML = XHTML

3.1. Introducción

Muchos desarrolladores y diseñadores web se preguntan a menudo qué significa eso de XHTML. HTML es un lenguaje de sobra conocido y estas nuevas siglas, aunque similares, desconciertan por la equis inicial.

Muchos de ellos llegan incluso a proclamar que no saben absolutamente nada de XHTML, y preguntan de forma inocente dónde podrían hacer un curso de XHTML y cuánto tiempo les llevaría aprenderlo.

HTML, XML, XSL y ahora XHTML. Decenas de siglas y estándares aparecen por doquier cada día, y a menudo llevan a los usuarios o desarrolladores a conceptos e ideas equivocadas. ¿Qué es XHTML?, ¿HTML, XML, o algo sustancialmente distinto? En el siguiente capítulo intentaremos ofrecer algo de luz sobre tema, explicando este nuevo estándar y qué relación tiene con el resto de estándares de lenguajes de marcado de Internet y de forma muy especial con el lenguaje XML

3.2. Por qué HTML no sirve

¿Quién no sabe lo que es HTML? Puede que el viejecito que preguntaba ilusionado sobre si el Madrid era otra vez campeón de Europa o la señora de la fabada rural no tengan mucha idea sobre este lenguaje, pero obviamente son una excepción. Las siglas "HTML", referidas a los términos anglosajones "Hypertext Markup Language", se han convertido sin ningún lugar a dudas en unas de las más famosas del fin de milenio, y son todo un símbolo de lo que ha supuesto la revolución de Internet.

Incluso pensando en que teóricamente tendrían que estar incluidas dentro de un marco más técnico, en el que sólo supiesen de ellas los programadores y diseñadores, la gran difusión que ha tenido este lenguaje resulta espectacular. ¿Qué usuario medio de informática sabe lo que significan otras siglas como ATL, MFC, EJB o DCOM? Muy pocas tecnologías o lenguajes tienen la repercusión que HTML, con sus errores y flaquezas, está obteniendo.

Esta cuestión, aunque parezca vana y trivial, es en realidad el motor y pieza clave de todo un movimiento surgido en Internet. Uno de los factores que más ha influido en la gran expansión de HTML ha sido que se trata de un lenguaje de marcado con el que fácilmente se pueden construir páginas Web. Tan fácilmente que casi cualquier usuario de informática, con el simple uso del Bloc de Notas del sistema y un pequeño manual de uso de HTML puede tener lista una primera página en una media hora.

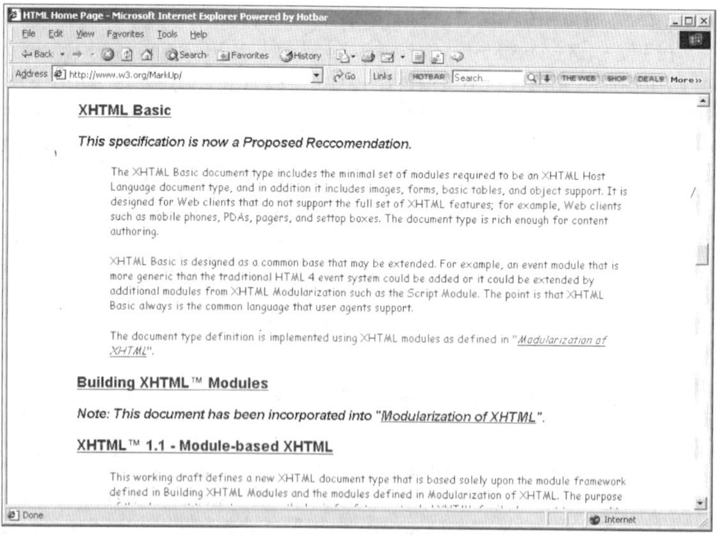

Figura 3.1. XHTML probablemente se convierta en el nuevo estándar de creación de páginas Web

Así lo demuestran los cientos de miles de páginas personales que pueblan Internet. Todos hemos visto alguna vez una de estas páginas. Compuestas por una amalgama habitualmente mal estructurada de información, links, proclamas y deseos, y con gráficos de dudoso gusto descaradamente sacados de librerías, pero páginas HTML al fin y al cabo.

El profesional del desarrollo de Internet no puede dejar de fijarse en que todos estos creadores noveles de páginas han tenido un factor a su favor que es el de la interpretación del propio lenguaje HTML por parte de los navegadores.

Me explico. Cuando un usuario o estudiante de informática decide dar el salto y aprender algún lenguaje (pongamos C++), se encuentra con que su primer programa tarda varios días en estar listo para compilar. Los lenguajes, con sus intérpretes o compiladores, son muy estrictos en lo que se refiere a la sintaxis del código fuente, y antes de compilar el programa analizan el código en busca de cualquier error, informando al programador de cualquiera que pudiese existir. Para un desarrollador esta mecánica es el pan nuestro de cada día, pero para un principiante puede resultar bastante confuso y desalentador. Es por esta razón por la que existe una pirámide de desarrolladores que tiene su base (el mayor número de individuos) en lenguajes más sencillos, como lenguajes RAD, Visual Basic o Delphi, y con un número mucho más reducido de lenguajes de más bajo nivel, como C++ o ensamblador.

HTML no realiza ningún tipo de gestión de errores, o en lenguaje más cercano a los estándares de XML, no realiza validación de documento.

Los navegadores simplemente se limitan a interpretar como pueden el código que se les suministra desde el servidor. Ya se puede escribir la página HTML más infame que se pueda imaginar, que la mayoría de los navegadores de Internet (Internet Explorer, Netscape Navigator, Opera, etc.) no ofrecerán ningún mensaje de error.

Obviamente para los programadores esta situación ha supuesto una gran desventaja, ya que esta mecánica de documentos no validados fomenta las imperfecciones o errores de código. Pero por el contrario, para el inmenso grupo de usuarios que mencionábamos antes, resulta una situación muy ventajosa, cuando no una auténtica panacea, ya que la tarea técnica de escribir un documento de marcado no les causa ninguna dificultad, previniendo la desilusión por no conseguir resultados, y permitiendo trabajar de una forma muy cómoda y sencilla, profundizando en los detalles del lenguaje únicamente hasta donde ellos quieran.

Un problema añadido y al que muchas empresas de software se han enfrentado o se tendrán que enfrentar es el del uso de las distintas herramientas de autor de páginas Web existentes en el mercado.

Existen cientos de soluciones y productos de este tipo en el mercado, tales como procesadores de texto o suites de creación de contenidos Web que permiten generar páginas HTML de forma totalmente gráfica. Dependiendo del acabado y la intención con que se haya realizado este tipo de software, las páginas HTML que generan pueden ser de mejor o peor calidad, pero tristemente a menudo nos encontramos con páginas HTML por Internet (algunas integrantes de sites muy visitados) que dejan mucho que desear en lo que se refiere a claridad y exactitud de código fuente. Documentos HTML mal organizados, con multitud de etiquetas redundantes o superfluas, con errores de presentación, inacabadas, etc.

3.2.1. Los "pecados" de HTML

Recoger todos los errores que puede causar el lenguaje HTML cuando se utiliza de forma errónea puede ser una ardua tarea. Principalmente se podrían resumir en todas los errores gramaticales que incumplen las reglas de XML, ya que precisamente estas reglas se han inspirado en el intento de solventar los posibles errores de un lenguaje de marcado, pero HTML no se basa en XML, y por tanto hay algunas reglas que no debería de cumplir, aunque no dejan de ser de recomendado cumplimiento. A continuación veremos algunos de los errores que en la práctica se comenten más en la creación de páginas HTML.

Una página de ejemplo HTML (errónea y mal formada, posiblemente dé errores de visualización en los distintos navegadores):

```
<HTML>
<HEAD>
   <TITLE></title>
<HEAD>
<BODY BGCOLOR="#FEF1C7" TEXT="Black" LINK=
#B9130F VLINK="#585858" ALINK=#D81712>

<table width="100%" border="0" cellspacing="0"
cellpadding=0>
<tr>
<td aling="RIGHT" nowrap>
<br><FONT FACE="Arial" SIZE="2">
<a href="MENU.asp" target="left"
<b>Nuevo</b></a> 
<IMG SRC="../images/menu.gif" WIDTH=13 HEIGHT=12
BORDER=0>
</tr></table>
</body>
</html>
```

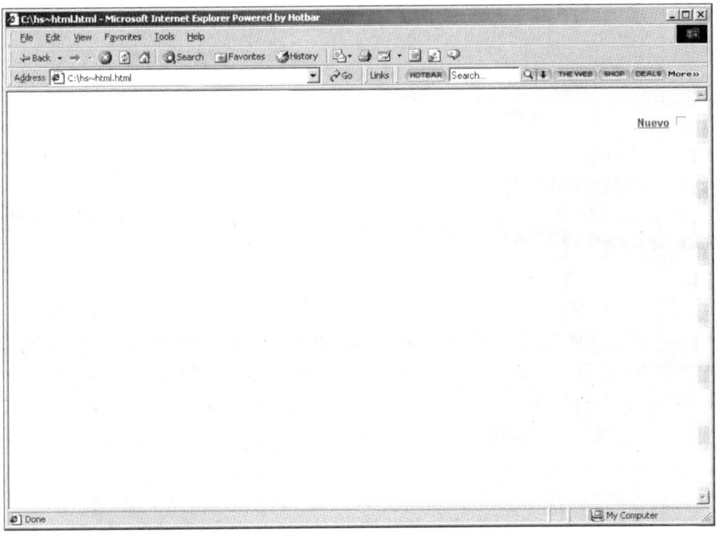

Figura 3.2. La página HTML errónea se visualiza de forma más o menos correcta

La misma página una vez convertida al modelo XHTML (correcta y bien formada, se verá de forma correcta en la mayoría de los navegadores de Internet):

```
<?xml version="1.0" encoding="UTF-8"?>
<!DOCTYPE html PUBLIC "-//W3C//DTD XHTML 1.0
Strict//EN" "http://www.w3.org/TR/xhtml1/DTD/
strict.dtd">
<html xmlns="http://www.w3.org/TR/xhtml1/strict">
<head>
<title></title>
</head>

<body bgcolor="#FEF1C7" text="Black" link="#B9130F"
vlink="#585858" alink="#D81712">

<table width="100%" border="0" cellspacing="0"
cellpadding="0">
<tr>
<td aling="right" nowrap"nowrap">
<br/>
<font face="Arial" size="2">
<a href="menu.asp"="left"><b>Nuevo</b></a>
<font>
<img src="../images/menu.gif" alt="" width="13"
height="12"
border="0" />
</td>
</tr>
</table>

</body>
</html>
```

Usted mismo puede abrir cualquier sitio de Internet y encontrarse con todos estos errores. No resulta muy difícil y no hay que navegar mucho para encontrarse con verdaderos "engendros" de documentos HTML. Veamos cuáles son los errores más cometidos:

- **Error nº1**: El primer error cometido en las páginas HTML es sin duda el de etiquetas HTML no cerradas, o cerradas en orden incorrecto. Este error se suele cometer especialmente cuando la página HTML ha sido desarrollada con un editor de código fuente (no visual) o generada por programación. A continuación vemos un fragmento de página que incumple esta regla:

```
<html>
<head>
   <title>(Mal) ejemplo</title>
</head>

<body>
Ya comienza a hacer fr&iacute;o. <b><i>Yo me voy
a abrigar.
</body>
</html>
```

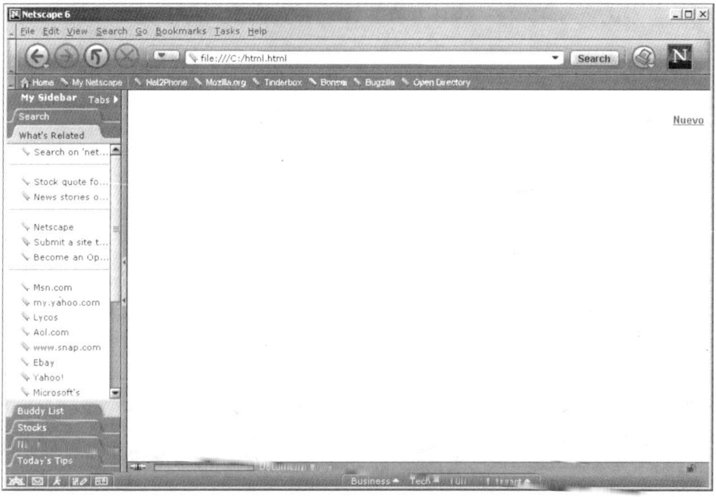

Figura 3.3. Con XHTML tenemos más garantías de que nuestras páginas se visualicen de forma correcta en todos los navegadores

Esta página abre sendas etiquetas “<b>” e “<i>”, pero jamás las llega a cerrar. De esta forma nunca sabremos si el autor intentaba resaltar únicamente la palabra “Yo”, o toda la frase restante.

- **Error nº2**: El segundo de los errores más cometidos es el de omitir partes importantes del documento HTML. Un documento HTML no es una estructura anárquica, sino que dentro de una cierta flexibilidad, necesita contener unas ciertas etiquetas necesarias. Las etiquetas básicas de un documento HTML son “<HTML>”,

"<HEAD>" y "<BODY>". Toda página Web tendría que tener estas etiquetas (con sus correspondientes etiquetas de finalización), y deben de aparecer una única vez a lo largo de todo el documento HTML. Pero por el contrario, y debido especialmente a procesos de generación dinámica de páginas HTML mal diseñados, a menudo nos encontramos con páginas erróneas como las siguientes:

```
<body>
Esta es una p&aacute;gina realmente muy mal
realizada
<table width="200" border="1" cellspacing="0"
cellpadding="0">
<tr>
   <td>Estoy entre TD</td>
   <td>Y Yo?
</tr>
<tr>
   <td>Yo si!</td>
   <td>Y Yo?
</tr>
</table>
</body>
</html>
```

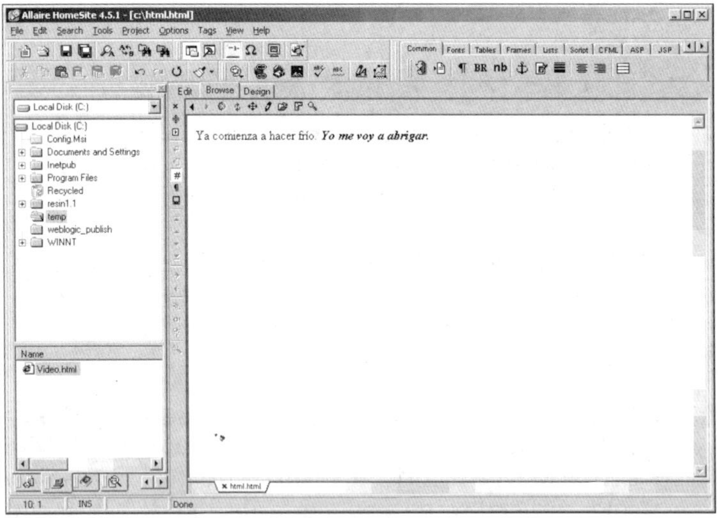

Figura 3.4. En este documento HTML no hemos cerrado las etiquetas que hemos abierto

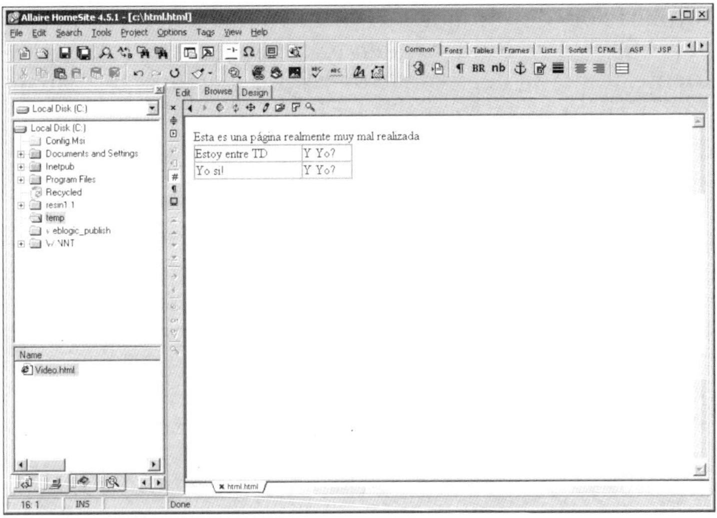

Figura 3.5. Esta página no comienza por la etiqueta <html>. Sin embargo, se puede visualizar de forma correcta

Esta página, aunque parezca mentira, se visualiza perfectamente en Internet Explorer como se puede ver en la figura 3.5. Como se puede observar, la página comete una serie de graves errores como no comenzar la etiqueta "<html>" (pero sí terminarla) y no terminar sendas etiquetas "<td>".

Aunque parezca que nadie jamás escribiría de forma consciente una página como esta, lo cierto es que muchos sitios de Internet presentan páginas similares, la mayor parte de las veces por errores de programación de sistemas CGI o de páginas activas.

- **Error nº3**: Para finalizar y no extendernos demasiado en este tema, englobaremos en el error número tres a una serie de errores menores. Uno sería la nula distinción que hacen los navegadores entre mayúsculas y minúsculas en las etiquetas HTML. Así, cualquier navegador relacionará la etiqueta "<TABLE>", con "<Table>" y por supuesto con "<TaBlE>".

Otro error, cometido con mucha frecuencia por las aplicaciones de desarrollo visual de páginas HTML, es la duplicación de etiquetas o la introducción de etiquetas superfluas o redundantes en el código, con el correspondiente aumento del tamaño de página y errores de visualización. Esto se ve en el siguiente ejemplo:

```
<html>
<head>
   <title>Mal - ejemplo</title>
</head>

<body>

<font face=”Arial”><font size=”2">En un lugar de la
 Mancha,
</font></font>
<br>
   <p><p> </p></p></p>
<font color=”navy”>
de cuyo nombre no quiero acordarme...
</font></font>

</body>
</html>
```

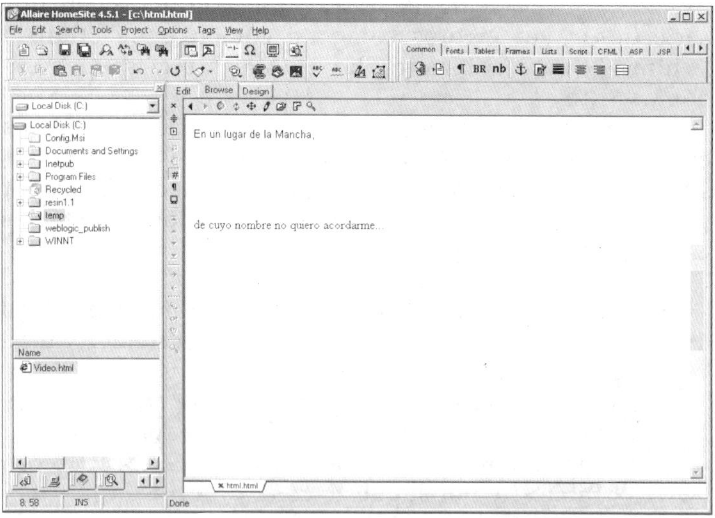

Figura 3.6. Esta página presenta código HTML duplicado o redundante

Este tipo de páginas son más comunes de lo que sería deseable. Conscientes de la situación, las distintas compañías fabricantes de aplicaciones de autoría Web han comenzado a dotar a sus sistemas de herramientas de "limpieza" de HTML. Así, programas como Macromedia DreamWeaver incluyen opciones de eliminación de etiquetas redundantes, limpieza de código, etc., que resultan muy útiles, y casi imprescindibles en entornos de desarrollo HTML de forma visual. La anterior página podría quedar de la siguiente forma (con la consiguiente mejora en claridad y menos tamaño):

```
<html>
<head>
   <title>Mal - ejemplo</title>
</head>
<body>
<font face="Arial" size="2"> En un lugar de la Mancha,
</font>
<br>
<font size="3" color="navy">de cuyo nombre no quiero
acordarme...</font>

</body>
</html>
```

3.3. XML y HTML

Para solventar esta situación la W3C (World Wide Web Consortium), que es la entidad creadora de los estándares de Internet, creó un nuevo estándar llamado XHTML 1.0. Como indica su nombre, XHTML es HTML unido a XML.

Para los lectores que no estén familiarizados con la especificación de XML, podemos apuntar brevemente que XML es un lenguaje de marcado que se utiliza para crear a su vez otros lenguajes de marcado (un metalenguaje). Tanto XML como los lenguajes que puede crear son lenguajes de marcado, en los que se utilizan una serie de etiquetas con una serie de valores como especificación del mismo lenguaje (véase cuadro 1).

Como ya hemos visto en el capítulo 2, de forma adicional XML define un tipo de documento llamado DTD, que se trata de un documento basado a su vez en XML, que define las características y formato del lenguaje XML que estamos creando. Este tipo de documentos especifican qué etiquetas podremos utilizar, su nombre, atributos, características, etc.

```
<xml>
  <documento>
     <titulo>Articulo XHTML</titulo>
     <contenido> bla, bla, bla, bla, bla, </contenido>
     <paginas> 5 </paginas>
  </documento>
</xml>
```

Cuadro 1. Ejemplo sencillo de un documento creado bajo en estándar de XML

De nuevo tenemos que recalcar que los documentos DTD no son de uso obligatorio, y que son utilizados especialmente por los intérpretes de XML para validar los documentos que estemos utilizando.

Por tanto, desde el punto de vista de la programación tradicional, podemos asemejar este tipo de documentos a las reglas de compilación de cualquier lenguaje: si el código fuente no cumple dichas reglas, se producirá un error y dicho documento no se procesará ni se utilizará.

El resultado de todo esto va a ser un nuevo lenguaje, muy similar a HTML en el sentido de que va a seguir conservando todas las etiquetas ya existentes (aunque algunas sufrirán algún cambio menor), pero que va a presentar una serie de características más restrictivas que van a tener principalmente dos consecuencias: la primera es que el desarrollo de XHTML va a resultar más difícil que el de HTML, debido al cumplimiento de esta serie de normas.

Esto repercutirá en muchas de las herramientas de desarrollo y creación de contenidos Web, que tendrán que ajustar su funcionamiento para no producir código erróneo no procesable con XHTML. La segunda consecuencia será que las páginas y sites Web serán mucho más fiables y contendrán menos errores, lo cual a largo plazo constituirá una gran mejora para el mundo del desarrollo Web. Se acabó el tiempo de las tablas HTML mal construidas o inacabadas, de los párrafos difusos, o de la incorrecta visualización de páginas dependiendo del navegador. En este sentido, XHTML delegará mucho más la responsabilidad de la correcta visualización de las páginas sobre los navegadores, ya que se asegura de que el código que los desarrolladores producen esté "bien formado" y libre de errores sintácticos.

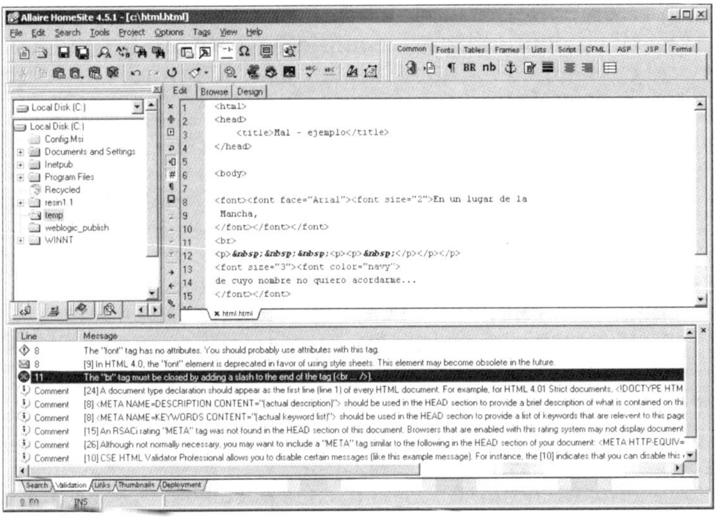

Figura 3.7. Muchas herramientas de edición HTML ya presentan mecanismos de validación de código XHTML

3.3.1. ¿Qué aporta XML a HTML?

La aportación real de XML a HTML, aparte del "espíritu" de corrección y calidad que persigue el primero, va a aportar a XHTML algo mucho más tangible. XHTML extiende a HTML mejorando su proceso de creación e interpretación, añadiendo a las reglas XML que hemos visto anteriormente las características propias designadas por sus DTD a las siguientes reglas:

1. Corresponde a la primera regla de XML, sobre la obligación de mantener una etiqueta de apertura y una de cierre, o una única acabada en "/"

2. Derivada de la segunda regla de XML, todas las etiquetas de XHTML deberán estar en minúsculas.
3. La tercera regla de XML también se aplica: las etiquetas deben abrirse y cerrarse en el orden correcto.
4. Las etiquetas de XHTML deberán llevar siempre todos los atributos, no pudiendo obviar ninguno de ellos.
5. El primer elemento XML de los documentos XHTML deberá ser "<html>", y deberán presentar sendos elementos "<head>" y "<body>" para construir un documento XHTML completo y correcto. Asimismo, el elemento "<title>" debe de ser el primer elemento dentro de "<head>".
6. Dichos atributos deberán presentar sus valores entre comillas (HTML permite especificar los valores con o sin comillas, lo que a veces lleva a error o confusión).
7. Los atributos de las distintas etiquetas no podrán minimizarse o, lo que es lo mismo, aparecer sin un valor. Tal es el caso del ampliamente utilizado atributo SELECTED, de la etiqueta OPTION.
8. Los distintos elementos dentro de la página XHTML se distinguirán de forma única en el ámbito de su documento mediante el atribulo "ID", en vez del antiguo "NAME", que se abandona.
9. Los elementos de "<script>" y "<style>", que especifican código ejecutable en la parte cliente y hojas de estilo en cascada (CSS) respectivamente, deberán incluirse dentro de una sección especial CDATA.

3.3.2. Implantación de XHTML

Para muchos usuarios y programadores de HTML se presenta una primera pregunta clara al hablar de XHTML, y es que si HTML, con sus carencias y errores, ha funcionado correctamente hasta ahora, ¿cuál es la necesidad de migrar los sistemas, sites y aplicaciones, al nuevo estándar? Sobre la mente de todos circula la duda sobre si es posible que una acción supuestamente positiva, como es la de estandarizar un lenguaje tan universal como HTML, pueda convertirse en una muy negativa, al distanciar algunos pasos al proceso de creación de páginas Web de todas aquellas personas no especialmente técnicas o conocedoras de las características de los lenguajes de marcado.

Como respuesta a esta pregunta, la W3C ha diseñado tres DTD distintos. Recordemos que los DTD eran los documentos XML que conforman el estándar que debe cumplir un segundo documento XML. La razón de que haya tres DTD distintos se basa en que esta variedad va a permitir distintas implementaciones del lenguaje XHTML, variando en la exactitud con la que van a exigir un código XHTML bien formado. Así usted como desarrollador podrá elegir entre dos sistemas de validación de sus documentos XHTML, que puede intercambiar dependiendo de sus necesidades.

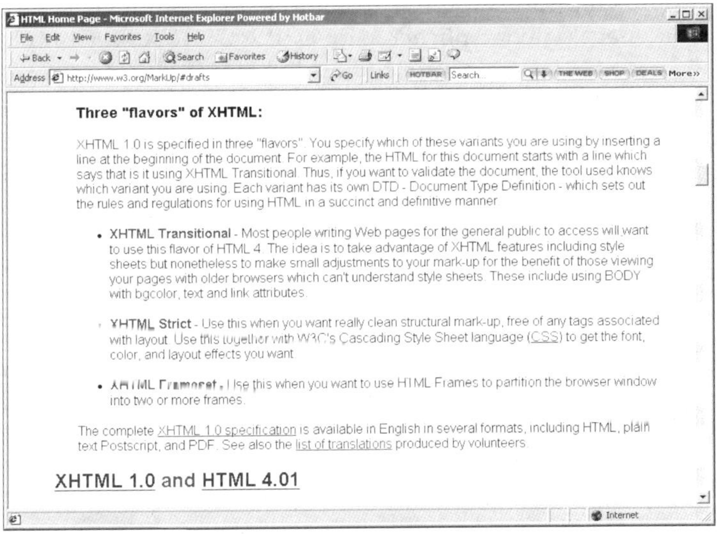

Figura 3.8. En el sitio Web de la W3C se presentan y comentan los tres documentos DTD preparados para XHTML

> *Nota: En un equipo de trabajo "real" a menudo se presentan distintos niveles de conocimiento de las características de un lenguaje XML. Desde un perfil más técnico que puede cumplir todas las reglas XHTML de forma estricta y minuciosa a un perfil mas creativo que puede centrarse más en el diseño final de las páginas sin tener en cuenta los detalles pequeños del XHTML. Para ambos habrá que habilitar los sistemas adecuados a su forma de trabajo.*

3.3.3. Validación de XHTML

Estas son los tres distintos documentos DTD que la W3C define para la validación de XHTML. Después de cada definición incluimos la declaración DOCTYPE necesaria al comienzo de la página XHTML para informar de la DTD que queremos utilizar con dicho documento:

1. **Validación Estricta**: El nivel más estricto de cumplimiento de XHTML no permite elementos obsoletos en XHTML, como las etiquetas HTML "<font>" o "<table>". Para dar formato a los documentos será necesario la aplicación de estilos CSS o XSL. Cumple todas las anteriores reglas de XHTML. Puede encontrar esta DTD en la dirección: http://www.w3.org/TR/xhtml1/strict.

```
<!DOCTYPE html PUBLIC "-//W3C//DTD XHTML 1.0
Strict//EN"
 "http://www.w3.org/TR/xhtml1/DTD/strict.dtd">
```

2. **Validación Transicional**: Un nivel más "relajado" de adhesión a XHTML sí permite los anteriores elementos, aunque acepta igualmente la aplicación de elementos de formato CSS o XSL. Cumple de igual forma todas las anteriores reglas de XHTML. Puede encontrar esta DTD en la dirección: http://www.w3.org/TR/xhtml1/transitional.

```
<!DOCTYPE html PUBLIC "-//W3C//DTD XHTML 1.0
Transitional//EN"
 "http://www.w3.org/TR/xhtml1/DTD/
transitional.dtd">
```

3. **Validación Frameset**: Incluye los elementos para creación de sistemas de *Frames* o *Marcos* en XHTML. Puede encontrar esta DTD en la dirección: http://www.w3.org/TR/xhtml1/frameset.

```
<!DOCTYPE html PUBLIC "-//W3C//DTD XHTML 1.0
Frameset//EN"
 "http://www.w3.org/TR/xhtml1/DTD/frameset.dtd">
```

En cualquier caso, para informar al navegador de que estamos utilizando un documento que sigue las normas de XHTML, es necesario definir el NAMESPACE apropiado para XHTML. Esto se hace añadiendo un atributo al elemento "<html>" como el siguiente (que puede sustituirse, aunque no hace falta, por la URL que especifique alguna de las tres DTD que hemos visto anteriormente):

```
<html xmlns="http://www.w3.org/1999/xhtml">
```

Tenga en cuenta que un desarrollo para Internet se compone a menudo de distintos tipos de páginas. Por un lado podemos encontrarnos con un buen número de páginas HTML estáticas. De igual forma también tendremos HTML dinámico generado por sistemas como CGI, páginas ASP, JSP, Servlets, etc. En todos los casos tendremos que añadir dichas declaraciones (atributo "<html>" y declaración DOCTYPE) en todas y cada una de las páginas generadas.

3.4. Errores más comunes en XHTML

Una vez vistas las reglas que rigen el desarrollo de documentos XHTML y cómo informar al navegador sobre qué DTD queremos utilizar, vamos a entrar de lleno en la práctica del sistema. Para ello, vamos a ver primero los errores que se cometen más a menudo. Empezamos de esta forma porque seguramente le sea muy útil a la hora de localizar futuros errores, y de seguro le ahorrará muchas horas de trabajo. Recuerde que los ejemplos de código que incluimos a continuación no son páginas completas de código XHTML, sino fragmentos ilustrativos. Para probar los siguientes ejemplos de errores XHTML, utilizaremos la siguiente plantilla de código XHTML:

```
<?xml version="1.0" encoding="UTF-8"?>
<!DOCTYPE html PUBLIC "-//W3C//DTD XHTML 1.0 Strict//
EN"
"http://www.w3.org/TR/xhtml1/DTD/strict.dtd">
<html xmlns="http://www.w3.org/TR/xhtml1/strict"
xml:lang="en" lang="en">
```

```
<head>
<title>TItulo</title>
</head>

<body>
<p>Aqui van nuestros ejemplos.</p>
</body>
</html>
```

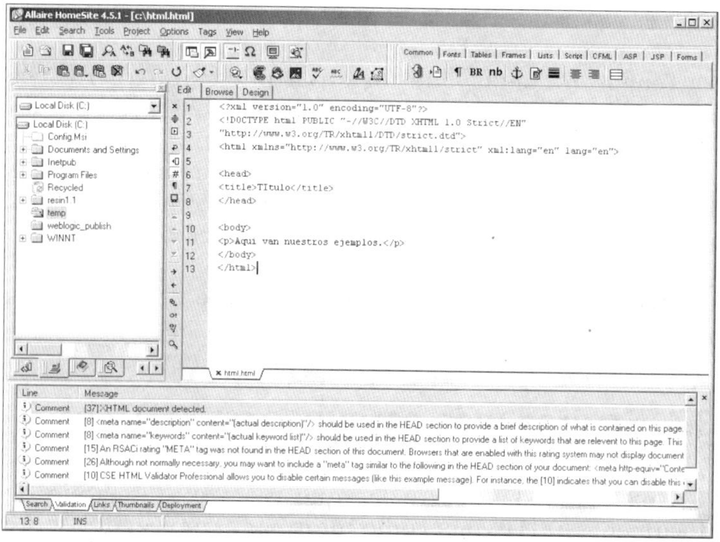

Figura 3.9. Este es un documento XHTML plenamente bien formado. El validador de nuestro editor no ha dado ningún fallo

Nótese que en este documento hemos incluido una directiva <?xml?> en la que marcamos este documento como XML (en realidad como "basado" en XML), versión 1.0 y codificación UTF-8. No es necesario que incluya esta directiva en sus documentos XHTML, excepto en el caso que la codificación de los mismos no sea UTF-8 o UTF-16 (habitualmente no es necesario incluirla).

- **Error nº 1:** Las etiquetas de salto de línea ("<br>") contravienen la regla nº 1 de XHTML. Pasa lo mismo con las etiquetas (menos utilizadas) de línea horizontal "<hr>".

Este código es válido en HTML pero erróneo en XHTML:

```
<br>
<br>
<p>Hola Antonio. ¿Que tal vas de lo tuyo?</p>
<hr>
```

La forma correcta de incluir etiquetas de salto de línea dentro de un documento XHTML es la siguiente:

```
<br>
<br>
<p>Hola Antonio. ¿Que tal vas de lo tuyo?</p>
<hr/>
```

Muchas aplicaciones de edición y creación de páginas Web tienen definidas macros o combinaciones de teclas para insertar elementos "<br>" dentro del código HTML (en Homesite Ctrl+Enter). Lea la documentación de su programa para ver cómo cambiar (si es posible) el código generado para insertar elementos "<br />".

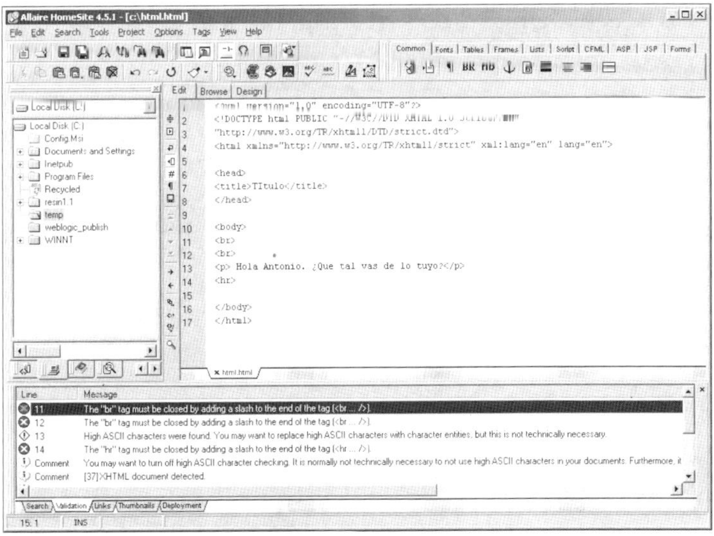

Figura 3.10. Representación en la herramienta de validación de los errores de nuestro anterior documento XHTML

Nota: Por razones de compatibilidad con algunos navegadores, no basta con escribir la finalización de elemento dentro de la etiqueta BR. Además es necesario incluir un espacio entre el carácter "r" y ">". Note la diferencia entre "<br/>" y "<br />". Esta regla la seguiremos de igual forma en otras etiquetas únicas como "<image>".

- **Error nº 2:** Las imágenes dan un error de documento XHTML. ¿Qué estoy haciendo mal? De igual forma que con la etiqueta "<br>", las imágenes también es necesario cerrarlas. El siguiente código es válido en HTML pero deja de serlo en XHTML:

```
<p>Vea que estupenda postal de mi ciudad:</p>
<br/>
<img src="madrid01.gif" alt="Madrid" border="0">
¿Verdad?</p>
```

En cambio el siguiente si es válido, cerrando adecuadamente el elemento "<img>":

```
<p>Vea que estupenda postal de mi ciudad:</p>
<br/>
<img src="madrid01.gif" alt="Madrid" border="0" />
<p>¿Verdad?</p>
```

- **Error nº 3:** Estamos insertando atributos sin comillas. Este error se da mucho y resulta especialmente molesto cuando convertimos páginas antiguas debido a que se reproduce muchísimas veces. Veamos el siguiente ejemplo (utilizamos la etiqueta HTML "<table>"por motivos didácticos):

```
<table width="400" border=0 cellspacing=0
cellpadding=0>
<tr>
<td>
<p>XHTML ofrece muchas ventajas!</p>
</td>
</tr>
</table>
```

Como podemos observar, el elemento table tiene cuatro atributos. De ellos, únicamente el primero presenta su valor entrecomillado, mientras que los otros no. Como es habitual, los navegadores lo representan de forma correcta, pero podría no ser siempre así. La forma correcta es la siguiente:

```
<table width="400" border="0" cellspacing="0"
cellpadding="0">
<tr>
<td>
<p>XHTML ofrece muchas ventajas!</p>
</td>
</tr>
</table>
```

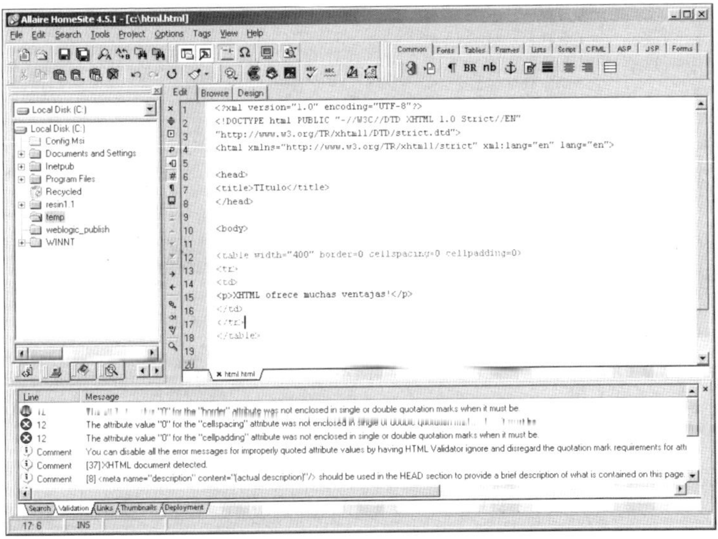

Figura 3.11. Representación en la herramienta de validación de los errores de nuestro anterior documento XHTML

- **Error nº 4:** ¿Qué está mal en este documento?

```
<p>
Aquí hay <b><i>errores</b></i> "ocultos"...
</p>
```

El error en este caso es muy sencillo, ya que hemos intercalado las etiquetas "<b>" e "<i>" cerrándolas en el orden incorrecto. Este error se reproduce MUY a menudo en todo tipo de documentos HTML, aunque posiblemente con otras etiquetas y con otro grado de complejidad (en especial en el uso de tablas). El documento correcto sería así:

```
<p>
Aquí hay <b><i>errores</i></b> "ocultos"...
</p>
```

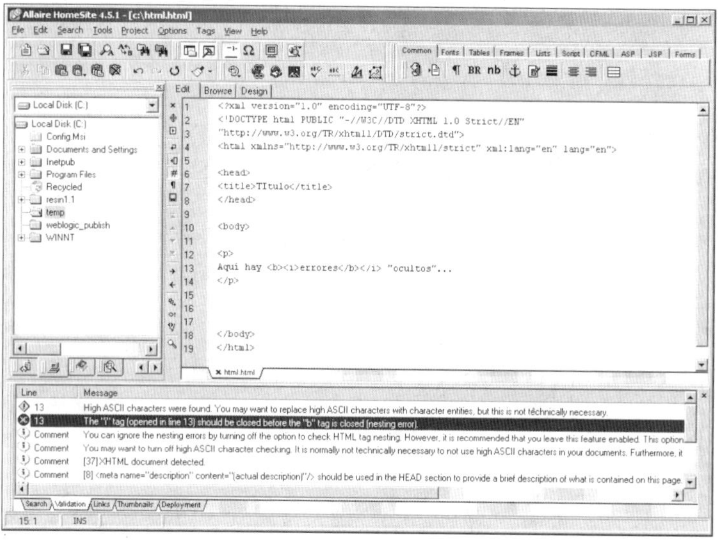

Figura 3.12. Representación en la herramienta de validación de los errores de nuestro anterior documento XHTML

- **Error nº 5:** La forma de declarar hojas de estilo y elementos de script (siempre que sea dentro del mismo documento XHTML y no enlazados de forma externa) cambia sustancialmente. En la siguiente página se presenta un estilo CSS para un párrafo en concreto. Veamos la forma antigua:

```
<?xml version="1.0" encoding="UTF-8"?>
<!DOCTYPE html PUBLIC "-//W3C//DTD XHTML 1.0
Strict//EN"
"http://www.w3.org/TR/xhtml1/DTD/strict.dtd">
<html xmlns="http://www.w3.org/TR/xhtml1/strict"
xml:lang="en" lang="en">
<head>
<title>Ejemplo CSS</title>
<style>
```

```
        .titulo_uno {
            font-family : Arial;
            font-weight : bold;
            font-style : italic;
            color : Green;
        }
        </style>
        </head>

        <body>
        Verde que te quiero verde...</p>
        <script type="text/javascript"
        language="JavaScript">
        <!--
            alert("Verde que te quiero verde...");
        -->
        </script>
        </body>
        </html>
```

Y veamos ahora la forma nueva. Nótese el código que incluimos al principio y al final de las secciones "<style>" y "<script>".

```
<?xml version="1.0" encoding="UTF-8"?>
<!DOCTYPE html PUBLIC "-//W3C//DTD XHTML 1.0 Strict//
EN"
"http://www.w3.org/TR/xhtml1/DTD/strict.dtd">
<html xmlns="http://www.w3.org/TR/xhtml1/strict"
xml:lang="en" lang="en">
<head>
<title>Ejemplo CSS</title>
<style>
<![CDATA[
.titulo_uno {
    font-family : Arial;
    font-weight : bold;
    font-style : italic;
    color : Green;
}
]]>
</style>
</head>

<body>
<p clas="titulo_uno">Verde que te quiero verde...</p>
<script type="text/javascript" language="JavaScript">
<!--
<![CDATA[
```

```
   alert("Verde que te quiero verde...");
]]>
-->
</script>
</body>
</html>
```

- **Error nº 6:** El siguiente fragmento de código XHTML también contiene un error muy común en la transición desde HTML a XHTML:

```
<?xml version="1.0" encoding="UTF-8"?>
<!DOCTYPE html PUBLIC "-//W3C//DTD XHTML 1.0
Strict//EN"
"http://www.w3.org/TR/xhtml1/DTD/strict.dtd">
<html xmlns="http://www.w3.org/TR/xhtml1/strict"
xml:lang="en" lang="en">
<head><title></title></head>

<Body bgcolor="#ffffff">
<p>Pues a mí me gusta verlo todo blanco.</p>
</body>

</html>
```

¿Localiza el error? Es sutil, pero existe. El elemento "<body>" ha sido escrito con la primera letra en mayúsculas. Igual hubiese dado que todo hubiese estado en mayúsculas. XHTML únicamente entiende minúsculas, tanto en los nombres de elementos como en los nombres de atributos. La forma correcta sería la siguiente:

```
<?xml version="1.0" encoding="UTF-8"?>
<!DOCTYPE html PUBLIC "-//W3C//DTD XHTML 1.0
Strict//EN"
"http://www.w3.org/TR/xhtml1/DTD/strict.dtd">
<html xmlns="http://www.w3.org/TR/xhtml1/strict"
xml:lang="en" lang="en">
<head><title></title></head>

<body bgcolor="#fffff">
<p>Pues a mí me gusta verlo todo blanco.</p>
<body>

<html>
```

- **Error nº7:** Este error es uno de los errores "obligados" ya que le afecta un cambio de especificación entre

HTML y XHTML. Afecta a los atributos de algunos elementos que en HTML no presentaban valor. En el siguiente ejemplo se ilustra esta diferencia:

```
<form action="url.html" method="POST">
Introduzca su color de ojos:<br />
<input type="Radio" name="color" value="azul"
checked>
Azul <br />
<input type="Radio" name="color" value="verde">
Verde <br />
<input type="Radio" name="color" value="marron">
Marr&oacute;n <br />
<input type="Radio" name="color" value="otros">
Otros <br />
</form>
```

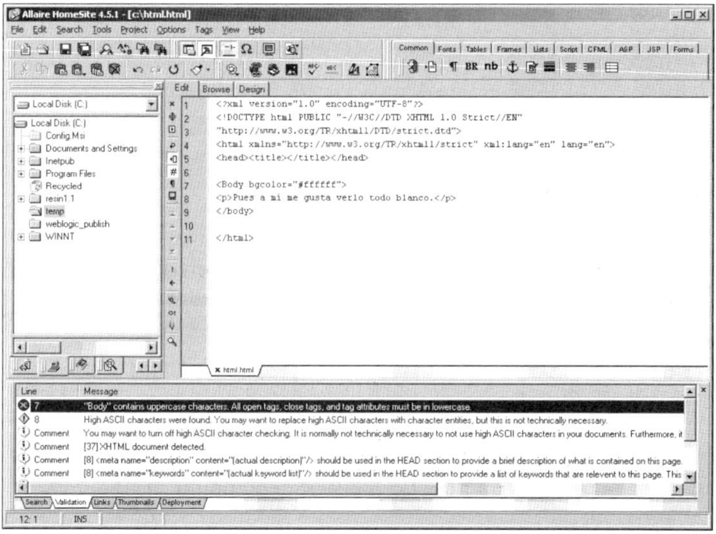

Figura 3.13. Representación en la herramienta de validación de los errores de nuestro anterior documento XHTML

Aquí se dan dos errores distintos. Uno ya lo hemos visto. Las etiquetas "<input>" no presentan una etiqueta de finalización, pero tampoco utilizan la barra "/" para cerrar la etiqueta. El segundo error se refiere al atributo "checked". XHTML no permite atributos sin valor, por lo que habrá que añadir un valor al mismo. El código correcto es como el siguiente:

```
<form action="url.html" method="POST">
Introduzca su color de ojos:<br />
<input type="Radio" name="color" value="azul"
   checked="checked" />
Azul <br />
<input type="Radio" name="color" value="verde" />
Verde <br />
<input type="Radio" name="color" value="marron" />
Marr&oacute;n <br />
<input type="Radio" name="color" value="otros" />
Otros <br />
</form>
```

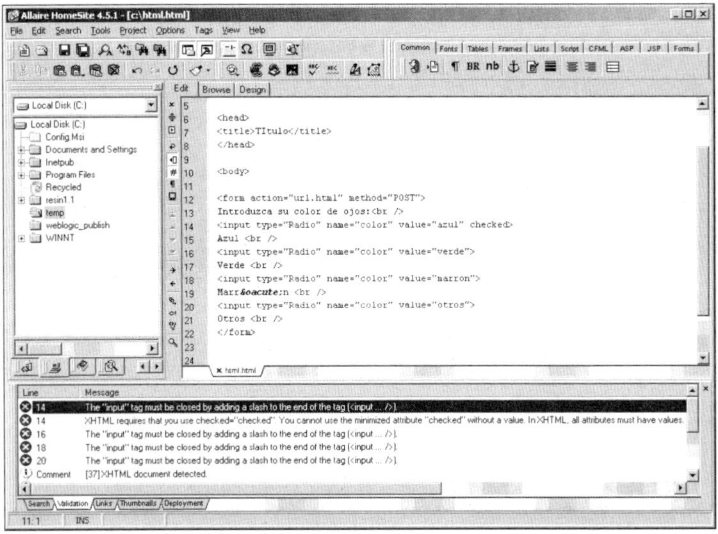

Figura 3.14. Representación en la herramienta de validación de los errores de nuestro anterior documento XHTML

Ocurre lo mismo con el resto de atributos HTML con un comportamiento similar. En especial este error suele reproducirse también con el atributo "selected" de las casillas combinadas de opción.

3.5. Migración

La conversión o migración de nuestros sistemas de desarrollo o diseño desde el antiguo lenguaje HTML 4.0 (o versiones anteriores) al nuevo estándar XHTML 1.0 puede ser una situación difícil para muchas empresas y equipos de desarrollo. Tan difícil que decidan no abordar el problema, o hacerlo de formas inadecuadas.

En la práctica, podemos encontrarnos con dos situaciones distintas. La primera es la de abandonar todos nuestros proyectos anteriores y dejarlos como estaban, con sus imperfecciones de lenguaje (y felicidades en el caso de que no las presentasen...), y abordar únicamente los nuevos proyectos con tecnología XHTML. En tal caso lo único que necesitaremos es proveer a nuestro equipo de los medios necesarios para que puedan trabajar con este lenguaje. Existe una gran gama de software que ya es capaz de trabajar y detectar fallos para XHTML. Entre ellos podemos destacar las siguientes aplicaciones:

Nombre	*Dirección*	*Comentarios*
HTML Validator	http://validator.w3.org/	Validador de HTML oficial de la World Wide Web Consortium. Se puede utilizar via Web.
WDG Validator	http://www.htmlhelp .com/tools/validator/	Otro validador de HTML que también se puede utilizar vía Web.
A Real Validator	http://arealvalidator. com/	Validación HTML. Versión de evaluación disponible.
CSE HTML Validator	http://www.htmlvalidator .com/	Magnífico validador HTML compatible con Homesite.

La segunda opción es la conversión de un antiguo proyecto al nuevo estándar de XHTML. Puede que el proyecto esté dando demasiados problemas de compatibilidad entre navegadores, o que el proyecto esté todavía a medio terminar y queramos terminarlo bajo los últimos estándares de la W3C. En este caso, se nos presentan dos alternativas:

1. **Conversión manual:** Revisar nuestras páginas (estáticas y dinámicas) una por una para ir corrigiendo los

distintos fallos. Esta opción es la más segura pero la mas lenta, pudiendo llegar a ser excesivamente tediosa dependiendo del volumen de la aplicación o sitio Web.

2. **Conversión automática:** Utilizar algún tipo de proceso automático que haga esta tarea por nosotros. Esta solución es teóricamente la mejor, si nos olvidamos que un proceso de este tipo puede ocasionar algún tipo de error en la conversión entre ambos lenguajes y perder información de nuestras páginas. Además, este método no afectará a desarrollos de servidor como programas CGI o Servlets, que deberán de ser revisados obligatoriamente de forma manual.

3.5.1. Conversión manual

Si hemos optado por una mayor seguridad en la conversión de nuestro antiguo proyecto HTML a XHTML, asumiendo el mayor coste en tiempo y recursos que conlleva, nuestra tarea será la de ofrecer una guía para la conversión general de páginas HTML 4.0 o anteriores a XHTML 1.0.

Para ello, se crea una guía de trabajo, que recoge una serie de puntos mediante los cuales se convierte un documento entre los dos formatos. Vamos a ver cada uno de estos puntos con la primera página de ejemplo que veíamos en este capítulo, para mostrar en la práctica en qué consiste cada paso que demos en el proceso de "limpiado" y actualización de código HTML.

```
<HTML>
<HEAD>
   <TITLE>
<HEAD>
<BODY BGCOLOR="#FEF1C7" TEXT="Black" LINK=
#B9130F VLINK="#585858" ALINK=#D81712>

<table width="100%" border="0" cellspacing="0"
cellpadding=0>
<tr>
<td align="RIGHT" nowrap>
<br><FONT FACE="Arial" SIZE="2">
<a href="MENU.asp" target="left">
<b>Nuevo</b></a> 
```

```
<IMG SRC="../images/menu.gif" WIDTH=13 HEIGHT=12
BORDER=0>
</tr></table>
</body>
</html>
```

Estos puntos, de forma esquemática, son los siguientes:

1. Ofrecer al equipo las reglas seguidas por XHTML y las DTD que vayamos a utilizar. Una copia de este mismo capítulo sería de obligada lectura por cada uno de sus integrantes.
2. Aislar los documentos HTML a convertir y preparar una estructura paralela en la que ir almacenando los documentos generados, manteniendo la misma estructura de directorios y duplicando todos los archivos relacionados (imágenes, vídeos, etc.). Esto es mejor que ir modificando la versión original de las páginas.
3. Por cada página HTML a convertir, seguir los siguientes pasos:

   a) Añadir la declaración DOCTYPE vista anteriormente, y elegida entre STRICT y TRANSITIONAL (sin olvidarnos de FRAMESET para páginas con *Frames*). Nuestra página en este momento quedaría así (resaltamos los cambios realizados en negrita):

```
<?xml version="1.0" encoding="UTF-8"?>
<!DOCTYPE html PUBLIC "-//W3C//DTD XHTML 1.0
Strict//EN"
"http://www.w3.org/TR/xhtml1/DTD/strict.dtd">
<HEAD>
   <TITLE>
</HEAD>
<BODY BGCOLOR="#FEF1C7" TEXT="Black" LINK=
#B9130F VLINK="#585858" ALINK=#D81712>

<table width="100%" border="0" cellspacing="0"
cellpadding=0>
<tr>
<td align="RIGHT" nowrap>
<br><FONT FACE="Arial" SIZE="2">
<a href="MENU.asp" target="left">
<b>Nuevo</b></a> 
```

```
<IMG SRC="../images/menu.gif" WIDTH=13 HEIGHT=12
BORDER=0>
</tr></table>
</body>
</html>
```

b) Añadir la declaración de espacio de nombres en el elemento "<html>" como ya hemos visto. Aprovechamos para convertir la etiqueta de "<HTML>" (en mayúsculas) a "<html>" en minúsculas.

```
<?xml version="1.0" encoding="UTF-8"?>
<!DOCTYPE html PUBLIC "-//W3C//DTD XHTML 1.0
Strict//EN"
"http://www.w3.org/TR/xhtml1/DTD/strict.dtd">
<HTML xmlns="http://www.w3.org/TR/xhtml1/strict">
<HEAD>
   <TITLE>
</HEAD>
<BODY BGCOLOR="#FEF1C7" TEXT="Black" LINK=
#B9130F VLINK="#585858" ALINK=#D81712>

<table width="100%" border="0" cellspacing="0"
cellpadding=0>
<tr>
<td align="RIGHT" nowrap>
<br><FONT FACE="Arial" SIZE="2">
<a href="MENU.asp" target="left">
<b>Nuevo</b></a> 
<IMG SRC="../images/menu.gif" WIDTH=13 HEIGHT=12
BORDER=0>
</tr></table>
</body>
</html>
```

c) Convertir todos los elementos (etiquetas) y sus atributos a minúsculas. Para realizar esta tarea, muchas herramientas de creación de contenidos Web, como Homesite 4.5, tienen una opción que realiza la conversión de forma automática.

```
<?xml version="1.0" encoding="UTF-8"?>
<!DOCTYPE html PUBLIC "-//W3C//DTD XHTML 1.0
Strict//EN"
"http://www.w3.org/TR/xhtml1/DTD/strict.dtd">
<html xmlns="http://www.w3.org/TR/xhtml1/strict">
<head>
   <title>
```

```
<head>
<body bgcolor="#FEF1C7" text="Black" link=
#b9130f vlink="#585858" alink=#d81712>
<table width="100%" border="0" cellspacing="0"
cellpadding=0>
<tr>
<td align="RIGHT" nowrap>
<br><font face="Arial" size="2">
<a href="MENU.asp" target="left">
<b>Nuevo</b></a> 
<img src="../images/menu.gif" width=13 height=12
border=0>
</tr></table>
</body>
</html>
```

d) Aplicar el resto de las reglas, con especial cuidado de entrecomillar los valores de los atributos, cerrar todas las etiquetas (incluyendo las etiquetas únicas como "<br>") y asegurarse de que las etiquetas se cierran y que se cierran en el orden correcto.

```
<?xml version="1.0" encoding="UTF-8"?>
<!DOCTYPE html PUBLIC "-//W3C//DTD XHTML 1.0
Strict//EN"
"http://www.w3.org/TR/xhtml1/DTD/strict.dtd">
<html xmlns="http://www.w3.org/TR/xhtml1/strict">
<head>
<title></title>
</head>
<body bgcolor="#FEF1C7" text="Black"
link="#B9130F" vlink="#585858" alink="#D81712">
<table width="100%" border="0" cellspacing="0"
cellpadding="0">
<tr>
<td align="right" nowrap="nowrap">
<br/>
<font face="Arial" size="2">
<a href="menu.asp" target="left"><b>Nuevo</b></a>
</font>
<img src="../images/menu.gif" alt="" width="13"
height="12" border="0" />
</td>
</tr>
</table>

</body>
</html>
```

e) Como paso último, validar el documento con algún programa de validación como CSE HTML Validator preparado para XHTML.
f) Grabar la página en la nueva estructura y volver a comenzar con la siguiente hasta acabar con toda la aplicación o sitio web.

Es importante recordar que se deben actualizar todos los componentes de servidor o sistemas de páginas activas que intervengan en el desarrollo o sitio Web, pasando por los puntos anteriores, pero con la correspondiente vista hacia el sistema que estamos modificando. En estos casos habrá que trabajar adicionalmente con las peculiaridades del programa que se haya realizado, corrigiendo las reglas XHTML entre el código HTML que se encuentre en el código fuente del programa.

```
import java.io.*;
import javax.servlet.*;
import javax.servlet.http.*;

/** Servlet de ejemplo
 */

public class primerServlet extends HttpServlet {
   public void doGet(HttpServletRequest request,
         HttpServletResponse response)
      throws ServletException, IOException {

      response.setContentType("text/html");

      PrintWriter out = response.getWriter();

   out.println(ServletUtilities.headWithTitle("Hola") +
         "<body\n" +
         "<H1>hola!</H1>\n" +
         "</body></html>");
   }
}
```

3.5.2. Conversión automática

A menudo la extensión del proyecto o el tiempo disponible hace que sea una tarea muy difícil la conversión manual de un sitio Web. En estos casos, la solución alternativa es la de aplicar una herramienta que sea capaz de convertir los documentos HTML a documentos XHTML. Como ya hemos comentado, este tipo de herramientas son susceptibles de fallar, ya que a menudo tendrán que corregir páginas con serios fallos de composición y pueden llegar a situaciones en que no sepan cómo manejar la información de las mismas y por tanto se pierda información.

En estos casos, parte del tiempo que se ahorra en la conversión automática de una serie de páginas hay que invertirlo en la posterior comprobación de las páginas generadas, asegurándonos de que no se haya perdido información en ninguna de ellas.

3.5.2.1. HTML Tidy

Quizá la aplicación más ampliamente utilizada para este tipo de conversiones sea HTML Tidy, disponible en el sitio de la W3C. Esta aplicación, de libre distribución, se encarga de realizar las comprobaciones de sintaxis adecuadas para validar documentos HTML y XHTML, y en el caso de que fuera necesario, corregir dichos documentos.

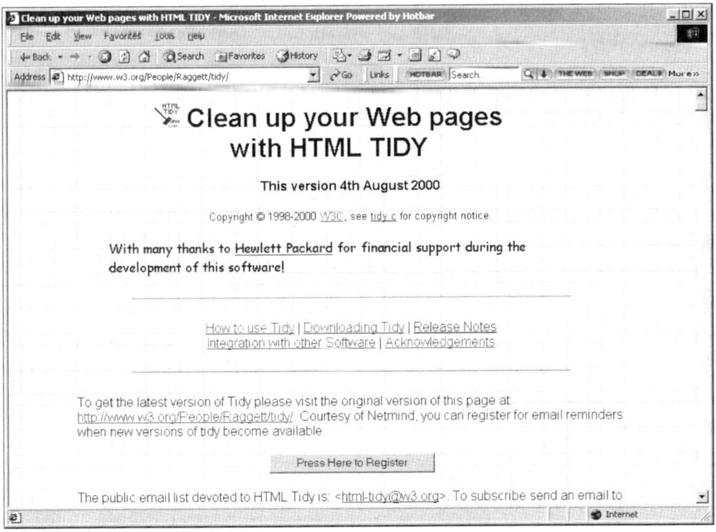

Figura 3.15. Representación en la herramienta de validación de los errores de nuestro anterior documento XHTML

a) HTML Tidy es capaz de encontrar elementos HTML no cerrados correctamente y de cerrarlos por el mismo. Así, el siguiente ejemplo sería subsanado por HTML Tidy:

INCORRECTA:
<b>Hola!
<i>Que tal estas?</i>

CORREGIDA POR HTML TIDY:
<b>Hola!</b>
<i>¿Que tal estas?</i>

b) HTML Tidy es capaz de encontrar elementos cerrados de forma incorrecta (solapados) y de cambiar su orden para no incurrir en este error. Veamos el siguiente ejemplo:

INCORRECTA:
<b>Hola!<i>¿Que tal estas?</b></i>

CORREGIDA POR HTML TIDY:
<b>Hola!<i>¿Que tal estas? </i></b>

c) HTML Tidy reconoce errores en los elementos <a> de finalización y los corrige:

INCORRECTA:
<a href="www.sun.com">SUN<a>

CORREGIDA POR HTML TIDY:
<a href="www.sun.com">SUN**</a>**

d) HTML Tidy corrige un error muy común en HTML, que es el de no cerrar de forma correcta los elementos de lista ("<li>").

INCORRECTA:
<li>uno
<li>dos
<li>tres

CORREGIDA POR HTML TIDY:

```
<ul>
<li>uno</li>
<li>dos</li>
<li>tres</li>
</ul>
```

e) HTML Tidy pone comillas a todos los atributos de los elementos del documento HTML.

INCORRECTA:

```
<body bgcolor=white>
```

CORREGIDA POR HTML TIDY:

```
<body bgcolor="white">
```

En general se puede decir que HTML Tidy cumple con la norma de XHTML y que efectúa una buena labor en la corrección de documentos. En la práctica, como ya hemos dicho antes, en ocasiones puede resultar algo peligroso dejar la conversión de nuestras páginas a una herramienta, por muy buena que ésta sea. HTML Tidy es un buen programa, pero no está libre de fallos. Por esta razón es conveniente utilizar este programa con cuidado y realizando comprobaciones sobre los resultados.

Un buen punto a favor de HTML Tidy es que ofrece el código fuente, por lo que entra dentro de la categoría de programa "open-source". Este tipo de desarrollos tienen la característica de que aunque puedan presentar *bugs* o errores, éstos son rápidamente detectados por alguna de los cientos de personas que pueden estar trabajando en él, o simplemente revisando su código. Para los lectores más avanzados, puede ser un buen ejercicio el estudiar cómo funciona HTML Tidy y cómo hace para reconocer las distintas estructuras de los documentos HTML y XHTML.

4

XML y CSS

4.1. Introducción

Como ya hemos ido exponiendo a lo largo de esta Guía Práctica, una de las características fundamentales de XML es que se trata de un lenguaje de definición de datos, y por tanto actúa como un elemento diferenciador entre la definición de estos mismos datos y su presentación en pantalla. Como vimos en el capítulo 3, el lenguaje HTML no obedece a esta filosofía, y une en un mismo documento elementos de definición de datos (textos, datos numéricos, etc.) con datos referentes al formato de presentación, como tipos de letra, colores, atributos de fuente, etc.

Una de las preguntas más usuales sobre XML es la siguiente. Si confiamos en XML para la definición de documentos que únicamente contengan o traten sobre nuestros datos, ¿dónde especificamos el formato con que queremos visualizarlos?

Obviamente, en un medio como Internet, que cada vez se vuelca más hacia los contenidos visuales y multimedia (abandonando los viejos tiempos de terminales en modo texto), la presentación es algo tanto o más importante que los datos mismos. Por tanto, tiene que existir algún tipo de lenguaje que sea capaz de abstraerse sobre la información que se desea mostrar, y centrarse en el formato de presentación visual. Es decir, un lenguaje o especificación que haga justamente lo contrario que XML. Este lenguaje no es otro que CSS.

4.2. ¿Qué es CSS?

Las siglas CSS corresponden a un estándar de presentación de contenidos en Internet, llamado **Hojas de Estilo en Cascada** *(Cascading Style Sheets)*, actualmente en su versión CSS2.

El World Wide Web Consortium (W3C) publicó en 1996 la primera especificación de CSS. Esta primera especificación reunía las bases fundamentales de este nuevo lenguaje. A partir de entonces, CSS serviría para definir las distintas características de formato de los distintos elementos que constituyen una página Web. Posteriormente el mismo organismo elaboró una segunda versión del estándar, llamado **CSS2.**

Anteriormente (y todavía hoy en día), para dar el formato deseado a una página Web, se utilizaba el lenguaje HTML para especificar el formato de los distintos componentes de nuestro documento. Así por ejemplo para definir el formato de un fragmento determinado de texto utilizábamos una etiqueta o "tag", con la que especificábamos el tipo de letra, tamaño y color del mismo. Para cada elemento constitutivo de una página Web existía una etiqueta HTML, y cada una de estas etiquetas tenía una serie de valores relativos al objeto que se quería diseñar.

Por tanto, el siguiente código HTML mostraría en pantalla la palabra "Buenos días" en un tamaño "7" (el más grande), con un tipo de letra "Arial" y en color negro:

```
<font face="Arial" size="7" color="black">
  Buenos días
</font>
```

Como puede observar, la frase "Buenos días" se encierra entre dos etiquetas o "tags", uno de comienzo y otro de finalización, que definen exactamente cómo queremos visualizar nuestra frase en pantalla. Este criterio de trabajo se aplica de igual forma a todos los elementos de una página Web, como pueden ser imágenes, tablas, fondos, listas, etc.

Pero en el día a día de la creación de páginas Web, surge una complicación derivada de esta forma de orientar el diseño de una página, y es la cantidad de trabajo que hay que invertir en realizar cambios sobre nuestras páginas Web. Supongamos que estamos realizando un proyecto para una empresa, y que después de tener más de cien páginas realizadas, nuestro cliente nos comenta que prefiere un tipo de letra más grande y en otra gama de colores. La cantidad de cambios que tendremos que realizar será enorme.

El estándar CSS1 viene a solucionar este problema de la siguiente manera. Mediante CSS, nosotros podemos definir una serie de estilos o especificaciones de estilo, referidos a cualquier tipo de elemento de nuestra página Web, de forma que el navegador aplicará el estilo adecuado a cada elemento de nuestra página.

De esta manera, si organizamos nuestro código para tener una única "Hoja de Estilos" de la que dependan el resto de las páginas, cambiando únicamente dicha hoja de estilos, el resto de páginas se verán afectadas de forma automática por los cambios.

Por tanto, se puede decir que las CSS son una especificación creada para diferenciar lo que son los datos de un documento de su presentación final. Los datos en el mundo de Internet cada vez resultan menos triviales, y pasan a poseer un significado real y de más importancia, especialmente en las aplicaciones orientadas a la Intranet, en las que los datos publicados pueden ser perfectamente datos económicos o comerciales de una empresa. Así, el hecho de juntar los datos con la presentación de los mismos supone una serie de dificultades que viene a salvar CSS.

En nuestro caso de estudio anterior, el esfuerzo de cambiarle el tipo de letra para todo el proyecto sería mínimo, ya que únicamente tendríamos que retocar la hoja de estilo correspondiente. Pero CSS no únicamente se queda ahí. También define una serie de convenciones para manejar la posición y tamaño de los distintos elementos HTML dentro de nuestra página, lo que nos permite saltarnos viejas limitaciones y obtener efectos antaño imposibles como por ejemplo la superposición de elementos tales como texto o imágenes, definición exacta de espacios, posiciones y márgenes, gestión de listas, bordes, etc.

4.3. Especificación CSS

Antes de pasar a ver las distintas formas de aplicación de las *Hojas de Estilo,* veamos una lista con las distintas categorías de estilo que tenemos a nuestra disposición y el significado que tienen cada una de ellas. Recuerde que no todos los navegadores que implementen el estándar CSS1 tienen por qué implementar todas las propiedades.

Por el contrario, la experiencia nos dice que tanto IE como Netscape no implementan todas las propiedades. De igual forma tampoco tienen por qué mostrar de forma idéntica los elementos CSS en pantalla (aunque en teoría sí tendrían que hacerlo). Por tanto podemos decir que el cumplimiento del estándar CSS1 "ayuda" únicamente a conseguir un formato similar entre los distintos navegadores, pero que tendremos que estar preparados a descubrir diferencias entre ellos.

A continuación vamos a ver una serie de ejemplos CSS sobre los distintos elementos de formato que este estándar nos ofrece. Para ello utilizaremos como procesador de XML / CSS el navegador Internet Explorer 5.5. Este navegador puede mostrar documentos XML modificados mediante Hojas de Estilo CSS con seguir únicamente las siguientes instrucciones, que son las que se seguirán para visualizar todos los elementos de estilo que se van a ver a continuación.

1. Crear u obtener un documento de datos XML (con el nombre de "datos.xml").
2. Añadir a dicho documento una declaración "<?xml:stylesheet?>" como la siguiente:

```
<?xml:stylesheet href="estilo.css" type="text/
css"?>
```

3. Crear un documento de Hoja de Estilo CSS (que iremos sobrescribiendo con cada nuevo ejemplo que vayamos viendo) con el nombre "estilo.css" y guardarla en el mismo directorio que el fichero "datos.xml".
4. Cada vez que modifiquemos esta Hoja de Estilo, cargaremos el documento XML sobre Internet Explorer 5.5, o haremos clic sobre "Actualizar" (Refresh) del navegador para que recoja los nuevos cambios. En

este momento veremos en pantalla el resultado de aplicar los estilos CSS sobre nuestro documento XML. Para todo esto utilizaremos a modo de ejemplo el siguiente documento XML:

```
<?xml version=”1.0" encoding=”UTF-8"?>
<?xml:stylesheet href=”estilo.css” type=”text/
css”?>
<balance>
   <gastos>
      <personal>1.000.000</personal>
      <luz>50.000</luz>
      <local>2.000.000</local>
      <transportes>15.000</transportes>
   </gastos>
</balance>
```

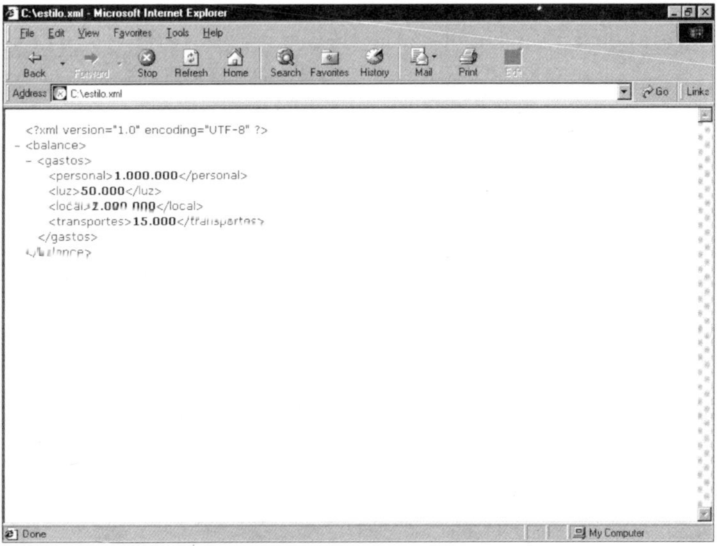

Figura 4.1. El documento XML utilizado para los ejemplos visualizado mediante Internet Explorer 5.5

4.3.1. Formatos FONT

Esta primera categoría de formatos se utiliza para declarar y definir las características del tipo de letra que presentará el elemento en pantalla. Estas propiedades son las más comúnmente utilizadas, ya que los elementos textuales son los más receptivos a ser modificados mediante CSS. Los valores que podemos manejar en este grupo son los siguientes:

Propiedad	*Descripción*
font-size	Define el tamaño de nuestra fuente en pantalla. Los valores de este parámetro se muestran en la tabla posterior a ésta.
font-family	Define el tipo de letra de nuestra fuente
font-weight	Define el "peso" (normal, negrita, etc.) de nuestra fuente **Valores:** normal I bold I bolder I lighter I 100 I 200 I 300 I400 I500 I 600 I 700 I 800 I 900
font-style	Define el "estilo" de nuestra fuente **Valores:** normal I italic I oblique
font-variant	Define el estilo "small-caps". **Valores:** normal I small-caps
color	Define el color de nuestra fuente
font	Este valor se utiliza para determinar todos los valores anteriores de una manera conjunta, separando los valores de las distintas propiedades por espacios

Los siguientes valores son los que podemos utilizar para definir la propiedad "font-size", estando todos ellos referidos al tipo de fuente que vamos a utilizar.

Medida	*Descripción*
absolute-size	Hace referencia a una tabla interna de CSS con diversos estilos. **Valores:** xx-small I x-small I small I medium I large I x-large I xx-large
relative-size	Esta forma hace referencia relativa al tipo de fuente del elemento "padre" o anterior en el documento HTML. **Valores:** larger I smaller

(continúa)

Medida	Descripción
length	Tamaño de la fuente a utilizar. Este tamaño se puede medir en las siguientes magnitudes: in (Pulgadas) cm (Centímetros) mm (Milímetros) em (Relativa a la altura de la fuente actual) ex (Altura de la letra "x" de la fuente actual) pt (Puntos) pc (Picas) px (Píxeles)
percentage	Porcentaje de tamaño de nuestra fuente

A continuación vamos a ver el documento CSS de ejemplo que ilustra las distintas formas de definir estilos de fuente mediante CSS1 en nuestro documento XML (véase figura 4.2). Observe la sintaxis que se utiliza para insertar el código CSS, y pruebe usted mismo a realizar su hoja de estilos comenzando desde cero, para irse acostumbrando a la gramática.

> ***Nota**: Recuerde, ya tenemos nuestro documento XML ("datos.xml") creado, y esta puede ser la primera vez que creemos nuestro documento CSS ("estilo.css"). Cree un fichero nuevo, escriba la siguiente declaración de estilos (aquí no se utiliza la etiqueta HTML "<style>"), guárdelo en el mismo directorio que el documento XML y visualice dicho documento con Internet Explorer 5.5.*

```
personal  {
   font-size : 40%;
   font-style : italic;
   font-weight : bold;
}

luz  {
   font-family : arial;
   font-size : medium;
   color : Green;
}

transportes  {
   font-size : 3cm;
```

```
   font-weight : bold;
}

local  {
   font-family : Courier New;
   font-size : large;
   color : Navy;
}
```

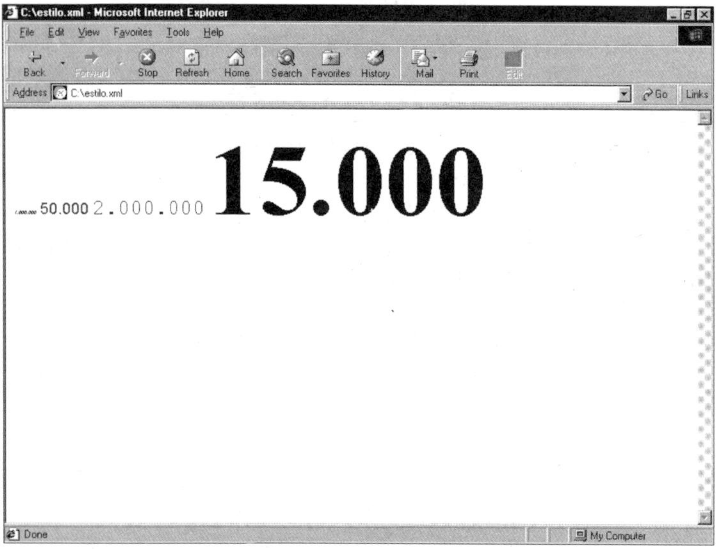

Figura 4.2. Aplicando estilos de fuente a nuestro documento XML

4.3.2. Formatos TEXT

Esta segunda categoría de formatos se utilizan para declarar y definir las propiedades del texto que presentamos en pantalla. Las propiedades de texto hacen referencia a la posición y estilo del texto dentro de nuestra página HTML, y no al tipo de fuente utilizada. En esta categoría de formatos tenemos a nuestra disposición las siguientes propiedades:

Propiedad	*Descripción*
word-spacing	Mediante esta propiedad indicamos la distancia que queremos entre las palabras del texto.

(continúa)

Propiedad	Descripción
	Esta propiedad toma las mismas medidas que vimos para "font-size". **Este valor no está totalmente definido en el estándar CSS1**
letter-spacing	Mediante esta propiedad indicamos la distancia que queremos entre las diferentes letras del texto. Esta propiedad toma las mismas medidas que vimos para "font-size". **Este valor no está totalmente definido en el estándar CSS1**
text-decoration	Mediante esta propiedad definimos diversas presentaciones posibles para nuestro texto. **Valores:** underline I overline I line-through I blink
vertical-align	Mediante esta propiedad definimos el posicionado vertical de nuestros elementos. **Valores:** baseline I sub I super I top I text-top I middle I bottom I text-bottom I o porcentaje
text-align	Mediante esta propiedad definimos el posicionado horizontal de nuestros elementos. Estos valores pueden ser alineación a la izquierda, a la derecha, centrado, o justificado por ambos márgenes. **Valores:** left I right I center I justify
text-indent	Esta propiedad especifica el nivel de indentación, en medida fija o en porcentaje, que existe antes de la primera línea de texto.
line-height	Esta propiedad especifica la distancia entre líneas de texto
text-transform	Esta propiedad define cómo mostraremos nuestro texto en cuestión mayúsculas / minúsculas, pudiendo elegir entre mostrar el primer carácter de cada palabra en mayúsculas, todos los caracteres en mayúsculas, o todos en minúsculas. **Valores:** capitalize I uppercase I lowercase

De nuevo vamos a ver una página de ejemplo para ver cómo queda nuestro texto utilizando estos parámetros CSS (véase figura 4.3).

```
personal  {
   line-height : 10pt;
   text-decoration : underline;
   text-align : center;
 }

luz  {
   text-transform : uppercase;
   text-indent : 1cm;
}

transportes  {
   text-decoration : line-through;
   text-align : right;
}

local  {
   line-height : 2cm;
   text-align : justify;
   text-decoration : overline;
}
```

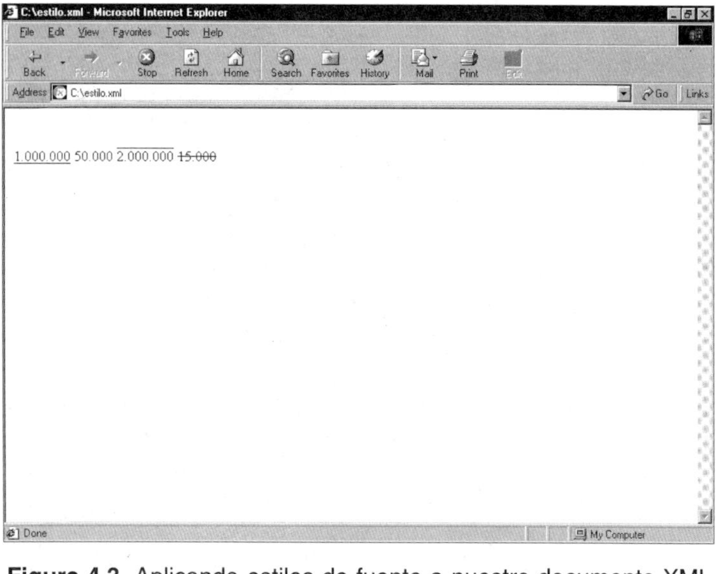

Figura 4.3. Aplicando estilos de fuente a nuestro documento XML

4.3.3. Formatos COLOR y BACKGROUND

Si usted ha desarrollado páginas HTML, sabrá que una de las primeras cosas que se hace al escribir una de ellas es fijar el color o la imagen de fondo. Para realizar esta tarea desde CSS utilizamos la categoría de formatos COLOR y BACKGROUND. Estos formatos se utilizan básicamente para definir las características relativas al color y la forma del fondo utilizado para representar nuestros elementos CSS. La siguiente tabla recoge todas las propiedades que tenemos a nuestra disposición.

Propiedad	*Descripción*
color	Esta propiedad define el color del texto (*foreground*) que queremos utilizar. Es similar a la propiedad "color" que utilizamos en los atributos de texto. **Valores:** Ver tabla adjunta de valores utilizados para definir colores en CSS
background-color	Esta propiedad define el color de fondo (background) que queremos utilizar. **Valores:** Color CSS I transparent
background-image	Esta propiedad define la imagen que queremos utilizar como fondo de nuestro elemento CSS. **Valores:** URL
background-repeat	Mediante esta propiedad, definimos cómo se repetirá la imagen de fondo en nuestro elemento CSS. La imagen se puede repetir en horizontal, vertical, ambas o ninguna. **Valores:** repeat I repeat-x I repeat-y I no-repeat
background-attachment	Mediante esta propiedad especificamos si la imagen de fondo debe quedarse fija cuando hacemos *scroll*, o bien debe moverse conjuntamente con el área de *scroll*. **Valores:** scroll I fixed

(continúa)

Propiedad	*Descripción*
background-position	Esta propiedad sirve para especificar la posición inicial de la imagen que hayamos utilizado como fondo. La posición se puede expresar en medidas, porcentaje, o bien en una serie de coordenadas descritas a continuación. **Valores:** [top I center I bottom] [left I center I right]
background	Esta propiedad es similar a la que veíamos en las propiedades de fuente "font", ya que permite especificar las anteriores propiedades de una forma más directa.

Estos parámetros permiten una gran flexibilidad a la hora de escribirlos, ya que soportan varios formatos. La siguiente tabla muestra las distintas formas que podemos utilizar para definir un color en las hojas CSS.

Propiedad	*Descripción*
Hexadecimal expandido	Similar a la utilizada tradicionalmente en HTML. Cada color se especifica como tres pares de valores (Rojo, Verde, Azul) de dos dígitos hexadecimales (0 a 255), precedidos del símbolo almohadilla. (#FFD4E5).
Hexadecimal reducido	Similar al anterior, pero con un único dígito hexadecimal por color.(#F4E). En este caso, cada dígito se duplica para conseguir (en nuestro ejemplo) "#FFD4E5".
Macro RGB (enteros)	Mediante RGB (Rojo, Verde, Azul), podemos definir colores con valores enteros entre 0 y 255. RGB (20,255,20)
Macro RGB (porcentaje)	Mediante RGB (Rojo, Verde, Azul), podemos definir colores con valores porcentuales. RGB (25%,50%,25%)
Valores textuales	Al igual que en HTML, existen valores predefinidos de colores, tales como "Red", "Blue" o

(continúa)

Propiedad	Descripción
	"Navy", que definen una serie de colores básicos en lenguaje natural. **Valores:** aqua, black, blue, fuchsia, gray, green, lime, maroon, navy, olive, purple, red, silver, teal, white, yellow

La siguiente hoja de estilo hace uso de la propiedad "background-color" para alterar el color de fondo de nuestro documento XML. Puede ver el resultado en la figura 4.4.

```
personal  {
   color : Lime;
   background-color : Black;
   font-family : Courier New;
 }

luz  {
   color : Lime;
   background-color : Black;
   font-family : Courier New;
}

transportes  {
   color : Lime;
   background-color : Black;
   font-family : Courier New;
}

local  {
   color : Lime;
   background-color : Black;
   font-family : Courier New;
}
```

4.3.4. Formatos BOX

Los formatos de recuadro se utilizan para definir el estilo de las cajas con que se visualizan en pantalla los distintos datos XML a los que estamos dando formato mediante Hojas de Estilo CSS. La siguiente tabla muestra los distintos atributos que podemos modificar.

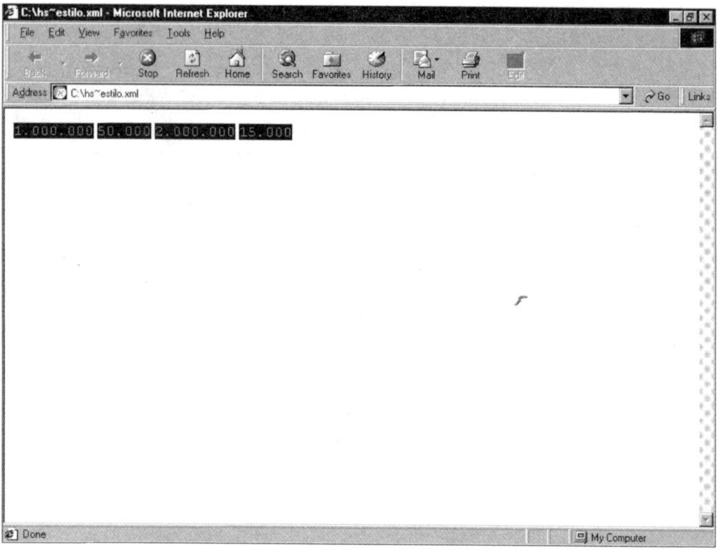

Figura. 4.4

Propiedad	*Descripción*
margin-top **margin-right** **margin-bottom** **margin-left**	Especifican la distancia de margen con los elementos situados en las cuatro direciones especificadas. Puede tomar un valor de medida, porcentaje o "auto" para que se comporte de forma automática.
margin	Mediante la propiedad margin, podemos fijar las cuatro propiedades anteriores de una forma más sencilla. Se especifican los valores deseados para cada medida separados por espacios, y el orden de especificación de las medidas es top, right, bottom y left.
padding-top **padding-right** **padding-bottom** **padding-left**	Especifican la cantidad de espacio referente a las cuatro direcciones especificadas. Puede tomar un valor de medida o de porcentaje.

(continúa)

Propiedad	*Descripción*
padding	Esta propiedad se comporta de igual manera que "margin", pero para las cuatro propiedades anteriores.
border-top-width **border-right-width** **border-bottom-width** **border-left-width**	Especifican anchura del borde del elemento CSS. Puede tomar un valor de medida o cualquiera de los valores expresados a continuación. **Valores:** thin I medium I thick
border-width	Esta propiedad se comporta de igual manera que "margin", pero para las cuatro propiedades anteriores.
border-color	Esta propiedad especifica el color del borde del elemento CSS. Esta propiedad puede tener cuatro valores separados por espacios, que se aplican en el mismo orden antes especificado (top, right, bottom y left por último)
border-style	Esta propiedad define el estilo de los bordes del elemento CSS, y se aplica a las cuatro direcciones como el anterior. **Valores:** dotted I dashed I solid I double I groove I ridge I inset I outset
border-top **border-right** **border-bottom** **border-left**	Estas propiedades CSS sirven para especificar de una forma más sencilla las propiedades "width", "style" y "color" de cada borde.
border	Esta propiedad sirve para aplicar el mismo valor de "width", "style" y "color" para los cuatro bordes del elemento CSS. Los valores que se especifiquen serán iguales para los cuatro bordes.
width, height	Estas propiedades sirven para especificar el ancho y alto del elemento CSS (como imágenes) y se expresan como medida, porcentaje o "auto".

(continúa)

Propiedad	Descripción
float	Esta propiedad sirve para especificar cómo se distribuirá el texto en función de "izquierda-derecha". **Valores:** left I right
clear	Esta propiedad define el espacio que hay entre el texto y la imagen a la que se alinea.

4.3.5. Comentarios

Un comentario, hablando en términos de programación, es un fragmento de texto que incluimos dentro de nuestro código con el fin de aclarar algún detalle sobre su funcionamiento. Los comentarios son necesarios en cualquier lenguaje de programación y de igual forma se hacen útiles en la definición de CSS, debido a que la mayoría de las veces trabajamos en proyectos en los que están implicadas varias personas y es necesario plasmar ciertas características, descripciones o aclaraciones sobre nuestras hojas de estilo.

Los comentarios en CSS se escriben de forma similar al comentario de bloques de lenguajes como Java o C++, que comienzan el área de comentario con "/*" y terminan con "*/". Veamos el siguiente ejemplo (por romper la monotonía mostramos ahora este ejemplo dentro de una página HTML, donde también se utilizan las hojas de estilo CSS):

```
<html>
<head>
   <title>CSS 3 - COMENTARIOS</title>
<style>
P {
   font-size : medium;
   font-family : Arial;
   color : Blue ;
   /* Autor: Oscar González Moreno*/
}
<style>
<head>

<body>
```

```
<p>Los comentarios no afectan a los estilos</p><br>
<p>Su sintaxis es similar a la utilizada en Java o
C++</p>
</body>
</html>
```

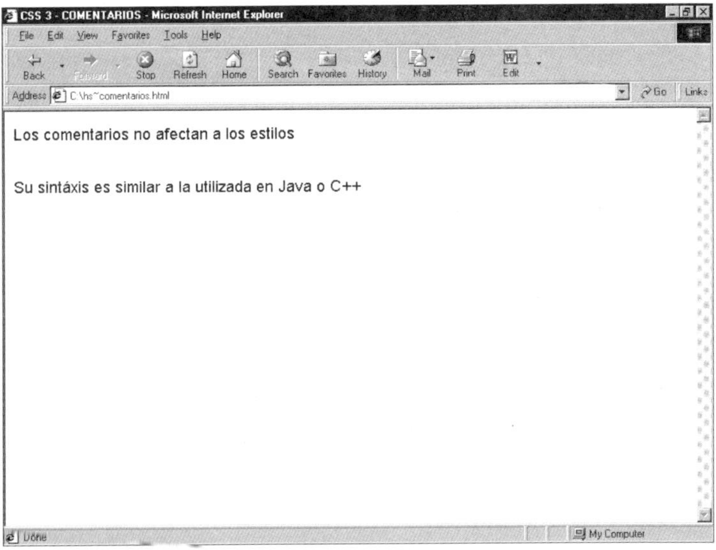

Figura 4.5

También es posible utilizar los comentarios para deshabilitar temporal o permanentemente alguna regla de presentación (para hacer pruebas por ejemplo) sin tener que borrar totalmente la regla de presentación. Esta posibilidad resulta muy útil cuando todavía se está en fase de desarrollo y se está probando el código, ya que a menudo se necesita deshabilitar parte de él, pero sin querer eliminarlo del todo. Vamos a probar a ampliar el área de comentario del ejemplo anterior para ver cómo inutilizar toda las reglas de presentación.

```
<html>
<head>
   <title>CSS 3 - COMENTARIOS</title>
<style>
P {
/* font-size : medium;
```

```
   font-family : Arial;
   color : Blue ;
*/
}
<style>
<head>

<body>
<p>Los comentarios no afectan a los estilos</p><br>
<p>Su sintaxis es similar a la utilizada en Java o
C++</p>
<body>
<html>
```

Y la página de ejemplo tomará el aspecto presentado en la siguiente figura:

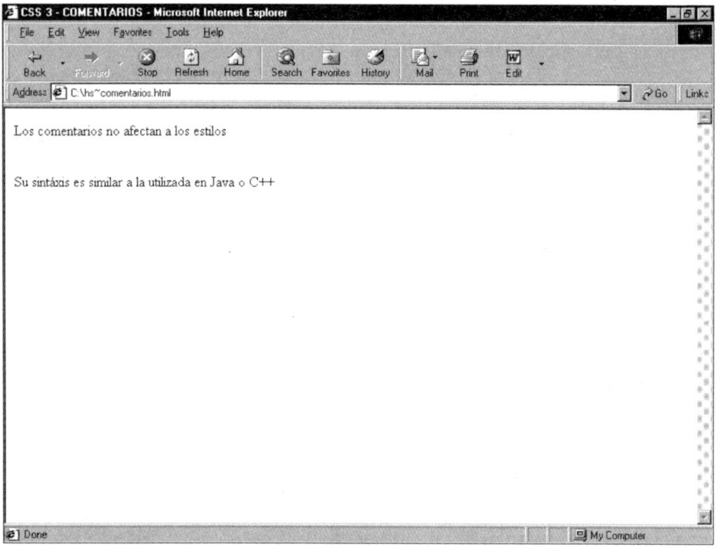

Figura 4.6

4.3.6. Clases especiales

Ya hemos dicho que CSS no se utiliza únicamente con XML. Es más, originariamente (y todavía ahora) se utilizaba profusamente con lenguajes de marcado como el popular HTML.

Cuando tratamos contenidos HTML en nuestro navegador, existen una serie de elementos especiales que por su naturaleza se muestran o comportan de una forma muy concreta. Tal es el caso de los enlaces o links. Estos se muestran en pantalla subrayados de forma predeterminada, para avisar al usuario de que pueden ser pulsados.

Las clases especiales de CSS se encargan de este tipo de "excepciones" o casos especiales que ocurren dentro de nuestra página HTML. Veamos cuáles son estos casos en la siguiente tabla:

Clase	*Descripción*
link	Representa a un enlace en la página
active	Representa al enlace activo (el que está seleccionando el usuario)
visited	Representa a los enlaces que ya han sido visitados
first-letter	La primera letra de un texto
first-line	La primera línea de un texto

```
<html>
<head>
        <title>CSS 4 - CLASES ESPECIALES</title>
<style> A:hover  {
        font-family : Arial;
        color : Red;
        font-weight : bold;
   }
</style>
</head>

<body>
<p>Pruebe a pasar el ratón por encima del enlace</p>
<a href="http://www.100world.es">
        Los enlaces pertenecen a una clase especial.
</a>
</body>
</html>
```

Mediante este código CSS, cuando el usuario haga clic sobre el enlace, inmediatamente después (mientas espera a que se cargue la nueva página) el enlace pasará a tener el estado de "active", y cambiará su tamaño y color. Este efecto se hace más patente en Internet Explorer, ya que implementa mejor esta propiedad.

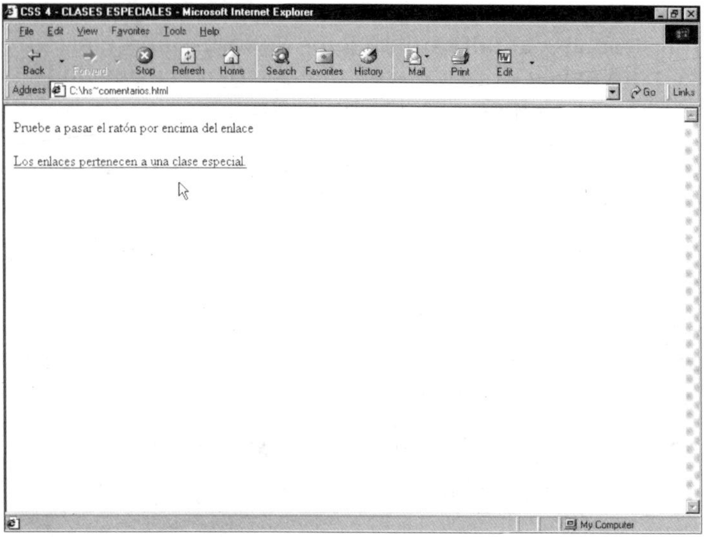

Figura 4.7

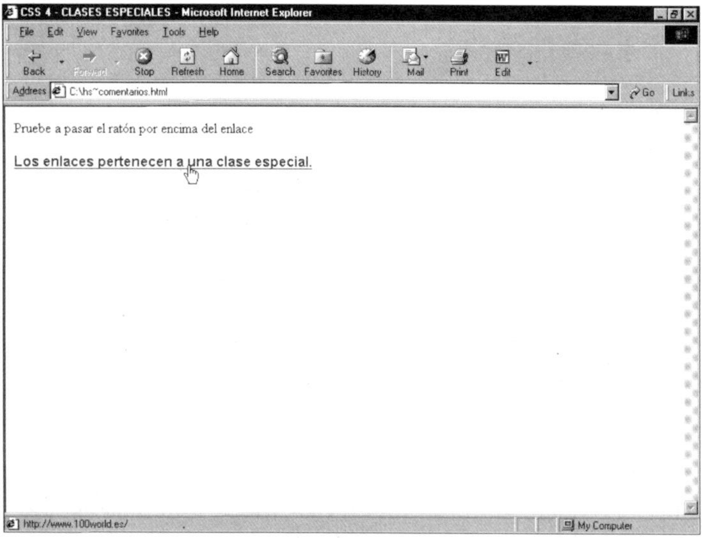

Figura 4.8

4.4. Formas de aplicación de CSS

Las hojas de estilo pueden aplicarse de tres formas distintas, según las necesidades globales de nuestro site. Estas tres formas de aplicar las Hojas de Estilo en Cascada son las siguientes:

1. Aplicación Individual
2. Aplicación Global
3. Aplicación por Importación.

Realmente la sintaxis que utilizamos es la misma para las tres, lo único que cambia es cómo se aplican a los distintos elementos de nuestra página HTML. El hecho de tener estas tres formas de aplicación a nuestra disposición nos ofrece una gran libertad, ya que nos permite ir desde lo más general, que sería la importación de estilos, hasta lo más individual, que sería (lógicamente) la aplicación individual de estilos sobre etiquetas HTML. Trabajando con las tres maneras de aplicación aprenderemos bastante sobre el funcionamiento de las hojas de estilo. A continuación vamos a ver cómo se utilizan y para qué sirven cada una de ellas.

4.4.1. Aplicación individual

La primera forma de aplicación de hojas de estilo consiste en aplicar un estilo directamente a un elemento HTML. En este caso la utilización de CSS no se diferencia mucho del HTML tradicional, ya que el estilo se aplica directamente sobre la etiqueta HTML, y no se aprovecha la facilidad antes comentada de poder definir estilos globales para un documento o conjunto de documentos.

Un ejemplo de esta forma de aplicar estilos es el siguiente:

```
<html>
<head>
   <title>CSS 5 - APLICACION INDIVIDUAL</title>
</head>
```

```
<body bgcolor="#FFFFF">
<p style="font-family: Courier New; font-size: 2cm;
color: red;" >
Esta es una aplicación de estilos individual
</p>
</body>
</html>
```

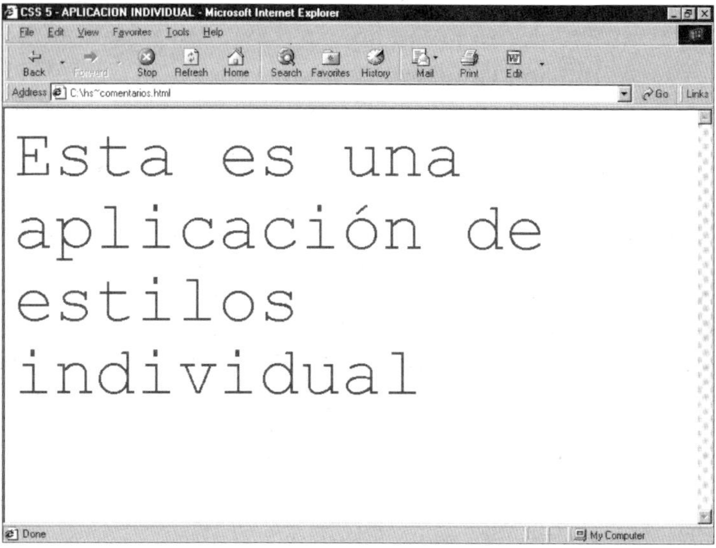

Figura 4.9

Como se puede observar, hemos aplicado una hoja de estilos directamente a una etiqueta HTML de párrafo "<P>". En ella, hemos especificado una serie de valores para definir el tipo de fuente, su tamaño, color y estilo, utilizando para ello la propiedad STYLE dentro de la misma etiqueta.

Los valores dentro de una definición de estilo se definen como una serie de valores separados por el carácter de punto y coma ";", y dentro de cada uno de ellos se especifica en primer lugar la propiedad a definir, y seguido del carácter de dos puntos ":", el valor que queremos darle a dicha propiedad.

En nuestro ejemplo anterior, la lista de valores que hemos definido serían los siguientes:

Propiedad	Valor
font-family	Arial, Helvetica, sans-serif
font-size	18pt
font-style	Italic
Color	#6600FF

Es importante recalcar que en este ejemplo hemos aplicado la hoja de estilo únicamente a la etiqueta <P> especificada, y ninguna otra etiqueta del documento se verá afectada por dicho formato. Esta es una de las ventajas de la aplicación individual de hojas de estilo, aunque también puede llegar a ser un inconveniente. Resulta una ventaja por la libertad que nos ofrece, y un inconveniente porque de esta forma no estamos aprovechando la capacidad de las hojas de estilo para cambiar conjuntos de páginas Web con un mínimo esfuerzo.

La aplicación CSS individual se usa para determinar el estilo de un único elemento de nuestra página HTML, por lo que no es muy recomendable su uso si el resto de nuestro site está basado en CSS. Si por el contrario el uso que hacemos de CSS es muy limitado y únicamente queremos utilizarlo en algún caso puntual, es entonces cuando podremos utilizar esta forma de definición CSS.

4.4.2. Aplicación global

La aplicación global de hojas de estilo se asimila más al efecto que queremos conseguir de las mismas, que es el de manejar de forma general todos los elementos HTML de una página o conjunto de páginas. Para aplicar una hoja de estilo a todo un documento HTML, tendremos que utilizar la etiqueta <STYLE>, preferiblemente dentro del ámbito de cabecera del documento (entre las etiquetas <HEAD> y </HEAD>).

Dentro del ámbito de nuestra etiqueta <STYLE>, definiremos los distintos estilos para los distintos elementos de nuestra página HTML. Es necesario puntualizar que no es necesario definir todos los estilos para todas las etiquetas

HTML, sino que únicamente tendremos que definir las que vayamos a utilizar, comportándose el resto de la forma predeterminada.

Veamos cómo quedaría nuestro ejemplo anterior antes de entrar en mas detalles.

```
<html>
<head>
   <title>CSS 6 - APLICACION GLOBAL</title>
<style type="text/css">
P {
   font-family: Courier New; font-size: 2cm; color: red;
}
</style>
<head>

<body bgcolor="#FFFFF">
<p>
Y esta, en principio similar, es una aplicación de
estilos individual...
</p>

</body>
</html>
```

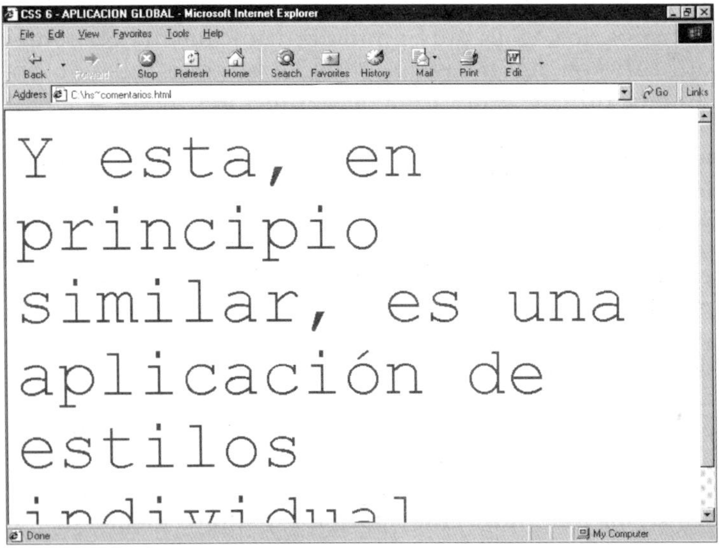

Figura 4.10

4.4.3. Estilos por clases

Una de las cuestiones que probablemente se esté preguntando es acerca de las posibles limitaciones de este sistema. Si hemos definido el estilo para la etiqueta de párrafo "<P>", que es utilizada profusamente en casi todas las páginas HTML, ¿quiere decir que todas las etiquetas de párrafo tendrán el mismo estilo? La respuesta es que no. Para poder diferenciar las distintas etiquetas <P> y no estar obligados a que todas tengan las mismas reglas de presentación, tenemos a nuestra disposición las llamadas **Clases**, que nos permiten tener distintas versiones de reglas de presentación para una misma etiqueta HTML. Una clase se define por el carácter de punto ".", precediendo al nombre de la clase. Si antes del punto va un nombre de etiqueta, la clase se referirá únicamente a los elementos de esa clase en esa etiqueta. Si no especificamos nombre de etiqueta, el formato CSS se aplicará a todos los elementos HTML que tengan ese atributo de clase, independientemente de la etiqueta que tengan.

Veamos el siguiente ejemplo:

```
<html>
<head>
   <title>CSS 7 - APLICACION POR CLASES</title>
<style>
P.clase_azul  {
   font-size : medium;
   font-family : Comic Sans MS;
   color : Navy;
   border-width : 4;
}

P.clase_roja {
   font-size : x-large;
   font-family : Arial;
   color : Red;
   border-width : 2;
}
</style>
</head>

<body>
<p class="clase_azul">Primera clase definida</p>
<p class="clase_roja">Segunda clase definida</p>
</body>
</html>
```

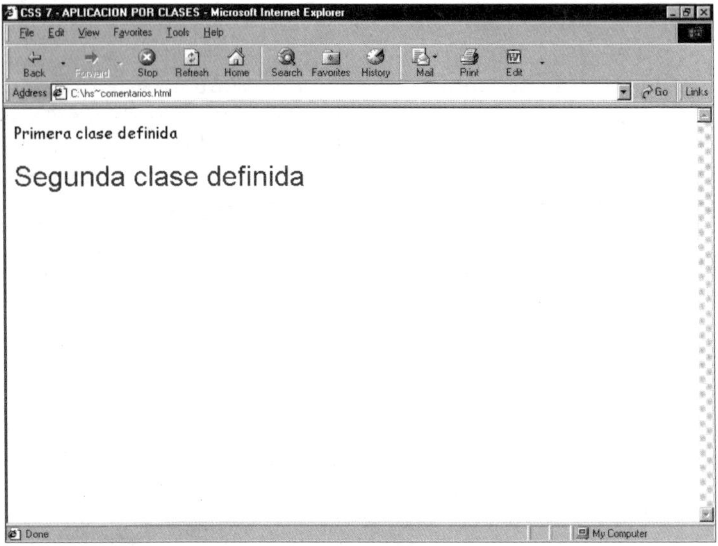

Figura 4.11

Como vemos en la figura, hemos definido dos estilos distintos para la etiqueta <P>, pero los hemos diferenciado con un nombre de Clase, que luego especificamos a la hora de utilizar la etiqueta con el atributo "CLASS". De esta forma las posibilidades de crear estilos múltiples dentro de nuestra página crecen de una forma importante.

Existe la posibilidad de crear una clase que no tenga ningún selector definido, y de esta forma se utilizará siempre que se aplique el nombre de clase a cualquier selector. La siguiente página aplica las reglas de estilo de la clase "italicnavy" a distintos selectores.

```
<html>
<head>
   <title>CSS 8 - APLICACION POR CLASES SIN SELECTOR</
title>
<style>
.clase_global_italic_roja  {
   color : Red;
   font-style : italic;
}
</style>
</head>
```

```
<body>
<p class="clase_global_italic_roja"> Clase aplicada a
P</p>
<h1 class="clase_global_italic_roja"> Clase aplicada a
H1</h1>
<h2 class="clase_global_italic_roja"> Clase aplicada a
H2</h2>
</body>
</html>
```

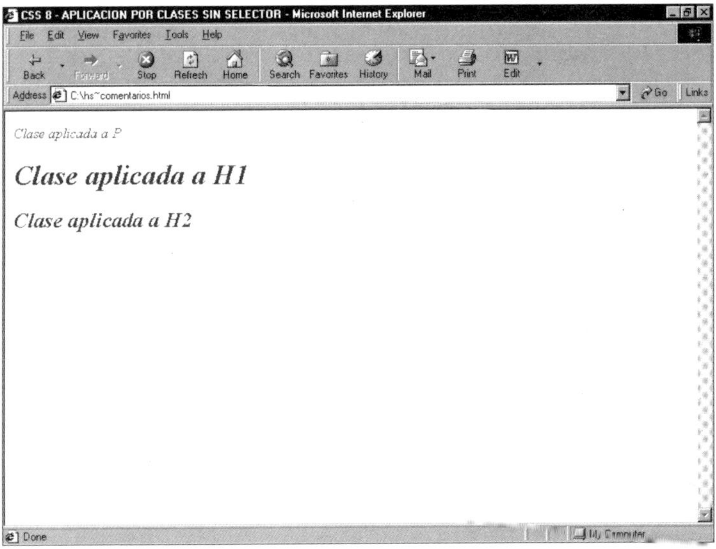

Figura 4.12

Como vemos, independientemente de otras características propias de la etiqueta como puede ser el tamaño de la fuente, todas heredan en común las propiedades de nuestra clase "italicnavy", que son letra en cursiva y de color "Navy".

4.4.4. Aplicación por identificador

La definición de estilos puede hacerse alternativamente a las clases, por identificadores o ID's. Un ID es un identificador único de etiqueta en todo el documento HTML. Así, en una misma página HTML no se puede utilizar más de un elemento HTML que tenga el mismo ID. Este tipo de definición de estilos se utiliza principalmente para organizar nuestros elementos cuando tenemos un gran número de ellos.

Para definir un estilo para un elemento con un ID específico, utilizamos la siguiente sintaxis:

```
#idelemento {estilo};
```

Obviamente, en una misma página HTML se pueden mezclar ambos modos de especificación de estilos, tanto el de clases como el de ID. La siguiente página de ejemplo define uno de cada y los utiliza para mostrar un texto en pantalla.

```
<html>
<head>
   <title>CSS 8 - APLICACION POR IDENTIFICADOR
</title>
<style>
.clase_azul_negrita  {
   color : Blue;
   font-style : bold;
}
#clase_por_id  {
   text-decoration : line-through;
}
</style>
</head>

<body>
<p class="clase_azul_negrita">Aplicacion por clase</p>
<h3 id="clase_por_id">.Aplicacion por identificador</p>
</body>
</html>
```

4.4.5. Selectores simples y contextuales

Ya hemos visto las distintas formas en las que CSS nos permite crear selectores y reglas de presentación para los distintos elementos HTML de nuestras páginas Web. Pero existe una nueva característica de CSS que nos va a permitir definir los selectores de forma simple o de forma contextual.

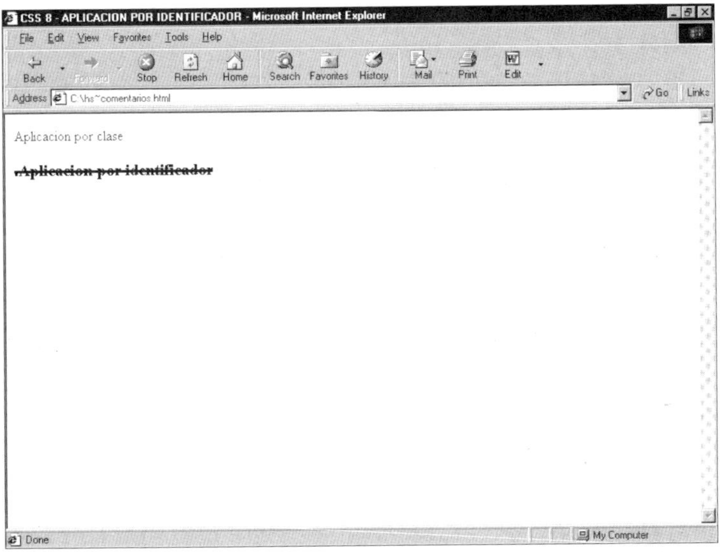

Figura 4.13

Estas dos formas de definición da una gran potencia al sistema CSS. La primera define una serie de reglas de presentación para un elemento de nuestra página HTML en concreto, sin importarle en dónde se encuentre este elemento. Es el caso de los selectores que hemos estado utilizado en todos los ejemplos vistos anteriormente. El selector se define con el mismo nombre que la etiqueta HTML y punto.

Por el contrario, los selectores contextuales definen las reglas de presentación para un elemento siempre y cuando se encuentre en una posición determinada. Es decir, si queremos que todos los elementos <P> se muestren en azul siempre y cuando se encuentren dentro del ámbito de una tabla, el código de estilo sería el siguiente (véase figura 9):

```
<html>
<head>
   <title>CSS 9 - SELECTORES</title>
<style>
P { color : Green; }
TABLE P  { color : Blue; }
</style>
</head>
```

```
<body>
<table>
<tr><td>
<p>Estoy dentro de una tabla con un filtro azul.</p>
</td></tr>
</table>
<p>Estoy fuera de la tabla. Este es mi verdadero co-
lor.</p>
</body>
</html>
```

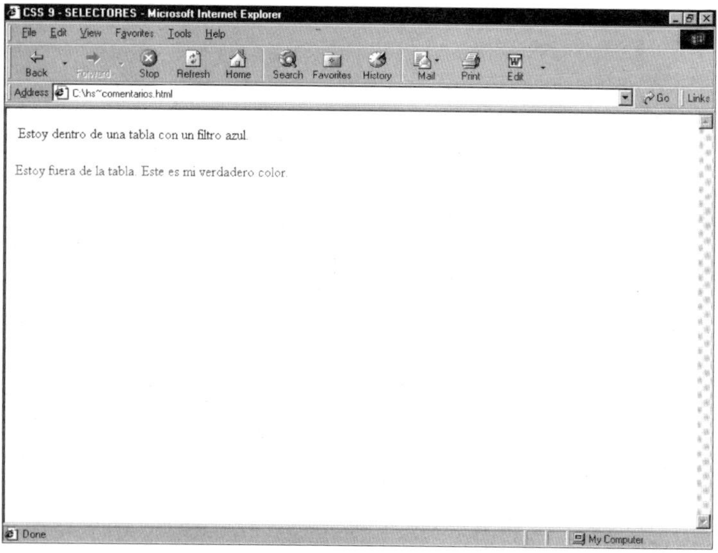

Figura 4.14

Esta conjunción de formatos simples y contextuales es una característica realmente potente, sobre todo desde el punto de vista del programador, ya que le permite definir el formato de una forma mucho más estructurada. Mediante su uso y conjuntándolo con el sistema de clases e identificadores podemos formatear virtualmente cualquier página simplemente controlando la clase, identificador y posición contextual de los elementos. Le invito a que deje de leer el libro durante un tiempo y haga pruebas con ambos sistemas. Descubrirá que con un poco de imaginación las posibilidades de CSS son ilimitadas.

4.5. Importación CSS

Cuando explicábamos las formas de incluir nuestras hojas de estilo en nuestras páginas dejamos una opción pendiente, y es la de importación. Mediante la importación, podemos utilizar hojas de estilo que no estén en nuestra misma página. Esta forma de utilización nos da una gran libertad, ya que podemos compartir una hoja de estilo entre varias páginas HTML, ahorrándonos el trabajo de tener que copiar la hoja de estilo en cada una de las páginas que la van a utilizar. Realmente, sin esta opción CSS quedaría bastante deslucido, ya que nos obligaría a realizar un trabajo extra y la actualización o revisión de los estilos sería tan pesado como resulta con HTML.

La importación de una hoja de estilo a nuestra página actual se puede realizar de dos maneras. La primera se realiza mediante el uso de la etiqueta <LINK>. Esta etiqueta debe de estar en el ámbito de la etiqueta <HEAD> para ser procesada correctamente. La especificación de la etiqueta <LINK> es la siguiente:

```
<link href="" rel="stylesheet" type="text/css">
```

El parámetro HREF especifica la localización de la hoja de estilo a importar.

El parámetro REL especifica el tipo de relación que se tiene con la URL de LINK. Para hojas de estilo toma el valor de "stylesheet".

El parámetro TYPE informa del tipo MIME que se está utilizando ("text/css" para hojas de estilo).

La siguiente página utiliza una hoja de estilos mediante la etiqueta <LINK>. Fíjese que la ruta que se está especificando para la importación del archivo "css/uno.css" es una ruta relativa a la posición de la página en el servidor. También puede especificar rutas absolutas, del modo "http://www.host.es/pagina.css".

```
<html>
<head>
<title>CSS 10 - IMPORTACION CSS</title>
<link rel=stylesheet type="text/css" href="estilo.css">
</head>
```

```
<body>
<p>Este estilo es importado</P>
</body>
</html>
```

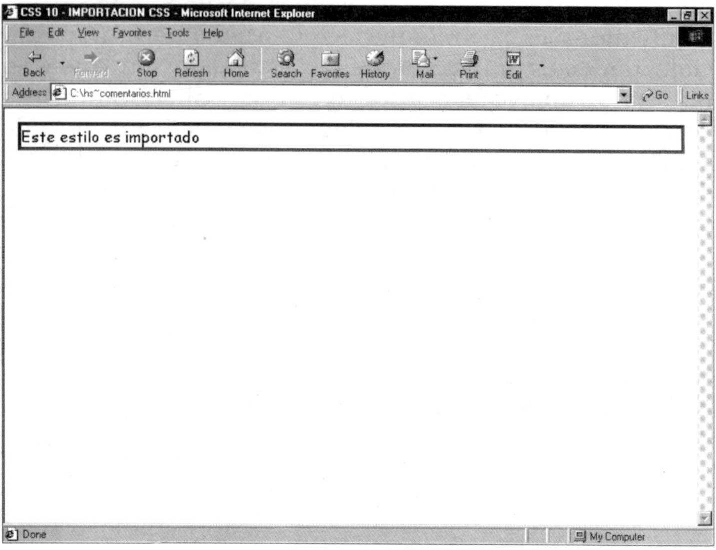

Figura 4.15

Y la hoja de estilo del fichero "estilo.css" contendría únicamente una definición de estilos como la siguiente:

```
P {
   font-size : medium;
   font-family : Comic Sans MS;
   color : Navy;
   margin : 5;
   border-width : 4;
   border-color : Fuchsia;
   border-style : inset;
}
```

Como se puede observar, la página que hemos utilizado como hoja de estilo contiene directamente la especificación de un selector. No tiene ni necesita ninguna etiqueta o Tag HTML, ni siquiera el de <STYLE>.

La segunda forma de utilizar una hoja de estilo externa en nuestra página HTML es mediante la sentencia @import.

Esta sentencia realiza exactamente la misma función que la anteriormente vista etiqueta <LINK>, sólo que no se incluye como una etiqueta HTML independiente, sino como una sentencia dentro del ámbito del Tag <STYLE>. Dicha sentencia tiene la siguiente especificación:

```
<style type="text/css">
   @import URL("hojadeestilo1.css");
</style>
```

La diferencia fundamental entre estas dos maneras de importar una hoja de estilo a nuestra hoja HTML es que la etiqueta <LINK> tiene un carácter excluyente, o lo que es lo mismo, que no permite su combinación con estilos locales a la página. La sentencia @import sí lo permite.

4.5.1. Clases IMPORTANT

Hemos visto cómo combinar hojas de estilo en cascada de diversas maneras. Pero una de las cuestiones que queda en el aire es la relativa a la interacción entre dichas hojas de estilo. Normalmente las CSS se utilizan dentro de un proyecto como unos patrones que las páginas tienen que cumplir, y se suele establecer una especie de jerarquía o niveles de importancia entre los archivos de hojas de estilo. Resulta lógico el poder tener a nuestra disposición un método con el que podamos marcar ciertas reglas de presentación como importantes, para darles una especial prioridad sobre otras hojas de estilo que su pudiesen definir a posteriori.

Para utilizar esta característica de CSS existe el atributo "important". Vea cómo en el ejemplo siguiente se definen unas reglas de estilo para un mismo elemento HTML, y cómo sin embargo prevalece la que normalmente no tendría que prevalecer por orden de declaración.

```
<html>
<head>
<title>CSS 11 - CLASES IMPORTANT</title>
<style>
.clase_uno  {
   font-size : medium;
   font-family : fantasy;
   font-weight : bold! important;
```

```
   font-style : italic! important;
   color : Blue ! important;
}

.clase_uno  {
   font-size : xx-large;
   font-family : sans-serif;
   color : Red;
}

</style>
</head>

<body>
<P CLASS="clase_uno">Demostracion del uso del atributo
IMPORTANT</P>
</body>
</html>
```

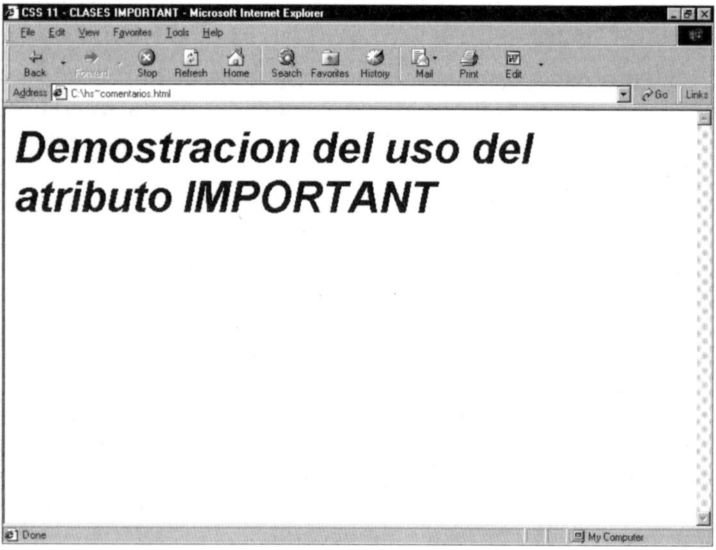

Figura 4.16

Cuando una regla de presentación se marca con "!important", esta regla prevalece sobre el resto. En este ejemplo hemos marcado como importantes ciertos atributos de la hoja de estilo designada para los elementos de clase "Tipo1". Si lo que queremos es marcar reglas de estilo completas, lo haremos de la siguiente forma:

```
<html>
<head>
<title>CSS 11 - CLASES IMPORTANT</title>
<style>
.clase_uno  {
   font-size : medium;
   font-family : fantasy;
   font-weight : bold! important;
   font-style : italic! important;
   color : Blue ! important;
}!important

.clase_uno  {
   font-size : xx-large;
   font-family : sans-serif;
   color : Red;
}

</style>
</head>

<body>
<P CLASS="clase_uno">Demostracion del atributo
IMPORTANT</P>
</body>
</html>
```

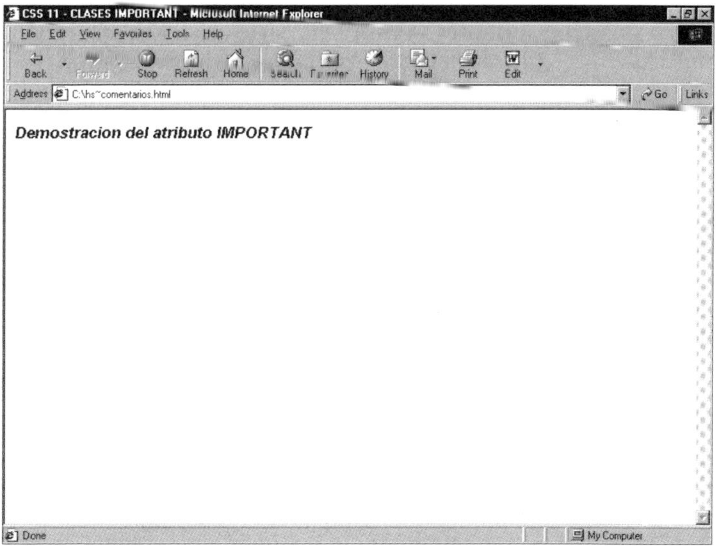

Figura 4.17

4.6. CSS avanzado

Hasta ahora hemos estudiado las distintas opciones de manejar contenidos DHTML mediante el uso del estándar de formato de páginas CSS. Hemos visto cómo utilizar este estándar para generar páginas HTML en las que el diseño está separado y bien diferenciado de lo que son los datos de la página propiamente dichos.

Pero CSS aún nos ofrece mucho más. En este apartado vamos a estudiar la forma de utilizar CSS para posicionar elementos dentro de nuestra página, y cómo utilizar estas técnicas de posicionado dentro de nuestro código Javascript. Así, podremos llegar a realizar animaciones y efectos realmente interesantes, y muy diferenciados de lo que viene siendo las páginas HTML actuales. Aquí también seguiremos apreciando diferencias entre los modelos de objetos de ambos navegadores. Dentro de cada punto estudiaremos en qué consisten dichas diferencias y la forma de solventarlas en la medida de lo posible.

4.6.1. Posicionamiento

El posicionamiento siempre ha sido un gran problema para los diseñadores HTML, por lo menos hasta la aparición de herramientas de autor HTML como las que ahora están disponibles en el mercado. Para posicionar correctamente elementos en nuestra página Web había que recurrir al uso de tablas, espacios o imágenes transparentes, que no siempre ofrecían los resultados deseados, especialmente comparando las páginas obtenidas en los distintos navegadores.

La tarea de hacer que una página fuese visualizada correctamente en todos los navegadores (con sus múltiples versiones) a veces se convertía en un trabajo "de chinos", especialmente cuando el resultado deseado era grande en calidad.

Pero esta situación ha cambiado desde la aparición de CSS. Las Hojas de Estilo en Cascada nos van a permitir diseñar nuestras páginas Web con unas propiedades relativas al posicionamiento de los elementos especiales. Las llamo especiales ya que poco tienen que ver con las antiguas técnicas de posicionamiento, e implementan propiedades de posicionamiento totalmente libres y muy flexibles, como veremos más adelante.

Para comenzar a ver cómo posicionar los distintos elementos HTML dentro de nuestras páginas, tenemos que ver dos etiquetas especiales, DIV y SPAN.

Estas etiquetas se utilizan principalmente como agrupadores de otras etiquetas. Es decir, que ambas etiquetas van a dividir nuestra página Web en grupos de etiquetas, y así vamos a poder manejarlas como si fuesen un grupo compacto, en vez de etiquetas aisladas. El resultado práctico de esto es por ejemplo poder mover una imagen con su pie de foto, y tratarlos como un conjunto a la hora de posicionarlos en pantalla.

La diferencia entre ambas etiquetas es que DIV tiene un carácter más general, utilizándose habitualmente para crear grupos de texto, tablas e imágenes, mientas que SPAN tiene un carácter más orientado a grupos de texto "plano".

Para comenzar con la práctica que vamos a ofrecer en este capítulo utilizaremos un nuevo documento XML, con una estructura similar (en cuanto a su sencillez), pero válida para nuestros fines. Este documento es el siguiente:

```
<?xml version="1.0" encoding="UTF-8"?>
<?xml:stylesheet href="estilo.css" type="text/css"?>
<lenguajes>
   <java>Java es Moderno</java>
   <C>C es Potente</C>
   <VisualBasic>Visual Basic es Rapido</VisualBasic>
   <COBOL>COBOL? Buf!</COBOL>
</lenguajes>
```

Como se habla de posicionamiento CSS, lo que hay que ver en primer lugar es la forma de definir el posicionamiento que van a tener estos elementos XML dentro de su visualización en pantalla. Esta es la lista de las propiedades que están disponibles para tal fin.

Propiedad	*Descripción*
position	Posición del elemento. **Valores:** absolute, relative, static
left	Posición izquierda del elemento

(continúa)

Propiedad	*Descripción*
	Valores: Medidas de longitud, porcentaje o el valor "auto"
top	Posición superior del elemento **Valores:** Medidas de longitud, porcentaje o el valor "auto"
width	Ancho del elemento **Valores:** Medidas de longitud, porcentaje o el valor "auto"
height	Alto del elemento **Valores:** Medidas de longitud, porcentaje o el valor "auto"
clip	Forma del recorte que se aplica al elemento **Valores:** auto, rect
overflow	Define la forma en que se tratan los textos que sobrepasan los límites que se les han marcado **Valores:** none, clip, scroll
z-index	En nuestro documento existen coordenadas x e y. También existe una coordenada "z" que define la posición de unos elementos sobre otros
visibility	Visibilidad del elemento **Valores:** visible, hidden

Absoluto

La primera forma de posicionamiento que existe es el posicionamiento absoluto. Se dice que estamos tratando un elemento XML o HTML con un posicionamiento absoluto cuando se le definen unas coordenadas de posicionado y unas dimensiones fijas y relativas al área cliente del navegador o aplicación que se encargue de la visualización del mismo.

Sabiendo esto, podemos probar a modificar mediante CSS el ejemplo anterior para darle algo de formato al texto, y además posicionarlo en unas coordenadas específicas. Veamos cómo sería la nueva Hoja de Estilo CSS:

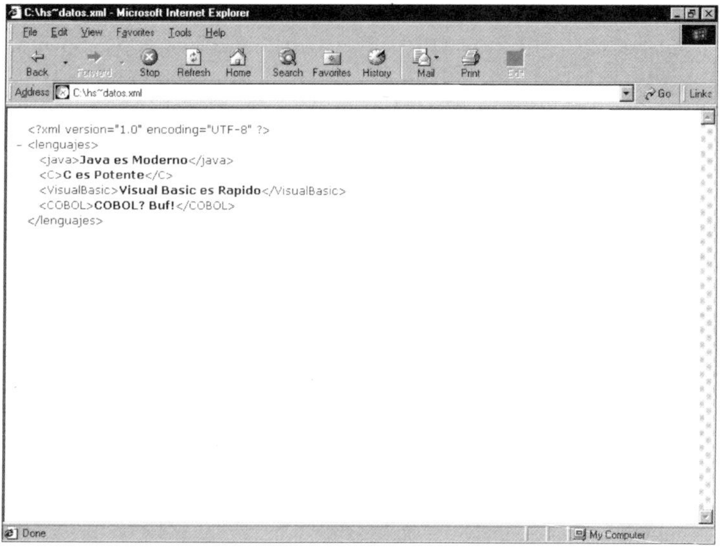

Figura 4.18

```
java {
   position : absolute;
   left : 70;
   top : 40;
}

C {
   position : absolute;
   left : 420;
   top : 80;
}

VisualBasic {
   position : absolute;
   left : 230;
   top : 140;
}

COBOL {
   position : absolute;
   left : 1;
   top : 1;
}
```

En ningún momento se ha realizado ningún cambio en el documento XML original, que no ha cambiado nada, ni en datos específicos, ni ningún tipo de nueva información. Sin embargo, hemos conseguido un efecto de posicionamiento que ya quisieran muchos diseñadores de HTML puro. Como puede observar, una vez más se demuestra que es posible conseguir un diseño en pantalla avanzado y moderno sin mezclar **diseño** con **datos**.

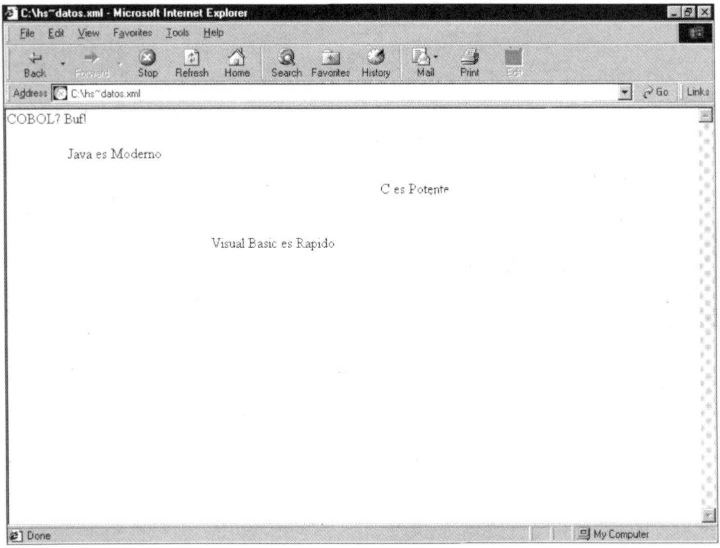

Figura 4.19

Mediante el posicionado absoluto también podemos forzar a que varios elementos compartan una posición común en pantalla. Vamos a cambiar las coordenadas en pantalla de nuestros elementos XML haciendo unas pequeñas modificaciones en nuestro documento CSS:

```
java {
   position : absolute;
   left : 70;
   top : 40;
}

C {
   position : absolute;
   left : 70;
   top : 34;
}
```

```
VisualBasic {
   position : absolute;
   left : 70;
   top : 30;
}

COBOL {
   position : absolute;
   left : 70;
   top : 45;
}
```

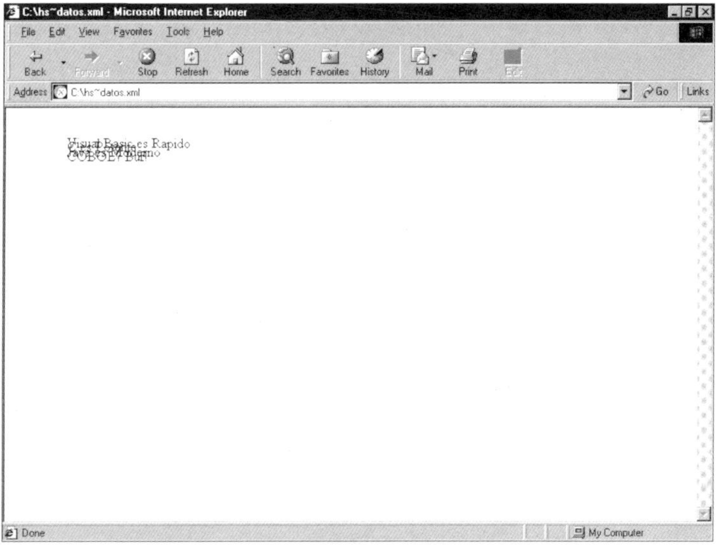

Figura 4.20

Así podemos conseguir el posicionado absoluto de todo tipo de elementos XML y HTML, como texto, imágenes o tablas, y conseguir efectos interesantes y antes imposibles mediante la superposición tradicional de capas HTML.

Relativo

La segunda forma de posicionamiento que podemos utilizar es el posicionamiento relativo. Mediante esta forma de posicionamiento podemos situar nuestros distintos elementos XML a partir de la posición que tomarían en la página final. En el siguiente ejemplo vamos a ver un documento XML que utiliza una *Hoja de Estilo* con texto con posicionamiento relativo.

```
java {
   position : absolute;
   left : 1;
   top : 1;
}

C {
   position : relative;
   left : 10;
   top : 10;
}

VisualBasic {
   position : relative;
   left : 20;
   top : 20;
}

COBOL {
   position : relative;
   left : 20;
   top : 20;
}
```

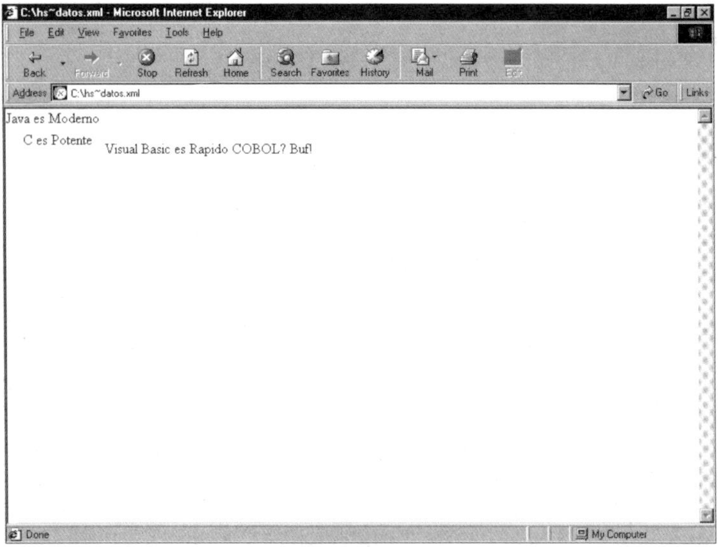

Figura 4.21

5

XSL y XSLT

5.1. Introducción

Un concepto que ya tiene que haber quedado muy claro a estas alturas es que XML es básicamente un lenguaje de definición de datos, que aunque ocasionalmente pueda utilizarse para definir formatos, debe de utilizarse con una serie de lenguajes adicionales para dar el formato final que tendrán los datos en pantalla o impresora.

En el capítulo 4 veíamos cómo el estándar CSS (*Cascading Style Sheets*), utilizado conjuntamente con HTML para dar formato a las páginas Web, también puede utilizarse con XML y sus lenguajes derivados para ofrecer elementos de presentación a estos lenguajes. En este capítulo vamos a estudiar precisamente esto, qué es XSL y cómo utilizarlo para dar formato a documentos XML. En la segunda parte del mismo, veremos una extensión aparecida sobre el estándar de XSL, llamado XSLT, y que está tomando una gran fuerza en prácticamente todos los desarrollos que se realizan con XML, ya que ofrece un sistema de una gran potencia a la hora de transformar documentos basados en XML en otro tipo de documentos.

> ***Nota:*** *La recomendación inicial sobre XSL se puede encontrar en el sitio web del World Wide Web Consortium:* http://www.w3.org/TR/WD-xsl

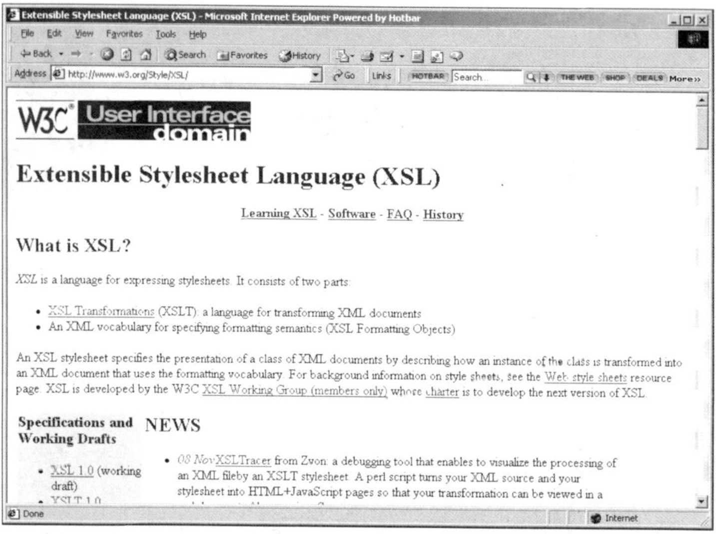

Figura 5.1. XSL es también una recomendación del World Wide Web Consortium

5.2. ¿Qué es XSL?

XSL se refiere a las siglas (unas siglas más que aprender) *eXtensible Style Language*, o *Lenguaje de Estilos eXtensible*. Este lenguaje se basa en un principio similar al visto con CSS, es decir, un lenguaje de estilos, específicamente creado para trabajar con lenguajes derivados de XML y que ofrece un sistema mucho más moderno, potente y flexible que las anteriormente mencionadas Hojas de Estilo en Cascada. Para ello, es necesario que dispongamos de un "motor" o "engine" que se encargue de hacer las transformaciones XSL a documentos XML. Es decir, existe una aplicación (más adelante veremos cuáles podemos utilizar) que se encarga de realizar los siguientes pasos:

1. Recoger un documento XML especificado por el usuario
2. Analizar dicho documento XML y convertirlo en una estructura jerárquica de nodos XML

3. Realizar la misma acción con el documento de hoja de estilos XSL
4. Aplicar las instrucciones de transformación contenidas en el documento XSL sobre el árbol XML
5. Ofrecer al usuario (o al sistema) el documento final obtenido de dicha transformación.

Para realizar este tipo de transformaciones, tendremos que definir y entender un nuevo concepto que es el de *Plantilla* o *Template*. Los *templates XSL* definen un elemento dentro del documento XSL para servir como índice de comparación con los elementos del documento XML. Es decir, podemos definir un Template XSL que actúe siempre que se encuentre el elemento "<libro>" dentro del documento XML y que, en tal caso, aplique una serie de instrucciones. Así es como trabajan las transformaciones XSL, definiendo una serie de "items" que cuando son encontrados, son sustituidos por otra cosa. En cierta forma se podría asemejar a una expansión de macros de cualquier otro lenguaje, aunque con muchas diferencias.

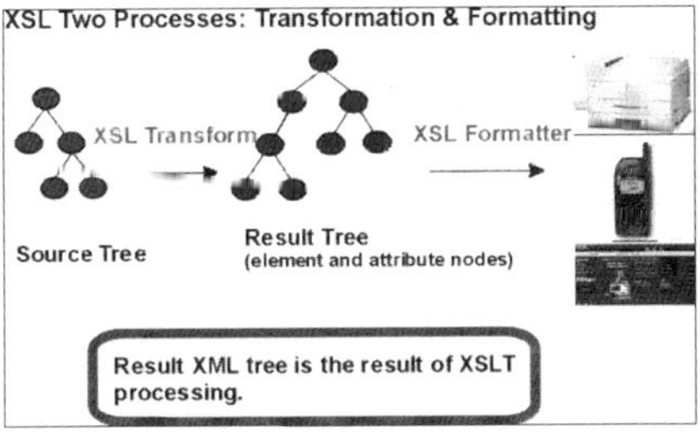

Figura 5.2. Diagrama del funcionamiento a rasgos generales de las transformaciones XSLT

> ***Nota****: Es necesario aclarar que a fecha de escritura de este libro (finales del año 2000) la especificación XSL todavía no ha alcanzado un estatus de completada y que pueden producirse cambios hasta su publicación final. Por otro lado, las transformaciones XSL (XSLT) sí que están mucho más avanzadas, aunque se presenta una pequeña contienda entre distintos tipos de fabricantes sobre algunas características concretas.*

Resultaría iterativo volver a explicar la utilidad de disponer de forma separada nuestros datos en documentos XML y su presentación en otros documentos XSL, pero vamos a recordar que una de las grandes ventajas de utilizar las transformaciones XSL (y XSLT) es que podemos elegir en un momento dado qué plantilla queremos ejecutar en cada momento, y así por ejemplo un sitio Web podría mantener sus datos básicos en un sistema de persistencia XML mientras que dependiendo del tipo de cliente que navegue por el mismo (Internet Explorer, Netscape Navigator o incluso un dispositivo WAP), utilizar una u otra plantilla XSL adecuada a tal tipo de cliente.

La W3C recoge una serie de propósitos para la especificación final del lenguaje XSL, que son los siguientes diez apartados:

1. XSL será un lenguaje basado en XML.
2. XSL será un lenguaje claro y legible.
3. XSL ofrecerá los métodos necesarios para la transformación de documentos en entornos Web y tradicionales
4. XSL deberá integrarse con herramientas de diseño y de autor y soportar sistemas de visualización e impresión.
5. XSL debe de poder actuar sobre cualquier tipo de documento o datos estructurados.
6. XSL deberá de ser un lenguaje declarativo.
7. XSL ofrecerá los mecanismos necesarios de extensibilidad.
8. XSL ofrecerá al menos la misma funcionalidad o posibilidades ofrecidas por los sistemas DSSSL Y CSS
9. XSL será capaz de trabajar e integrarse con otros lenguajes y tecnologías como XML, XLL, DOM, HTML y ECMAScript.
10. XSL soportará presentaciones visuales y no visuales.

5.3. XSL y XSLT en la práctica

Para comenzar a trabajar con las hojas de estilo XSL, vamos a estudiar primero su especificación, que por otro lado resulta extremadamente sencilla. Aunque XSL y XSLT no es lo mismo, debido a la mayor utilidad práctica de este último lenguaje, y a la situación todavía indecisa del estándar de XSL, centraremos nuestro estudio en las transformaciones XSLT, que por otro lado son una de las técnicas más interesantes y excitantes de todas las relacionadas con lenguajes XML. Gracias a las transformaciones XSLT se hace posible una gran cantidad de aplicaciones de intercambio de datos entre distintos estándares, sitios Web accesibles desde distintos dispositivos (navegadores, terminales WAP, etc.) y en definitiva, ofrece una gran posibilidad de realizar un trabajo real con documentos XML y extender sus posibilidades mucho más allá del simple almacenamiento de datos, llevándolo al terreno de la programación.

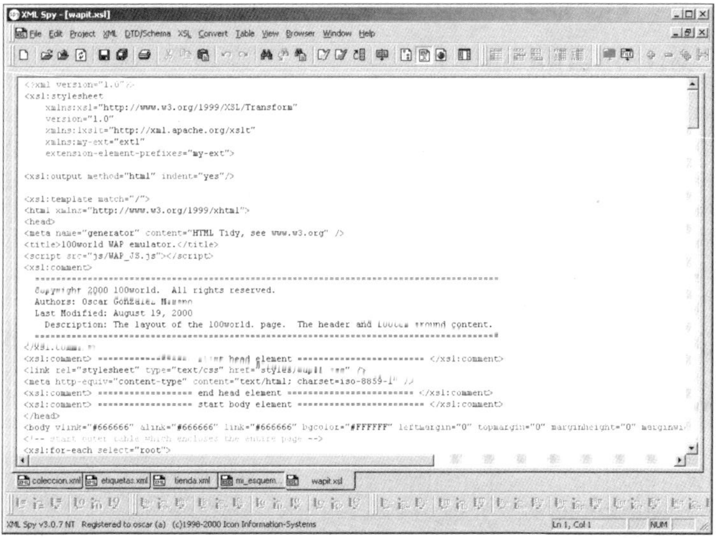

Figura 5.3. Un ejemplo de plantilla XSLT de uso en aplicaciones de Internet reales

Cuando construimos un documento XSL, tenemos que tener siempre en cuenta que vamos a trabajar con una serie de conceptos fundamentales. Estos conceptos son los siguientes:

- **Plantilla:** Las plantillas XSL se utilizan para definir los patrones que se aplicarán a cada tipo de elemento que se encuentre en el documento de datos o XML

- **Patrón:** Los patrones definen qué elementos se transformarán mediante la transformación XSL.
- **Plantilla raíz:** Realmente no es un elemento especial, aunque puede tratarse así ya que se trata de la plantilla que define el comportamiento de la transformación para el elemento raíz del documento XML.
- **Plantilla predeterminada:** Esta plantilla es la que se aplicará a todos aquellos elementos del documento XML que no tengan ninguna plantilla definida para ellos.

Veamos a continuación en qué consiste y para qué se utiliza cada uno de ellos:

5.3.1. Plantillas

Las plantillas se utilizan como índice de comparación. Una plantilla que definamos en el documento XSL será buscada por todo el documento XML y, cada vez que se encuentre, se aplicará su contenido sobre dicho elemento. Para definir una plantilla dentro de un documento XSL se utiliza la siguiente sintaxis:

```
<xsl:template match="MATCH">
   CONTENIDO
</xsl:template>
```

Donde el parámetro "MATCH" representa al término o expresión buscada (realmente es una expresión XPath, que veremos en el capítulo 6) y el segundo parámetro "CONTENIDO" los elementos que aplicaremos cuando se esté utilizando dicha plantilla. Para ilustrar este comportamiento, veamos un pequeño ejemplo.

Para estudiar este ejemplo, vamos a utilizar como procesador de transformaciones al navegador Internet Explorer 5.5 de Microsoft, al igual que hacíamos en el capítulo 4 dedicado a CSS. La razón de utilizar este navegador es que implementa un excelente motor de transformaciones XSLT automático y que resulta de gran utilidad a la hora de desarrollar con XML y XSL sin la necesidad de recurrir a entornos de desarrollo o a programación. Este motor está siendo desarrollado por Microsoft y constituye uno de los más rápidos del mercado, aunque en sus primeras versiones, y debido al todavía abierto proceso de estandarización de XSL, presentaba algunas divergencias con la especificación de la W3C. Las últimas versiones (septiembre de 2000) han sido lanzadas bajo la aseveración de una total compatibilidad con el estándar del World Wide Web Consortium.

> ***Nota:** Puede conseguir más información sobre el motor XML/XSLT de Microsoft en el site de desarrolladores MSDN (http://msdn.microsoft.com/xml).*

Internet Explorer 5.5 es capaz de visualizar documentos XML en una estructura jerárquica y visual, como se explica en el capítulo 7. De hecho, multitud de programas de edición y creación XML lo utilizan internamente como visualizador de datos XML.

Pero lo que a nosotros nos atañe ahora mismo es que también es capaz de aplicar directamente transformaciones XSLT a dichos documentos, mostrando al usuario el resultado final de dicha transformación. Basta con crear un documento XML bien formado, especificar en su cabecera (en la forma que veremos a continuación) la plantilla XSL que deseamos utilizar, y solicitar la página XML con el navegador (arrastrándola sobre el navegador desde el "Explorador de Archivos" de Windows también funciona). En este momento, el navegador mostrará el resultado de aplicar el documento XSL al documento XML. Si en uno de los dos hubiese algún error (ver reglas de XML del capítulo 1.5), también nos informará de ello.

> ***Nota:** En el proceso de creación de documentos XML, aunque sean sin transformaciones XSLT, Internet Explorer 5.5. también puede sernos de gran utilidad, por la información sobre errores que ofrece cuando detecta que un documento XML es incorrecto.*

Para nuestro ejemplo vamos a utilizar una transformación de XML a HTML normal y corriente, que resulta tremendamente gráfica e intuitiva. Para poder ejecutarla, escriba estos ficheros con cualquier editor de texto (el bloc de notas vale si no dispone de otro más sofisticado) y guárdelos en un mismo directorio de trabajo.

Fichero: datos.XML

```
<?xml version="1.0" encoding="UTF-8"?>
<?xml:stylesheet href="estilo.xsl"
type="text/xsl"?>

<coleccion>
   <libro>
      <titulo>Guia Practica de XML</titulo>
      <autor>Oscar Gonzalez</autor>
   </libro>

   <libro>
      <titulo>El juego de Ender</titulo>
      <autor>Orson Scott Card</autor>
   </libro>

   <libro>
      <titulo>2001 Odisea en el espacio</titulo>
      <autor>Arthur C. Clarke</autor>
   </libro>

</coleccion>
```

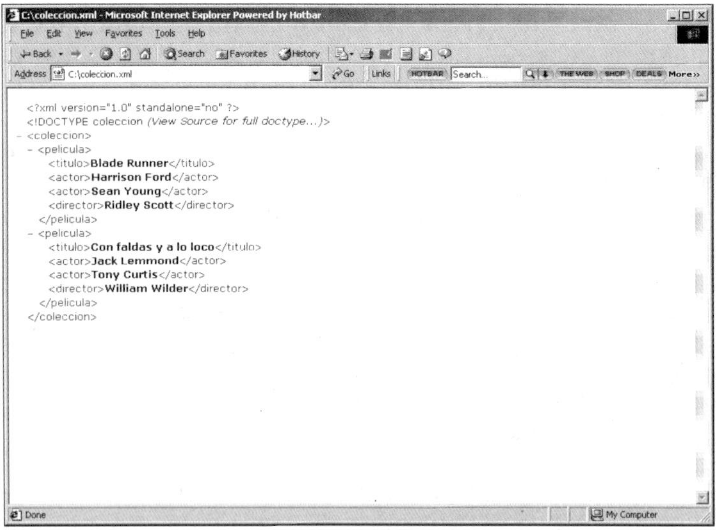

Figura 5.4. Como ya hemos visto, Internet Explorer resulta una magnífica herramienta para trabajar con XML

Fichero: estilo.XSL

```
<?xml version="1.0" encoding="UTF-8"?>
<xsl:stylesheet xmlns:xsl="http://www.w3.org/TR/WD-xsl">
   <xsl:template match="/">
      <xsl:apply-templates select="//libro"/>
   </xsl:template>

   <xsl:template match="libro">
      <table width="200" border="1">
      <tr><td>
         <xsl:value-of />
      </td></tr>
      </table>
      <br />
   </xsl:template>
</xsl:stylesheet>
```

Vamos a analizar estos dos documentos que acabamos de presentar. Por un lado, "datos.xml" presenta una simple estructura de documento XML, sin validación DTD, pero con una directiva que no habíamos visto hasta ahora:

```
<?xml:stylesheet href="estilo.xsl"
   type="text/xsl"?>
```

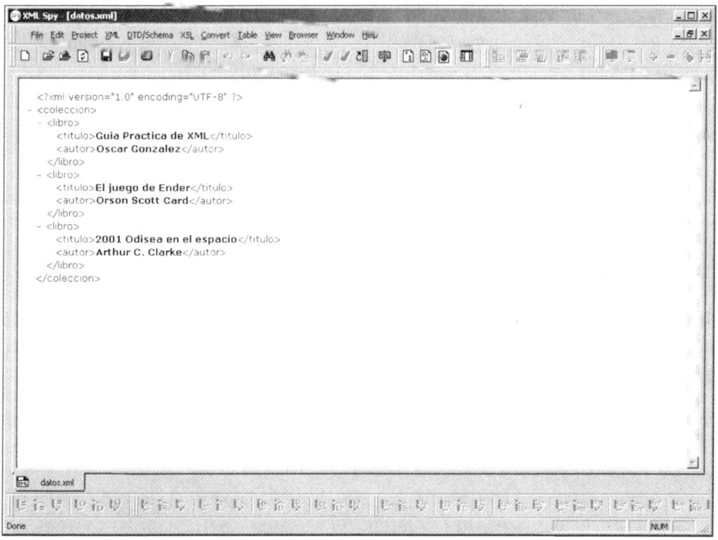

Figura 5.5. El fichero "datos.xml" se visualiza en forma de árbol de la manera habitual

Esta directiva informa al navegador (o a la aplicación que maneje dicho documento XML) de que tendrá que utilizar para su visualización un documento XSL llamado "estilo.xsl" y cuya URL o dirección se encuentra de forma relativa en el mismo directorio que el documento XML (aquí se aplican las mismas reglas de direcciones que en Internet). De igual forma indica que el contenido de dicha plantilla es el tipo MIME "text/xsl".

Por lo demás el documento se trata de una estructura sencilla de datos que recoge dos fichas de libros con información sobre su título y autor.

El resultado de aplicar la transformación XSLT al documento de datos XML es el siguiente código:

```
<table width="200" border="1">
<tr><td>
Guia Practica de XML Oscar Gonzalez
</td></tr>
</table>
<br/>
<table width="200" border="1">
<tr><td>
El juego de Ender Orson Scott Card
</td></tr>
</table>
<br/>
<table width="200" border="1">
<tr><td>
2001 Odisea en el espacio Arthur C. Clarke
</td></tr>
</table>
<br/>
```

Para realizar esta transformación se pueden aplicar distintas técnicas. En este capítulo las veremos, pero mientras, hemos utilizado una característica especial de XML Spy llamada "XSL Transformation", que realiza todo el proceso de aplicar la plantilla XSLT al documento XML.

> ***Nota:*** *Tenga en cuenta que las transformaciones XSLT a documentos XML no tienen por qué resultar en un nuevo documento de tipo texto (ya sea HTML, XHTML o XML). Mediante este tipo de transformaciones se pueden devolver respuestas binarias, como podría ser una imagen o un archivo PDF.*

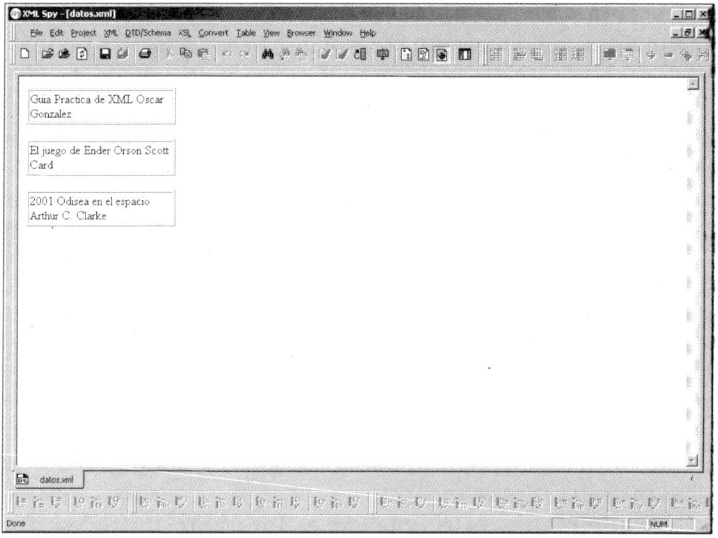

Figura 5.6. Pero con la transformación XSL se visualiza de una forma muy distinta

El documento XSL es el que más nos interesa y el que probablemente le parezca más extraño o complicado. En realidad no son más que una serie de *Plantillas* o *Templates* (de las que ya hemos hecho la definición) que controlan los distintos elementos del documento original XML. Veamos en detalle cuáles son:

En primer lugar nos encontramos con lo siguiente:

```
<?xml version="1.0" encoding="UTF-8"?>
<xsl:stylesheet
xmlns:xsl="http://www.w3.org/TR/WD-xsl">
```

Este fragmento de código es la declaración <?xml?> habitual, con una codificación de caracteres UTF-8, y una definición de espacio de nombres "xsl", dentro de un elemento predefinido llamado "stylesheet". Esta definición hace referencia a la URL donde está publicada la recomendación de XSL (http://www.w3.org/TR/WD-xsl).

Por tanto, siempre que utilicemos instrucciones XSL dentro de un documento XSL, deberán estar precedidas por el NAMESPACE xsl, como elemento diferenciador de otras etiquetas que puedan incluirse en el mismo documento. Así, la instrucción "template", será "<xsl:template>" y se cerrará con "</xsl:template>" y la instrucción "for-each", será "<xsl:for-each >" y se cerrará igualmente mediante "</xsl:for-each>". Sigamos examinando nuestro documento de transformación...

```
<xsl:template match="/">
   <xsl:apply-templates select="//libro"/>
</xsl:template>
```

Este fragmento de código corresponde a una Plantilla (Template) y más en concreto a la plantilla raíz. Esta plantilla se encarga de definir la acción que se llevará a cabo cuando el motor de transformación aplique el documento XSL al XML y se encuentre con el elemento "raíz" de este último.

Lo que realiza este *Template* es informar al procesador XML de que aplique los *Templates* que encuentre referidos a todos los elementos "<libro>" que estén incluidos en el documento XML que se esté procesando.

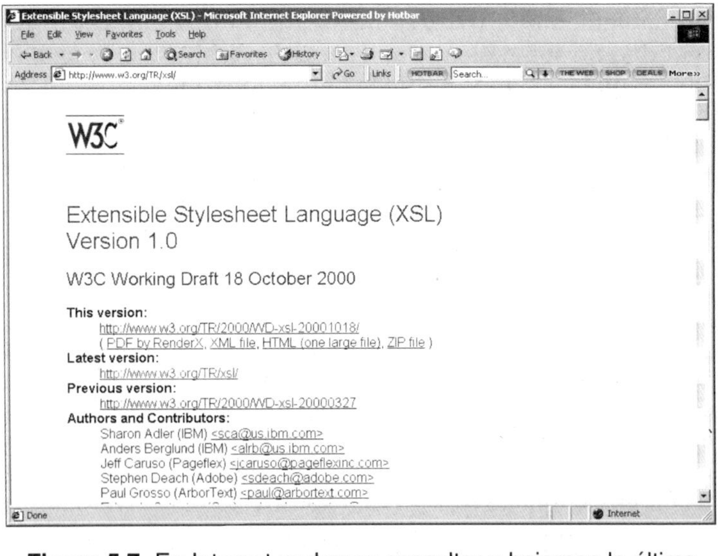

Figura 5.7. En Internet podemos consultar y bajarnos la última especificación del estándar XSL

Si usted es programador, o si el lenguaje informático le resulta más asequible, quizá le sirva ver este funcionamiento como si fuese un programa en pseudo-código. Veamos cómo sería esta página en un código similar a Java:

```
class StyleSheet  {

   private String xml_version = new String("1.0");
   private String xml_encoding = new String("UTF-8");

   void Template( match == "/" ) {
      ApplyTemplates( "//libro" );
   }

   void Template( match == "libro" ) {
    System.out.println("<table width='200'
border='1'>");
    System.out.println("<tr><td>");
      System.out.println( this.toString() );
      System.out.println("</td></tr>");
      System.out.println("</table>");
      System.out.println("<br />");
   }
}
```

No intente compilar este código, no funcionará, se lo aseguro. Pero ilustra un símil entre lo que realiza una plantilla XSL y un programa normal y corriente. XSL, como veremos más adelante, tiene sentencias de control de flujo, condicionales y es un poderoso lenguaje en lo referido a procedimientos recursivos.

Volviendo a nuestra página XSL, nos queda únicamente una instrucción por ver, y es "<xsl:value-of/>". Esta instrucción se encarga únicamente de ofrecer el contenido de lo que el procesador encuentre dentro del elemento que se está procesando, que en nuestro caso es un contenido textual con el título y autor de cada elemento "<libro>".

Vamos a retomar nuestro documento XML, y le vamos a aplicar este segundo documento XSL. Tenga en cuenta esto; no cambiamos en absoluto los datos fuente del sistema, que siguen en el mismo documento XML "datos.xml", sino que cambiamos de plantilla XSL, bien renombrando la que estamos utilizando, o bien cambiando la declaración "**<?xml:stylesheet>**" en el documento "datos.xml".

```
Fichero: ESTILO2.XSL

<?xml version="1.0" encoding="UTF-8"?>
<xsl:stylesheet xmlns:xsl="http://www.w3.org/TR/WD-xsl">

<xsl:template match="/"
   <html><head></head>
   <body>
   <ul>
      <xsl:apply-templates select="//libro"/>
   </ul>
   </body>
   </html>
</xsl:template>

<xsl:template match="libro">
   <li /><b><xsl:value-of select="titulo"/>: </b>
   (<xsl:value-of select="autor"/>)
</xsl:template>

</xsl:stylesheet>
```

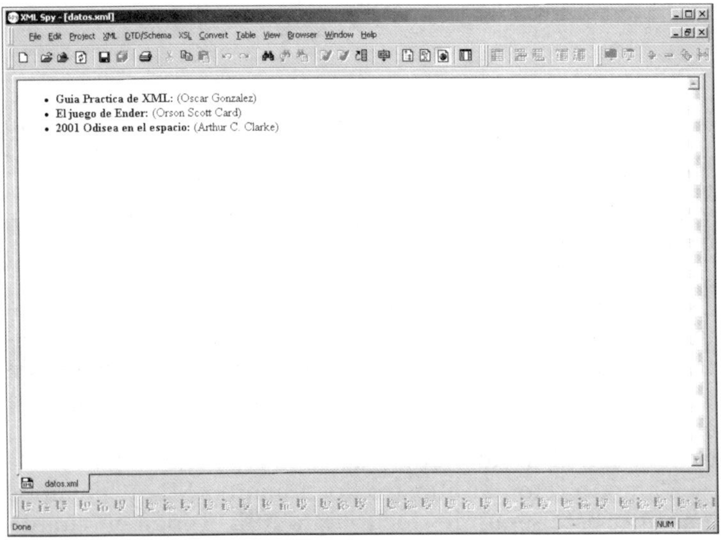

Figura 5.8. La potencia que ofrece el sistema XSLT es poder formatear nuestros datos con distintos tipos de plantilla con poco esfuerzo

Lo que realiza esta nueva plantilla es básicamente la misma operación o lógica de transformación, solo que ofrece los datos con otro formato. Si la primera plantilla los mostraba en una sucesión de tablas HTML, esta nueva plantilla los ofrece como una lista HTML.

Pero en esta nueva plantilla hemos cambiado dos cosas:

1. Ahora, el *Template* por defecto incluye un prefijo y un sufijo HTML para que el resultado de la transformación XSL sea una página HTML bien formada. Esta es una práctica común en el *Template* del elemento por defecto, ya que este *Template* la mayoría de las ocasiones únicamente realiza una operación de "<xsl:apply-templates>". Todo lo que pongamos antes de esta instrucción aparecerá en primer lugar del documento final, y lo que pongamos al final aparecerá de igual forma al final. El código final de esta transformación será por tanto el siguiente:

```
<html><head></head>
<body>
<ul>
<li/><b>Guia Practica de XML: </b>
   (Oscar Gonzalez)
<li/><b>El juego de Ender: </b>
   (Orson Scott Card)
<li/><b>2001 Odisea en el espacio: </b>
   (Arthur C. Clarke)
</ul>
</body>
</html>
```

2. En cada transformación para los elementos "<libro>", en vez de mostrar todo su valor con el método "<xsl:value-of />", afinamos más con el uso de una cláusula "select", de tal modo que nuestra instrucción final es como la siguiente:

```
<xsl:template match="libro">
   <li /><b><xsl:value-of select="titulo"/>: </b>
   (<xsl:value-of select="autor"/>)
</xsl:template
```

Lo que hace esta instrucción es mostrar en el documento final el valor del elemento "titulo" referido al contexto o elemento actual que esté en proceso. Esta es otra expresión XPath que veremos en el siguiente capítulo. A continuación vamos a ver otro ejemplo, en esencia similar aunque con algo más de sofisticación.

```
Fichero: CV.XML
<?xml version="1.0" encoding="UTF-8"?>
<?xml:stylesheet href="cv.xsl" type="text/xsl"?>

<curriculum>
   <nombre>Oscar</nombre>
   <apellidos>Gonzalez Moreno</apellidos>
   <direccion>Pez, 987</direccion>
   <edad>26</edad>
   <puesto>Director tecnico</puesto>
   <experiencia>mucha</experiencia>
   <idiomas>ingles</idiomas>
</curriculum>
```

Este nuevo documento XML define el *Currículum Vitae* (supuesto) del autor de esta Guía Práctica. En él se ha definido una estructura sencilla que tiene como nodo raíz el elemento "<curriculum>" y con una serie de datos sobre la persona pendiendo de este primer elemento. Supongamos que nuestra empresa desea publicar en Internet estos datos XML, obtenidos directamente de nuestro servidor de base de datos en este formato XML. Lo único que tendremos que hacer es desarrollar un documento de transformación XSL que permita dar a estos "anodinos" datos un formato bonito y aceptable dentro del mundo Web. Para ello, utilizaremos el siguiente documento XSL:

```
Fichero: CV.XSL

<?xml version="1.0" encoding="UTF-8"?>
<xsl:stylesheet xmlns:xsl="http://www.w3.org/TR/WD-xsl">
<xsl:template match="/">
<html>
<head><title></title></head>
<body bgcolor>="E8E8E8">
<br/><p align="center"><em>
<font face="verdana"size="6">Curriculum Vitae </font></
em>
<br/>
   <font face="verdana" size="4"><i>
   <xsl:value-of select="/curriculum/apellidos"/>,
   <xsl:value-of select="/curriculum/nombre"/>
   </i></font>
</p>
```

```
<table width="300" border="5" align="center">
   <xsl:apply-templates select="/curriculum/*"/>
</table>
</body>
</html>
</xsl:template>

<xsl:template match="nombre">
<tr><td><b><font face="verdana" size="2">.
Nombre:</font></b></td>
<td><b><xsl:value-of /></b></td></tr>
</xsl:template>

<xsl:template match="apellidos">
<tr><td><b><font face="verdana" size="2">.
Apellidos:</font></b></td>
<td><b><xsl:value-of /></b></td></tr>
</xsl:template>

<xsl:template match="edad">
<tr><td><b><font face="verdana" size="2">.
Edad:</font></b></td>
<td><xsl:value-of/></td></tr>
<xsl:template>

<xsl:template match="dirección">
<tr><td><b><font face="verdana" size="2">.
Direccion:</font></b></td>
<td>c/ <i><xsl:value-of /></i></td></tr>
</xsl:template>

<xsl:template match="puesto">
<tr><td bgcolor="Silver"><b><font face="verdana"
size="2">.
Puesto:</font></b></td>
<td bgcolor="Silver"><xsl:value-of/></td></tr>
</xsl:template>

<xsl:template match="experiencia">
<tr><td><b><font face="verdana" size="2">.
Experiencia:</font></b></td>
<td><xsl:value-of/></td></tr>
</xsl:template>

<xsl:template match="idiomas">
<tr><td><b><font face="verdana" size="2">.
Idiomas dominados:</font></b></td>
<td><xsl:value-of/></td></tr>
</xsl:template>

</xsl:stylesheet>
```

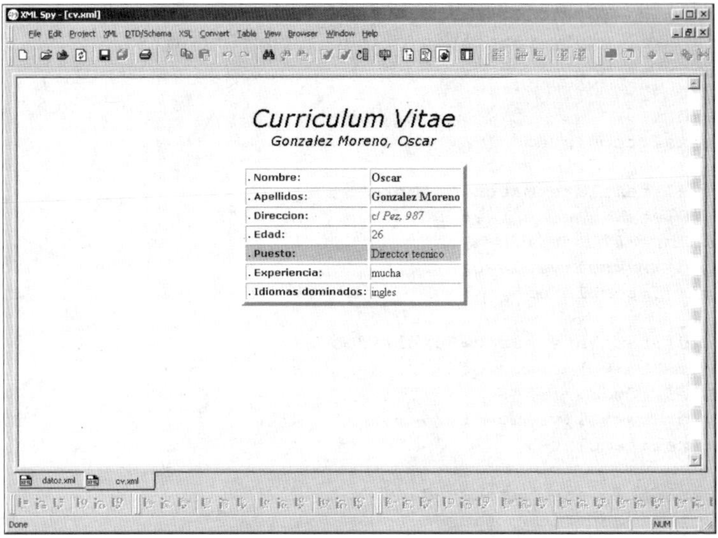

Figura 5.9. Podemos obtener nuestro Currículum Vitae de una forma muy atractiva a partir únicamente de los datos

Y el resultado de esta transformación será el siguiente código HTML:

```
<html>
<head><title></title></head>
<body bgcolor="#E8E8E8">
<br/><p align="center"><em>
<font face="verdana" size="6">Curriculum Vitae </
font></em>
<br/>
<font face="verdana" size="4"><i>
Gonzalez Moreno,
   Oscar
</i></font>
</p>

<table width="300" border="5" align="center">
<tr><td><b><font face="verdana" size="2">.
Nombre:</font></b></td>
<td><b>Oscar</b></td></tr>
<tr><td><b><font face="verdana" size="2">.
Apellidos:</font></b></td>
<td><b>Gonzalez Moreno</b></td></tr>
<tr><td><b><font face="verdana" size="2">.
Direccion:</font></b></td>
```

```
<td>c/ <i>Pez, 987</i></td></tr>
<tr><td><b><font face="verdana" size="2">.
Edad:</font></b></td>
<td>26</td></tr>
<tr><td bgcolor="Silver"><b><font face="verdana"
size="2">.
Puesto:</font></b></td>
<td bgcolor="Silver">Director tecnico</td></tr>
<tr><td><b><font face="verdana" size="2">.
Experiencia:</font></b></td>
<td>mucha</td></tr>
<tr><td><b><font face="verdana" size="2">.
Idiomas dominados:</font></b></td>
<td>ingles</td></tr>
</table>
</body>
</html>
```

El resultado en pantalla es una página HTML que, aunque mejorable, dista mucho de la frialdad que ofrece XML. En esta transformación XSL hemos introducido un concepto sutil. Esta página únicamente está preparada para una única persona o estructura dentro del documento XML, ya que si incluimos más datos, la página se descoloca y no funciona correctamente. También estamos utilizando una expresión XPath en concreto que es la siguiente:

```
<xsl:value-of select="/curriculum/apellidos"/>,
<xsl:value-of select="/curriculum/nombre"/>
```

Esta expresión muestra en pantalla los "<apellidos>" y "<nombre>" de nuestro currículum, pero únicamente uno. La plantilla no funcionará correctamente si incluimos más de una persona en el documento XML. Obviamente se puede construir una plantilla XSL que sí pueda trabajar con varios documentos o estructuras XML, pero esto lo veremos más adelante cuando afiancemos estos conocimientos. Mientras pruebe usted mismo a realizar un documento XML y una página XSL que le ofrezca una buena presentación Web. Aunque este método pueda parecer rudimentario, puedo asegurarle que muchos de los portales de Internet más famosos utilizan ya esta técnica para componer sus páginas (incluso sus páginas de inicio o "home", que habitualmente llevan una mezcla importante de complejidad HTML y datos).

5.3.2. XSL y HTML

Aunque ya hemos dicho que las transformaciones XSLT pueden devolver como resultado de la transformación cualquier tipo de documento, ya sea de tipo texto (XML, XHTML, WML, etc.) o de tipo binario (imágenes, archivos PDF, etc.), lo cierto es que en la práctica la mayoría de las veces se utiliza para generar documentos HTML o XHTML, debido a que es el formato entendido por los navegadores de Internet, que son los "clientes" más habituales de este tipo de sistemas.

Por tanto, vamos a ver cómo se puede utilizar este tipo de transformaciones XSLT para generar páginas HTML o XHTML bien formadas. Para ello, vamos a empezar con un pequeño ejemplo para ir después desgranándolo. Supongamos que tenemos el siguiente documento HTML (no incluya el nombre de fichero, únicamente a partir del elemento "<html>"...):

Fichero: PAGINA.HTML

```
<html>
<head>
   <title>Peliculas</title>
<head>

<body>
   <p>Peliculas de Ridley Scott:<br />
   <b>Alien, el octavo pasajero</b><br />
   <b>1492, la conquista del paraiso</b><br />
   <i>Los bingueros</i><br />
   </p>
</body>
</html>
```

Esta página HTML está obviamente "bien formada". Resulta imposible para un procesador XML el trabajar con documentos estructurados que no estén bien formados, ya que no pueden crear un árbol jerárquico de documento, o lo crean con errores. Como todavía no hemos comenzado a trabajar con código fuente para generar las transformaciones XSLT por programación, vamos a hacer un pequeño truco para poder visualizar esta página HTML con transformaciones XSLT. El truco consiste únicamente en renombrar el archivo de "pagina.html" a "pagina.xml" y añadirle al principio las siguientes líneas:

```
<?xml version="1.0" encoding="UTF-8"?>
<?xml:stylesheet href="estilohtml.xsl" type="text/
xsl"?>
```

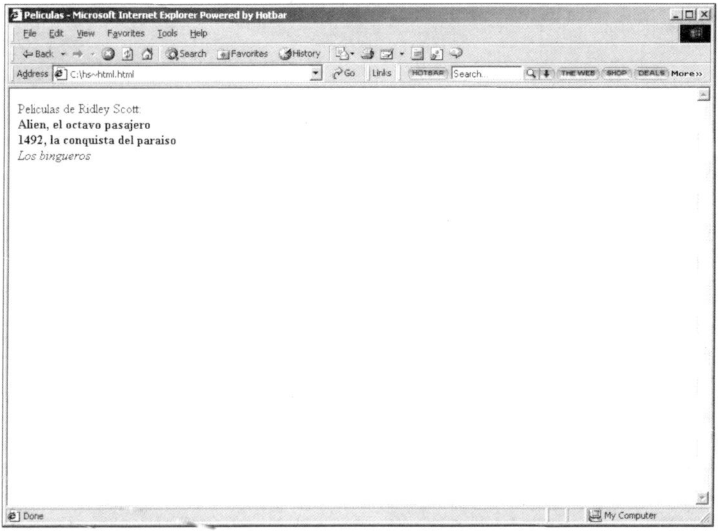

Figura 5.10. Nuestra página HTML de películas famosas

Así, aunque nuestro documento continúa siendo del tipo HTML (internamente), Internet Explorer lo reconocerá por su extensión como un documento XML y le aplicará la transformación XSL del fichero "estilohtml.xsl". Este fichero contendrá el siguiente código fuente:

Fichero: ESTILOHTML.XSL

```
<xsl:stylesheet xmlns:xsl="http://www.w3.org/TR/WD-
xsl">

   <xsl:template match="/">
      <xsl:apply-templates select="//p"/>
   </xsl:template>

   <xsl:template match="p">
      <xsl:apply-templates select="br | text() | b |
i"/>
   </xsl:template>

   <xsl:template match="br">
```

```
      <br />
   </xsl:template>

   <xsl:template match="b">
      <b><xsl:value-of/></b>
   </xsl:template>

   <xsl:template match="i">
      <i><xsl:value-of/></i>
   </xsl:template>

   <xsl:template match="text()">
      <xsl:value-of/>
   </xsl:template>

</xsl:stylesheet>
```

Esta transformación resulta algo obvia. ¿Qué es lo que realiza y cómo funciona?

La plantilla del elemento raíz ("/") se encarga de definir qué otras plantillas se van a ejecutar. En este caso, se encarga de decirle al procesador XSL que ejecute únicamente aquellas plantillas que se identifiquen por un elemento de párrafo ("<p>"). Así, si visualiza (con Internet Explorer 5.5) esta transformación, verá únicamente los contenidos de la página original que se encuentren dentro del ámbito de esta etiqueta.

Así, si incluyésemos el siguiente código HTML al final del fichero, el procesador haría caso omiso de la tabla, y se fijaría únicamente en el párrafo que contiene dentro de ella. Pruebe a ejecutar de nuevo esta página y verá que el resultado es similar:

```
<?xml version="1.0" encoding="UTF-8"?>
<?xml:stylesheet href="estilohtml.xsl" type="text/xsl"?>

<html>
<head>
   <title>Peliculas</title>
<head>

<body>
   <p>Peliculas de Ridley Scott:<br />
   <b>Alien, el octavo pasajero</b><br />
   <b>1492, la conquista del paraiso</b><br />
   <i>Los bingueros</i><br />
   </p>
```

```
<table>
<tr><td>
   <p><b>Thelma y Louise</b></p>
</td></tr>
<table>

</body>
</html>
```

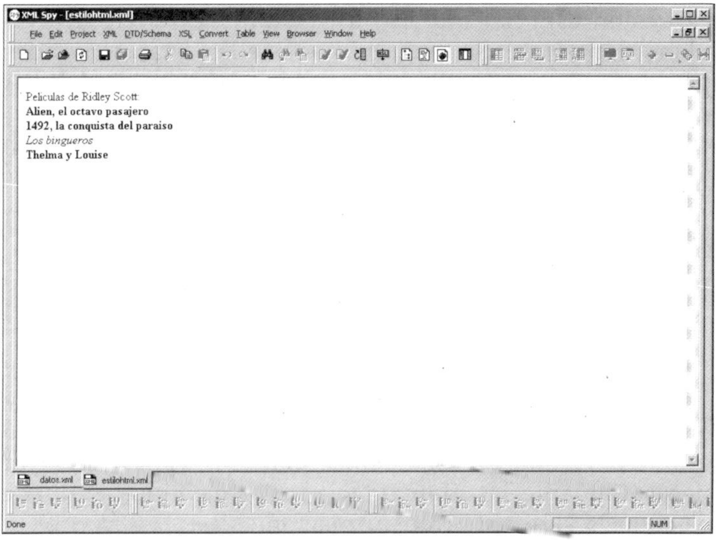

Figura 5.11. Nuestra página HTML de películas famosas formateada con XSL

¿Curioso, verdad? Realmente es ahora cuando comenzamos a darnos cuenta del "poder" que este sistema nos ofrece. Con esta sencilla página XSL hemos conseguido entender un documento HTML y discriminar a nuestro gusto el contenido del mismo. Pero todavía no hemos visto todo el funcionamiento de este fichero XSL. Sigamos analizándolo.

El siguiente *Template* era el referido a los elementos de párrafo:

```
<xsl:template match="p">
   <xsl:apply-templates select="br | text() | b | i"/>
</xsl:template>
```

Este *Template* se encarga de procesar todas aquellas etiquetas "<p>" que se encuentren en el documento origen. La etiqueta "<p>" realmente es una etiqueta contenedora, que se utiliza únicamente para definir párrafos, por lo que su transformación más normal será la de informar al procesador XSL de que siga ejecutando otras plantillas. En nuestro caso, hemos elegido que siga ejecutando las plantillas referidas a los elementos "<br>", "<b>", "<i>" y una expresión especial que es "text()" que se refiere a texto plano dentro del documento. Todas ellas están separadas por el carácter " | " (OR lógico) que ejecuta CUALQUIERA de los elementos descritos.

El resto de plantillas es sencillo, simplemente se ocupan de mostrar sus datos en pantalla mediante "<xsl:value-of / >", añadiendo cada uno sus propias etiquetas. Por ejemplo, veamos la siguiente transformación:

```
<xsl:template match="i">
   <i><xsl:value-of/></i>
</xsl:template>
```

Aunque el documento original presente una serie de etiquetas "<i>", y procesemos el *Template* adecuado, no quiere decir que el documento final tenga por qué llevar necesariamente las marcas "<i>". Por ejemplo, se puede ejecutar la siguiente transformación:

```
<xsl:template match="i">
   <font face="arial">
      Esto antes estaba en italica. Ahora es de tipo
Arial:
      <xsl:value-of/>
   </font>
</xsl:template>
```

Y ya no aparecerá código en itálica en nuestra transformación.

De cualquier forma, este fichero de transformación XSLT no es correcto del todo. Si estudiamos su estructura, nos daremos cuenta de que las etiquetas "<b>" e "<i>" simplemente copian el valor textual que contienen sus elementos. Pero sabemos que un documento HTML normal puede tener elementos que a su vez estén dentro de una de estas etiquetas. Vea el siguiente código:

```
<b>
   <font face="Courier New">
   Alien, el octavo pasajero
   </font>
<b>
<br/>
```

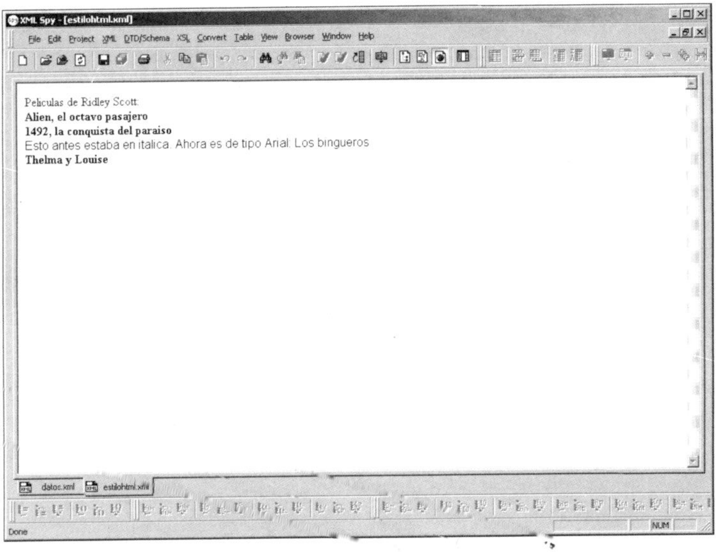

Figura 5.12. Un cambio en el diseño de nuestro documento XSL

En este caso nuestra plantilla XSLT no funcionaría, ya que la plantilla para la etiqueta "<b>" únicamente copia su valor textual, pero no le informa al procesador de que siga (recursivamente) ejecutando las etiquetas que encuentre dentro de ella. Igual ocurre con la etiqueta "<i>". En el caso de la etiqueta "<br>" no ocurre lo mismo, ya que esta etiqueta es una etiqueta vacía o única, que raramente (salvo error) incluye ninguna otra etiqueta dentro de ella. Nadie ha visto nunca un código como el siguiente, ¿verdad?:

```
<br><b> Hola </b> </br>
```

Por tanto, vamos a tener que rehacer nuestra plantilla para que sendas etiquetas "<b>" e "<i>" se comporten de forma recursiva. Veamos cómo quedaría este código:

```
<xsl:stylesheet xmlns:xsl="http://www.w3.org/TR/WD-xsl">
   <xsl:template match="/">
      <xsl:apply-templates select="//p"/>
   </xsl:template>

   <xsl:template match="p">
      <xsl:apply-templates select="br | text() | b |
i"/>
   </xsl:template>

   <xsl:template match="br">
      <br />
   </xsl:template>

   <xsl:template match="b">
      <b><xsl:apply-templates /></b>
   </xsl:template>

   <xsl:template match="i">
      <i><xsl:apply-templates /></i>
   </xsl:template>

   <xsl:template match="text()">
      <xsl:value-of/>
   </xsl:template>

</xsl:stylesheet>
```

Este código estaría mejor realizado, aunque como veremos más tarde, sigue siendo poco práctico y se puede realizar de forma más óptima. Creo que es mejor ir repasando desde el principio todas las formas que existen de crear transformaciones XSLT, aunque no sean las óptimas, para ir siguiendo un camino de pensamiento lógico, que nos lleve desde los rudimentos del sistema hasta la generación de código óptimo.

Veamos ahora un nuevo paso en la forma de realizar esta plantilla en concreto. En ella vamos a incluir una nueva etiqueta, llamada *<xsl:copy>*, que nos va a permitir copiar toda una etiqueta. Este es el nuevo documento XSL final:

```
<xsl:stylesheet xmlns:xsl="http://www.w3.org/TR/WD-xsl">
   <xsl:template match="/">
      <xsl:apply-templates select="//p"/>
   </xsl:template>

   <xsl:template match="p">
      <xsl:apply-templates select="*|@!|text()"/>
```

```
   </xsl:template>

   <xsl:template match="*|@!|text()">
      <xsl:copy>
         <xsl:apply-templates />
      </xsl:copy>
   </xsl:template>

</xsl:stylesheet>
```

5.3.3. Referencia de instrucciones XSLT

Como podrá comprobar en cuanto lleve un tiempo trabajando con el lenguaje XML y las transformaciones XSLT, este último lenguaje ofrece un campo de programación e innovación enorme. Quizá las transformaciones XSLT sean uno de los aspectos que atrae a más gente al mundo del XML, ya que es el que permite convertir documentos XML genéricos en otros documentos como HTML, XHTML o WML de una forma más sencilla.

Por esta razón, la especificación XSLT, todavía no terminada, va incluyendo cada día más y más funcionalidades, que han hecho que más que un lenguaje de marcado, las plantillas XSLT (junto con expresiones XPath, XPointer, etc.) sea más parecido a un lenguaje de programación.

Tanto es así que ya existen auténticas librerías de código para realizar todo tipo de transformaciones, bucles y cálculos utilizando este lenguaje. A continuación exponemos una lista de las instrucciones que tenemos a nuestra disposición, para más tarde entrar con algunos ejemplos de las más significativas. Las instrucciones que XSLT recoge (a fecha de escritura de esta Guía Práctica) son las siguientes:

xsl:apply-imports	Llama a otras plantillas XSLT.
xsl:apply-templates	Informa al motor de XSLT de que debe de ejecutar nuevas plantillas, dependiendo de los parámetros Xpath que se le suministren.
xsl:attribute	Crea un nuevo atributo al nodo (elemento) que se está procesando.
xsl:attribute-set	Define un conjunto de atributos.
xsl:call-template	Ejecuta una plantilla en concreto a partir de su nombre.

(Continúa)

xsl:choose	Esta etiqueta proporciona un mecanismo de evaluación condicional de expresiones. Se complementa con las etiquetas <xsl:otherwise> y <xsl:when>
xsl:comment	Esta etiqueta genera un comentario en el documento resultado de la transformación.
xsl:copy	Esta etiqueta copia el nodo actual en el documento resultado de la transformación.
xsl:copy-of	Esta instrucción inserta elementos parciales del árbol XML en el documento resultado de la transformación.
xsl:decimal-format	Declara el formato decimal para la interpretación de números por la función *format-number*
xsl:element	Crea un nuevo elemento en el documento resultado de la transformación.
xsl:fallback	Define una acción a llevar a cabo si la acción de su elemento padre no puede ser llevada a cabo.
xsl:for-each	Aplica una plantilla en un bucle, una vez por cada nodo encontrado por una cláusula *select*.
xsl:if	Implementa una cláusula condicional (similar al *if* de otros lenguajes).
xsl:import	Define un fichero XSLT a incluir dentro del fichero actual.
xsl:include	Define un fichero XSLT a incluir dentro del fichero actual.
xsl:key	Define una key o clave para utilizar con la función *key()* en expresiones de lenguaje XPath.
xsl:message	Muestra en un cuadro de diálogo o en un buffer un mensaje. Esta funcionalidad se incluye especialmente

(Continúa)

	para que los desarrolladores puedan incluir mensajes de alerta, debug, etc.
xsl:namespace-alias	Sustituye el prefijo de un determinado espacio de nombres (*namespace*) por un alias.
xsl:number	Inserta un número (con formato) dentro del documento resultante de la transformación.
xsl:otherwise	Implementa una cláusula condicional con múltiples opciones. Es similar a las cláusulas *Select case* o *switch* de otros lenguajes. Se complementa con las cláusulas *<xsl:when>*, *<xsl:choose>* y *<xsl:otherwise>*.
xsl:output	Esta cláusula se utiliza para especificar las opciones de salida u output (formato, lenguaje, etc.) del documento resultante de la transformación.
xsl:param	Declara un parámetro dentro del archivo de transformación XSLT. Permite definir un valor predeterminado para dicho parámetro.
xsl:preserve-space	Esta cláusula se utiliza para informarle al procesador de que mantenga los caracteres "white space" (blancos, saltos de línea, etc.) en el documento resultante de la transformación.
xsl:processing-instruction	Genera una instrucción de procesamiento en el documento resultante.
xsl:sort	Define un criterio de orden para los nodos resultantes de aplicar las cláusulas *<xsl:for-each>* y *<xsl:apply-templates>*
xsl:strip-space	Quita los caracteres "white space" del documento resultante.

(Continúa)

xsl:stylesheet	Define el elemento para una hoja de estilos.
xsl:template	Define las plantilla que serán utilizadas por el procesador para generar el documento resultante.
xsl:text	Genera texto en el documento resultante
xsl:transform	Véase *<xsl:stylesheet>*
xsl:value-of	Inserta en el documento resultante el valor del nodo actual en modo texto.
xsl:variable	Especifica un valor de variable en una expresión.
xsl:when	Se utiliza para implementar cláusulas condicionales con distintas comparativas.
xsl:with-param	Proporciona un parámetro en concreto para la ejecución de una plantilla XSLT.

Vamos a ver unos cuantos ejemplos para clarificar algunos conceptos sobre las transformaciones XSLT. Obviamente este es un lenguaje con un gran radio de acción, y necesitaremos un buen tiempo para llegar a dominarlo.

Ejemplo 1:

En este ejemplo vamos a ver cómo acceder de forma sencilla a los datos (atributos y contenido) de los distintos elementos de un documento XML. Para ello, vamos a tener dos documentos, uno de datos XML y el segundo de transformación XSLT. Son los siguientes:

XML.XML

```
<?xml version="1.0" encoding="UTF-8"?>
<?xml:stylesheet href="xsl.xsl" type="text/xsl"?>

<libro autor="oscar gonzalez">
   Guia Practica de XML
</libro>
```

XSL.XSL

```
<?xml version="1.0" encoding="UTF-8"?>
<xsl:stylesheet version="1.0"
xmlns:xsl="http://www.w3.org/1999/XSL/Transform"
```

```
xmlns:fo="http://www.w3.org/1999/XSL/Format">

<xsl:template match="libro">
   <xsl:text> El libro se llama: </xsl:text>
      <xsl:value-of select="."/>
   <xsl:text> y lo ha escrito: </xsl:text>
      <xsl:value-of select="@autor"/>

</xsl:template>
</xsl:stylesheet>
```

Este ejemplo utiliza dos instrucciones XSL para generar el documento final, que son **<xsl:text>**, utilizada para sacar texto plano, y **<xsl:value-of>** que es utilizada, junto con expresiones Xpath ("." y "@autor") para obtener los valores del elemento y del atributo "autor" respectivamente.

Ejemplo 2:

En este segundo ejemplo vamos a ver cómo acceder a una lista de valores convirtiéndolos en una casilla de selección de HTML. Los documentos que vamos a utilizar son los siguientes:

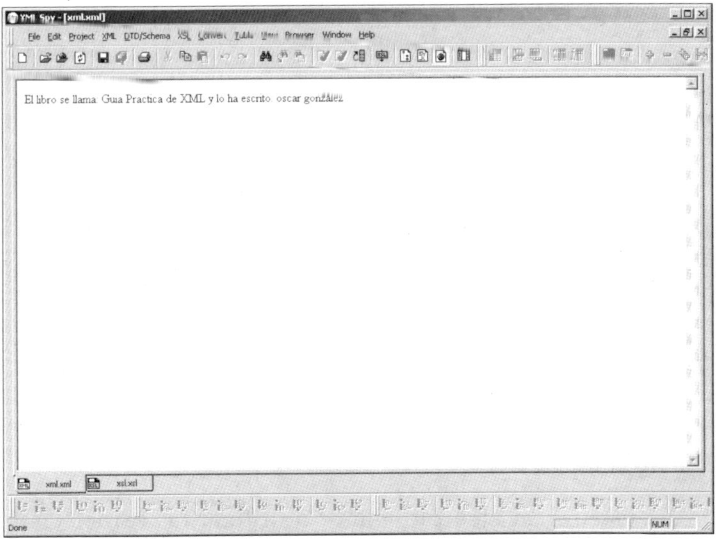

Figura 5.13. Resultado de la transformación XSLT sobre el documento XML

```
XML.XML

<?xml version="1.0" encoding="UTF-8"?>
<?xml:stylesheet href="xsl.xsl" type="text/xsl"?>

<options>

<option>1</option>
<option>2</option>
<option>3</option>
<option>4</option>

</options>
```

```
XSL.XSL
<?xml version="1.0" encoding="UTF-8"?>
<xsl:stylesheet version="1.0"
xmlns:xsl="http://www.w3.org/1999/XSL/Transform"
xmlns:fo="http://www.w3.org/1999/XSL/Format">

<xsl:template match="/*">

<select name="options">
   <xsl:for-each select="option">
      <option value="{text()}">
         <xsl:value-of select="self::node()"/>
      </option>
   </xsl:for-each>
</select>

</xsl:template>

</xsl:stylesheet>
```

En este ejemplo utilizamos la instrucción **<xsl:for-each>** para realizar una operación de iteración sobre todos los elementos hijos del elemento "options". Por cada uno de estos elementos añadimos un segundo elemento *<option>* al código HTML resultante. También es interesante recalcar que hemos utilizado una función llamada *text()* para acceder al contenido textual del elemento que estamos procesando, en nuestro caso cada elemento "option".

Ejemplo 3:

En este tercer ejemplo vamos a utilizar las características de ordenación de XSLT. Para ello preparamos un documento XML con nombres de personas y construimos la plantilla XSLT adecuada para ordenarlas alfabéticamente:

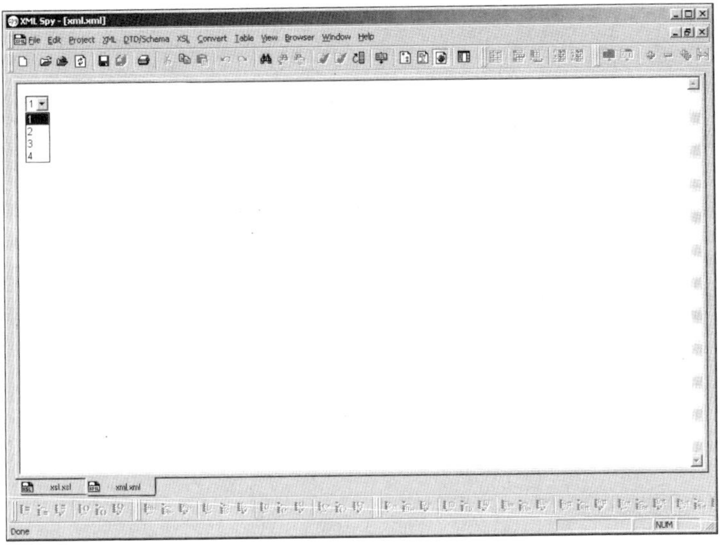

Figura 5.14. Resultado de la transformación XSLT sobre el documento XML

XML.XML

```
<?xml version="1.0" encoding="UTF-8"?>
<?xml:stylesheet href="xsl.xsl" type="text/xsl"?>

<orden>
<item>Oscar</item>
<item>Antonio</item>
<item>Tato</item>
<item>Juan</item>
<item>Pablo</item>
<item>Cynthia</item>
<item>Olguita</item>
<item>Raulete</item>
<item>Thaniuski</item>
</orden>
```

XSL.XSL

```
<?xml version="1.0" encoding="UTF-8"?>
<xsl:stylesheet version="1.0"
   xmlns:xsl="http://www.w3.org/1999/XSL/Transform"
xmlns:fo="http://www.w3.org/1999/XSL/Format">

<xsl:template match="orden">

   <xsl:for-each select="item">
```

```
      <xsl:sort select="."/>
         <xsl:if test="position()=1">El burro delan-
te:</xsl:if>
         [<xsl:number value="position()"/>:
            <xsl:value-of select="."/>]<br />
   </xsl:for-each>

</xsl:template>

</xsl:stylesheet>
```

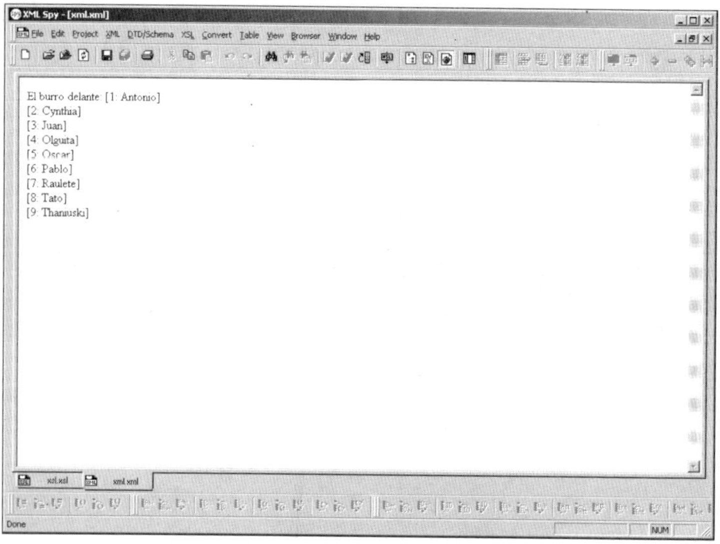

Figura 5.15. Resultado de la transformación XSLT sobre el documento XML

Esta plantilla ya comienza a ser algo más complicada. Para empezar, comenzamos a utilizar una nueva instrucción XSLT llamada **<xsl:sort>**. Esta instrucción, como su propio nombre indica, se utiliza para ordenar elementos XML. En vez de simplemente ordenar nuestra lista XML, esta plantilla además localiza el primer elemento de la lista (mediante la expresión *<xsl:if test="position()=1">*) y muestra un mensaje adicional en este caso. Vamos a probar a modificar esta plantilla con una nueva instrucción:

```
XSL.XSL
<?xml version="1.0" encoding="UTF-8"?>
```

```
<xsl:stylesheet version="1.0"
xmlns:xsl="http://www.w3.org/1999/XSL/Transform"
xmlns:fo="http://www.w3.org/1999/XSL/Format">

<xsl:template match="orden">

   <xsl:for-each select="item">
      <xsl:sort select="."/>
         <xsl:if test="position()=1">El burro delan-
te:</xsl:if>
         <xsl:if test="position()=last()">El ultimo
es:</xsl:if>
         [<xsl:number value="position()"/>:
            <xsl:value-of select="."/>]<br />
   </xsl:for-each>

</xsl:template>
</xsl:stylesheet>
```

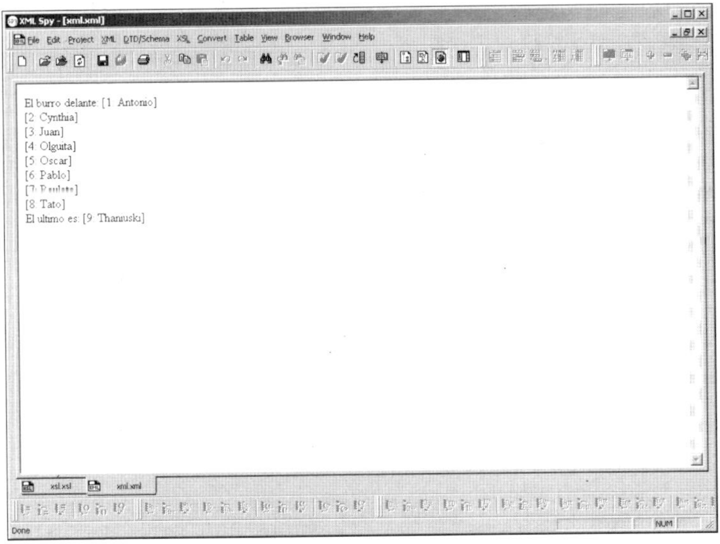

Figura 5.16. Resultado de la transformación XSLT sobre el documento XML

Esta pequeña modificación nos permite comprobar si el elemento que estamos analizando (position) es el último de la lista (last).

Ejemplo 4:

En este último ejemplo vamos a realizar una operación muy común en XSLT. Vamos a construir una tabla con todos los elementos de un documento XML, pero vamos a utilizar ciertas funciones para detectar nodos alternativos, y así poder presentarlos de distintos colores.

XML.XML

```
<?xml version="1.0" encoding="UTF-8"?>
<?xml:stylesheet href="xsl.xsl" type="text/xsl"?>

<orden>
<item>Oscar</item>
<item>Antonio</item>
<item>Tato</item>
<item>Juan</item>
<item>Pablo</item>
<item>Cynthia</item>
<item>Olguita</item>
<item>Raulete</item>
<item>Thaniuski</item>
</orden>
```

XSL.XSL

```
<?xml version="1.0" encoding="UTF-8"?>
<xsl:stylesheet version="1.0"
xmlns:xsl="http://www.w3.org/1999/XSL/Transform"
xmlns:fo="http://www.w3.org/1999/XSL/Format">

<xsl:template match="orden">
<table width="200">

   <xsl:for-each select="item">
      <xsl:choose>
      <xsl:when test="position() mod 2 = 0">
      <tr><td bgcolor="white"><xsl:value-of select="."/
></td></tr>
      </xsl:when>
      <xsl:otherwise>
      <tr><td bgcolor="silver"><xsl:value-of
select="."/></td></tr>
      </xsl:otherwise>
      </xsl:choose>
   </xsl:for-each>

</table>
</xsl:template>

</xsl:stylesheet>
```

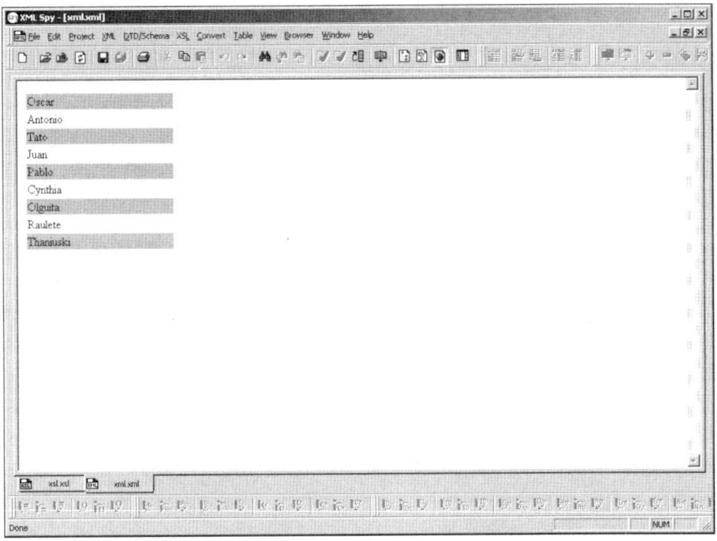

Figura 5.17. Resultado de la transformación XSLT sobre el documento XML

Lo que hemos utilizado nuevo es simplemente una función matemática de módulo (*mod*) junto con la información que devuelve la función *position()* para detectar si estamos en nodos pares o impares. Como ya he dicho, este tipo de funciones son muy habituales cuando se trabaja con XSLT y HTML, ya que se suele trabajar con tablas con distintos colores, como la del ejemplo.

6 Implementaciones de XML

6.1. Introducción

Permítame que insista una vez más en el concepto fundamental de esta Guía Práctica: el aprendizaje de XML viene dado por aproximadamente un quince por ciento de teoría y un ochenta por ciento de práctica (dejo el cinco por ciento restante para la ilusión, el genio, la inspiración y todas esas cosas). Por tanto, no se puede olvidar que XML al fin y al cabo no dejaría de ser una especificación sobre el papel si las empresas desarrolladoras de software y sistemas no incluyesen o desarrollasen las herramientas necesarias para que terceras empresas o programadores trabajasen con ellas y con el lenguaje XML.

El área de los estándares de Internet siempre ha sido un área peligrosa, ya que es un mercado en donde se mueve muchísimo dinero y una coma puesta más a la izquierda o más a la derecha puede significar unos beneficios o pérdidas de millones de pesetas. Buenos conocedores de esta situación son los grandes del software como Microsoft o SUN, que llevan años demostrándonos cómo se juega al juego de poderes por los estándares de la informática. En cuanto a XML sería de ingenuos pensar que todo va a cambiar, y que todos los fabricantes se van a poner de acuerdo en el estándar final de la W3C y que nadie va a dar un paso en alguna otra dirección.

En este capítulo se exponen dos de las implementaciones más extendidas de XML, que son las de Microsoft y SUN (con su lenguaje Java), representada esta última por los motores *Xalan* y *Xerces* de Apache (http://www.apache.org). Uno de los factores fundamentales que veremos en el siguiente capítulo es que mientras que la alternativa de Microsoft se basa en un único motor de XML/XSLT, uno de los más potentes por cierto, la alternativa de Java está mucho más disgregada, con varias decenas de motores XML en el mercado, y con cinco o seis realmente punteros.

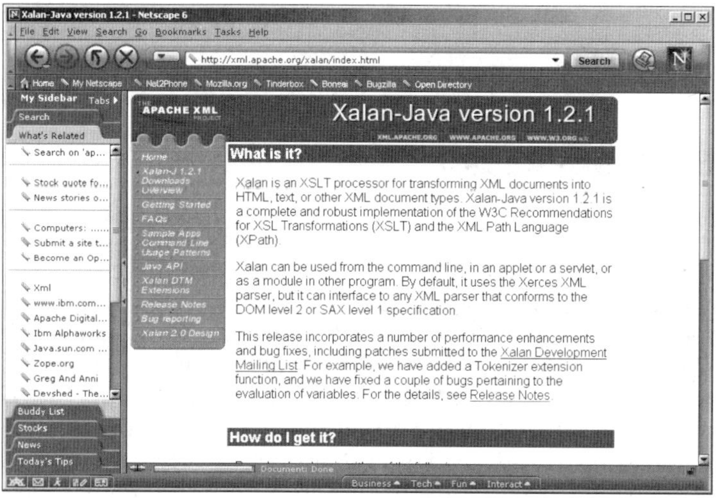

Figura 6.1. Página de inicio del proyecto XALAN de la comunidad encargada de Apache

Por supuesto existen muchas más implementaciones en el mercado que las que vamos a estudiar en este libro, pero desgraciadamente se salen del ámbito y posibilidades de esta Guía Práctica. En cualquier caso, podemos afirmar que nuestra propuesta de plataforma de desarrollo estará seguramente incluida en la práctica de cualquier empresa o grupo de desarrollo.

Veremos cómo efectivamente existen pequeñas diferencias entre las dos implementaciones, y no dejaremos de evaluar concienzudamente las dos alternativas, estudiando aspectos tales como las características implementadas y las no implementadas, la velocidad de proceso del sistema y la facilidad de desarrollo en las mismas.

6.2. XML y Microsoft

La integración de XML dentro de la amplia gama de software ofertada por Microsoft pasa por la integración de este estándar con la plataforma Windows DNA. Windows DNA es un sistema de desarrollo ofrecido o recomendado por Microsoft que cubre distintos aspectos de lo que debe de ser una aplicación escalable de Internet. Desde todos los pormenores del sistema de acceso a datos, con SQL Server y las librerías ADO y OleDb hasta la generación de complejos sistemas de interfaz de usuario con Internet Explorer y DHTML. XML es por definición un estándar de Internet y por tanto no puede decirse que su tecnología, especificación o contenido sea propiedad de ninguna empresa en concreto, aunque una de las compañías que más y mejor tecnología están invirtiendo en este lenguaje es precisamente Microsoft.

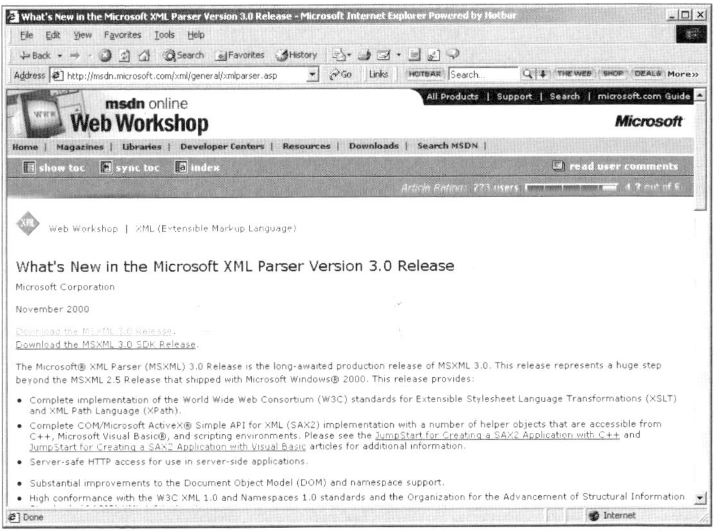

Figura 6.2. El esfuerzo que Microsoft está haciendo en el desarrollo de su motor XML es considerable

La arquitectura Windows DNA realmente comenzó con pocas o ninguna mira hacia XML, y como tal no la necesita especialmente. Existen cientos de aplicaciones basadas en Windows DNA a lo largo del mundo que no entienden ni utilizan el lenguaje de metadatos. Pero lo cierto es que XML se integra a la perfección con la visión y objetivos que tiene Microsoft para su plataforma. Por tanto, vamos a observar cómo la arquitectura de Windows DNA implementa el soporte e integración con XML *a posteriori*, ya que este lenguaje ha comenzado a hacerse popular poco después de la aparición de la plataforma de Microsoft.

Uno de los puntos clave de la integración de XML con Windows DNA se basa precisamente en el significado de las siglas XML ("Extensible Markup Language" o "lenguaje de marcado extensible"). Gracias a la gran capacidad de creación de lenguajes o tipos de datos que presenta el estándar de XML, se hace ideal como lenguaje unificador de una plataforma como Windows DNA, que puede ser utilizada para crear muchos tipos distintos de modelos de negocio, atacando cientos de sectores económicos distintos. El lenguaje XML se integra dentro del paradigma de programación ofrecido por Windows DNA como un formato estándar de información compatible (con el aval de estar aceptado ampliamente a lo largo y ancho de Internet), y mediante el cual poder integrar esta última tecnología con el resto de aplicaciones del mercado.

6.2.1. Introducción a COM

El sistema COM (*Component Object Model*) se trata de forma fundamental de la tecnología de objetos de la familia de sistemas operativos de Windows Microsoft. Como tecnología orientada a objetos, basa su funcionamiento en la encapsulación de código binario dentro de una serie de objetos accesible por el sistema y por las aplicaciones que funcionan sobre el mismo, ofreciendo para ello a los desarrolladores una especificación y una implementación para la interoperatibilidad de dichos objetos.

De esta manera, la tecnología COM se integra fundamentalmente con los servicios y aplicaciones Windows, permitiendo una comunicación e interacción más sencilla entre ellas.

La gran ventaja de COM es que la tarea de desarrollo de extensiones y librerías de programación, que tradicionalmente se realizaba mediante el uso de librerías de enlace estático (LIB) o dinámico (DLL), adquiere una nueva dimensión y mayores posibilidades de reutilización.

De igual forma que el desarrollo de aplicaciones cambia con la tecnología COM, de igual forma se ven afectados los modelos tradicionales de programación, que en la década de Internet pasan a tener un carácter mucho más distribuido y menos centralizado.

En la práctica, la mayoría de las aplicaciones modernas de Windows hacen uso extensivo del sistema de objetos COM, y en especial todas aquellas que se basan en desarrollos para Internet, bajo el sistema de páginas activas (ASP) del servidor IIS.

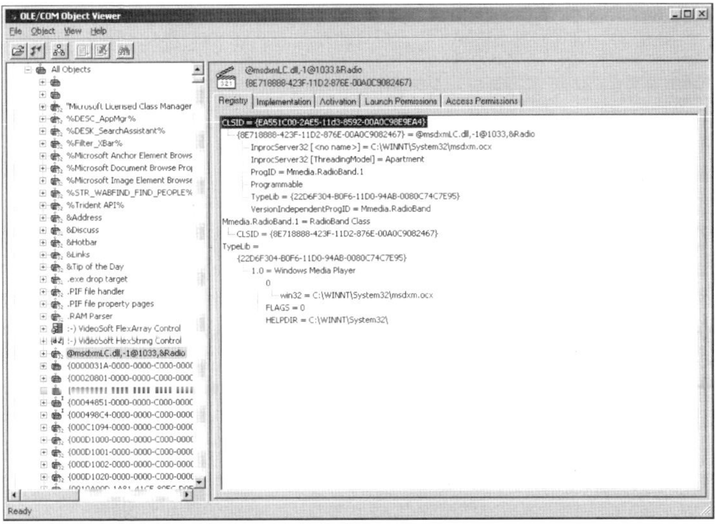

Figura 6.3. El sistema de objetos COM es el corazón del sistema operativo Windows 2000

Cómo funciona COM

El estándar COM se trata de forma básica de una especificación sobre compatibilidad de componentes en modo binario. Esta compatibilidad se refiere a una serie de aplicaciones clientes y objetos servidores, y define el intercambio de información binaria que una aplicación cliente debe utilizar para acceder a los servicios proporcionados por un servidor COM.

Los desarrolladores de aplicaciones que utilizan lenguajes de alto nivel como pueden ser Visual Basic o Delphi, utilizan esta tecnología en sus desarrollos a diario, a menudo de forma inconsciente gracias a la encapsulación que hacen estos lenguajes del sistema COM.

En estas plataformas de desarrollo (y en otras muchas de las llamadas RAD o *Rapid Application Deployment*), es bastante frecuente el utilizar controles ajenos en los programas. Estos controles son elegidos de una lista que el propio sistema nos proporciona, y en la mayoría de los casos se tratan de controles COM (también conocidos como OCX). Estos controles existen en el sistema bien porque estén incluidos en el mismo Windows, porque los cargue el propio entorno, o por haberlos conseguido de terceros fabricantes.

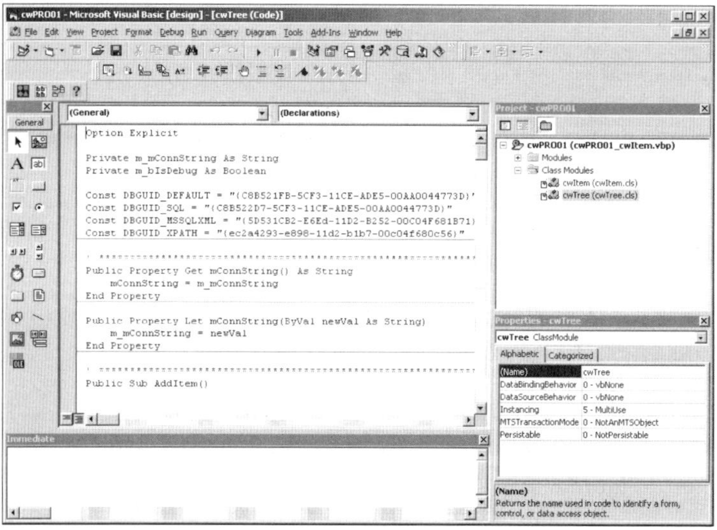

Figura 6.4. Visual Basic es un viejo conocido en el mundo del desarrollo y actualmente se está reconvirtiendo hacia XML

Así, basándose en un estándar claramente definido, y con la seguridad de que estos controles fundamentan su código en una serie de reglas y especificaciones (provenientes de dicha especificación COM), el programador es capaz de utilizarlos desde su aplicación sin tener un conocimiento *a priori* sobre los mismos.

Por tanto, podemos definir un objeto COM como un código binario (similar a una DLL o un archivo ejecutable) que es accesible mediante un sistema definido que nos permite utilizar su código de una forma ordenada y estándar. Por tanto, no es un «ente» que se pasea por nuestro ordenador sin ser detectado y ofreciendo sus servicios a diestro y siniestro. De forma general, aparece en la forma de una DLL, aunque también puede aparecer como EXE u OCX.

La siguiente pregunta que probablemente se hará es... ¿cómo accedo yo a ese objeto? Si en realidad el fichero que lo contiene no tiene por qué estar en el directorio de mi aplicación, ¿estará en un directorio del PATH del sistema?... Y si no es así, ¿cómo lo encuentro? ¡Ni siquiera logro localizarlo en el disco duro!

La solución es sencilla. Cada objeto COM se identifica a la hora de instalarse en nuestro sistema con un número único en el espacio y en el tiempo denominado por las siglas GUID (*Globally Unique IDentifier*, identificador único global). Este identificador se genera por un algoritmo especialmente creado por la OSF (*Open Systems Foundation*), y que asegura que dicho número es único en el tiempo, mediante información obtenida de la fecha y hora de la máquina, y en el espacio, mediante el número de serie de la tarjeta de red (dirección MAC), o su dirección IP.

Este algoritmo produce un número de 16 bytes (128 bits), que se supone imposible de duplicar. Así, por cada objeto COM que realicemos con nuestro compilador, el sistema nos dará, a petición nuestra, un número único en el mundo para que éste sea reconocido dentro de cualquier sistema, y que no se produzca ninguna duplicidad casual. Si algún número de este tipo llegara a duplicarse (cosa muy improbable en la práctica), lo que ocurriría es que al instalar uno de esos componentes en un ordenador, reemplazaría la información del anterior, al sobrescribir la entrada en el registro del sistema, y todas las aplicaciones que intentasen acceder al primero se encontrarían con el segundo y fallarían.

Cada objeto, ya identificado, organiza las funciones que ofrece mediante un concepto llamado interfaz. Denominamos interfaz (en nuestro mundo COM) a un conjunto de funciones agrupadas que implementa un objeto. Un objeto puede tener múltiples interfaces o grupos de funciones. Dichas funciones se comportan de forma similar a las que exporta cualquier DLL, y ejecutan cualquier tipo de código. Pueden ser funciones de cálculo, de gráficos, ventanas, comunicaciones, etc. Este sistema, aunque pueda parecer un poco difícil y enmarañado al programador novel, encierra en realidad una gran potencia. La gran ventaja de acceder a los objetos de esta manera es que insertamos un nivel de encapsulación, por el cual a nosotros como programadores en lenguajes de alto nivel no nos influye la forma como el sistema acceda a los objetos. Nuestra tarea se reduce únicamente a solicitar un objeto determinado al sistema (señalado por el anteriormente citado *GUID*), y es éste el que tendrá que «ingeniárselas» para devolvernos el puntero deseado. El resto será ir llamando a las distintas funciones del objeto.

Obviamente los programadores de lenguajes de alto nivel como los anteriormente mencionados no tendrán que preocuparse mucho por la memoria, los punteros, ni el infierno de los «punteros a punteros», ya que suele ser el mismo entorno de desarrollo el que se encarga de realizar todo el «trabajo sucio», permitiendo al desarrollador acceder a los distintos objetos mediante sencillos nombres.

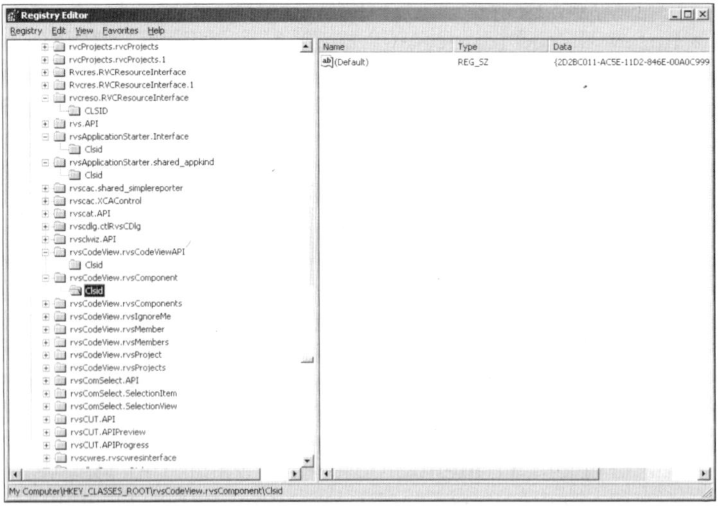

Figura 6.5. Toda la información sobre objetos COM se almacena en el registro del sistema (Registry)

6.2.2. COM+

COM+ se presenta en Windows 2000 como la evolución lógica del sistema de objetos COM. Como acabamos de ver, el sistema COM se trata de una tecnología orientada a objetos que se basa principalmente en un sistema de encapsulación de código independiente del lenguaje (C++, Visual Basic, Delphi, etc.) dentro de un sistema de objetos binarios (DLLs).

El sistema COM+ representa una nueva generación para la tecnología COM. Por supuesto se siguen manteniendo una serie de características comunes y de compatibilidad, ya que el sistema de desarrollo que propone se sigue basando en la creación de aplicaciones y librerías orientadas a objetos, ofreciendo múltiples mejoras en cuanto al modelo anterior.

A grandes rasgos, COM+ supone para el desarrollador un entorno de desarrollo de componentes con capacidades de trabajo de forma distribuida y con un importante soporte transaccional. Por tanto, la utilización o adaptación del sistema COM+ va a ser mucho más sencilla para los desarrolladores de COM que hayan trabajado con los servidores Microsoft Transaction Server (MTS) y MSMQ, ya que muchas de las novedades de este sistema se heredan de estos servicios instalables en Windows NT.

Nota: *Los servicios Microsoft Transaction Server (MTS) y MSMQ dejan por tanto de ser productos o plataformas independientes, como ocurría con Windows NT 4, y pasan a ser parte integrante del sistema COM+ y, por tanto, del sistema operativo básico de Windows 2000.*

Las ventajas que ofrece este nuevo sistema ponen de manifiesto que en Microsoft han estado muy atentos a los requerimientos de los desarrolladores para poder convertir a COM+ en una plataforma mucho más sólida, cómoda y sencilla de utilizar que su antecesor COM. COM+ se presenta con una gran serie de novedades sobre COM, siendo una de las más representativas la llamada **Object Pooling**, similar a la técnica ya utilizada anteriormente en sistemas de base de datos.

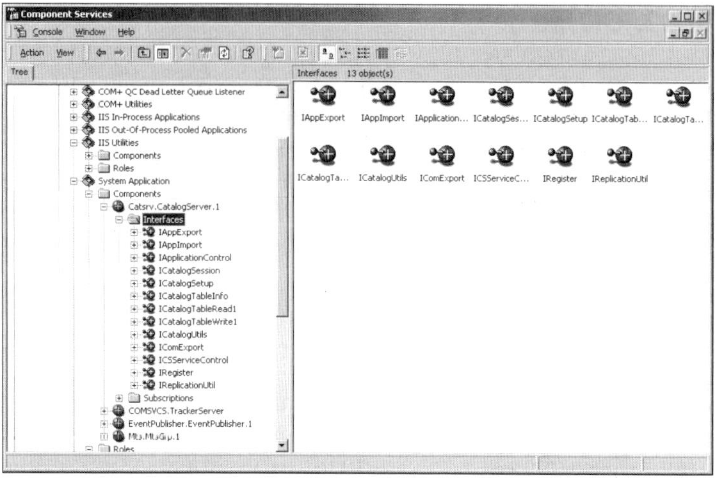

Figura 6.6. Con Windows 2000 resulta muy sencillo administrar el sistema de objetos COM+

Esta característica se basa en permitir la creación de componentes dentro de un sistema de *Pooling* o caché. Este tipo de sistema consiste en mantener una lista o *Pool* de objetos con el fin de ir activándolos o desactivándolos según la aplicación vaya necesitándolos.

Entre las ventajas más directas que ofrece este sistema al desarrollador final se encuentran una mayor velocidad de acceso a los objetos utilizados, especialmente en entornos multi-thread o con múltiples peticiones o usuarios.

Esto significa que una vez que una aplicación ha solicitado los servicios de un objeto en concreto, cuando la misma u otra aplicación necesiten volver a utilizar dicho objeto, el tiempo de inicialización necesario en la creación de un objeto será mucho menor, ya que el objeto se habrá quedado en un estado de "caché" o de latencia, mediante el cual el sistema puede volver a activarlo ahorrando gran parte del tiempo dedicado a su localización, carga e inicialización. Lógicamente, para realizar esta acción el sistema necesita mantener una serie de objetos previamente creados en el "pool", pero siempre resulta más óptimo que ir creando cada objeto un número indeterminado de veces.

Una vez que hemos visto esta pequeña introducción al sistema de objetos COM y COM+ (breve ya que no entra dentro del ámbito de esta Guía Práctica, aunque sí que los vamos a utilizar como modelo de ejecución del motor XML de Microsoft), veremos cómo la compañía de Bill Gates integra todo su soporte y librerías de XML y XSLT bajo la forma de objetos COM disponibles por todos los desarrolladores.

6.2.3. MSXML

Vamos a comenzar a estudiar la solución ofrecida por Microsoft en cuanto a XML. Visto desde un punto de vista muy básico, lo que el desarrollador se va a encontrar al trabajar con XML desde plataforma Microsoft es un motor de XML con que manejar este lenguaje y presentado bajo la forma de una serie de objetos COM. Como veremos, el motor de XML de Microsoft implementa una serie de funcionalidades como la aplicación de transformaciones XLS y XLST, manejar la jerarquía de nodos de un documento XML mediante una jerarquía de objetos sencilla aunque potente a la vez, etc.

El modelo de integración del lenguaje XML dentro de la arquitectura de programación de Windows DNA se implementa tanto en la capa de **Acceso a Datos** como en la de **Reglas de Negocio** e **Interfaz de Usuario**.

Estas tres capas son las elegidas como modelo de desarrollo en esta nueva tecnología de Microsoft, ya que ofrecen una serie de ventajas sobre otros modelos, permitiendo la implementación de sistemas multiplataforma con un alto grado de escalabilidad.

El papel que desempeña XML dentro de la arquitectura de Windows DNA empieza con la capa de Acceso a Datos. Microsoft está posicionando a XML como un pleno integrante de la jerarquía de objetos que proporcionan el acceso a datos bajo esta plataforma. Recordemos que la arquitectura de acceso a datos de Microsoft se basa en los estándares OleDb, ADO y el motor de base de datos SQL Server versiones 7 y 2000.

La primera de estas tecnologías (OleDb) es un conjunto de objetos e interfaces COM de bajo nivel que son utilizados para acceder a sistemas heterogéneos de datos (ya sean de modelos relacionales o no relacionales).

Los otros dos sistemas (ADO y SQL Server) comienzan a mostrar un serio acercamiento hacia un modelo de datos representados bajo el estándar de XML. Aunque este XML no constituye (ni constituirá en un futuro cercano) el formato nativo interno de estos sistemas de fuentes y manejo de datos, la posibilidad que nos ofrecen de trabajar con ellos en formato nativo XML permite integrarlos directamente en nuestras aplicaciones Windows DNA.

En el caso de la capa de Reglas de Negocio, XML también tiene un papel importante. Recordemos que en modelo de programación en tres capas, la capa de Reglas de Negocio constituye aquella capa de objetos que se utiliza para definir el comportamiento de nuestra aplicación en relación con los datos y procedimientos que maneja. Por ejemplo, en una aplicación de gestión comercial, la capa de "Reglas de Negocio" se encargaría de cuidar la integridad y veracidad de los datos, comprobar los *input* introducidos por el usuario, etc.

En esta capa también se obtienen beneficios de la utilización del lenguaje XML, ya que es desde ella desde la que se realizan operaciones tales como la validación de los datos, el intercambio de información con otro tipo de aplicaciones (importación y exportación de datos) y su manejo y transformación adecuados para que resulten adecuados para la aplicación. Como veremos más adelante, el motor de manejo de XML ofrecido por Microsoft nos permite un alto grado de control y transformación sobre los datos o documentos XML, permitiendo su correcto intercambio con otras aplicaciones, y la transformación y cálculos adecuados para nuestros procesos y funciones.

Y, por último, nos queda la capa de usuario. En esta capa el lenguaje XML también desempeña un papel importante, especialmente en relación con el mundo de Internet. En este sentido, XML tiene un importantísimo papel como lenguaje previo a la generación de HTML. Pongamos un ejemplo. Suponga que estamos desarrollando una herramienta para la creación de *chats* en Internet (charlas *online*). Entre otras opciones, existen dos que son las más ampliamente utilizadas, que son las de un sistema cliente-servidor realizado en Java, y la otra que es la de realizar un sistema de *chat* basado en HTML generado dinámicamente. Tradicionalmente, estos dos sistemas no tendrían que tener ninguna relación entre ellos. El primero de ellos se basaría en un ejecutable situado en el servidor de Internet que actuase como gestor de las conversaciones de los usuarios, y en un Applet de Java que cargaría cada usuario en su navegador, y mediante el cual podrían entrar y participar en las discusiones. El sistema resulta sencillo y se pueden encontrar cientos de sistemas así construidos por Internet.

En el segundo caso, el usuario no utiliza un Applet de Java, sino que mediante un sistema de refresco automático de páginas HTML, se consigue el efecto de conversación deseado. Este tipo de programas (hablamos de los *chats* por HTML) se basan en mantener en la parte del servidor las conversaciones mantenidas por los usuarios mediante diversas técnicas (ficheros en disco, memoria compartida, etc.). Así, cada vez que se refresca la página en el navegador de los usuarios, el servidor construye dinámicamente dicha página con la conversación adecuada, y la envía en formato HTML. Este sistema tiene la ventaja de no necesitar un Applet de Java (con los consiguientes problemas de compatibilidad, ejecución, tiempo de descarga, problemas de conexión, etc.) ni un proceso especial en el servidor. Por el contrario resulta algo menos interactivo.

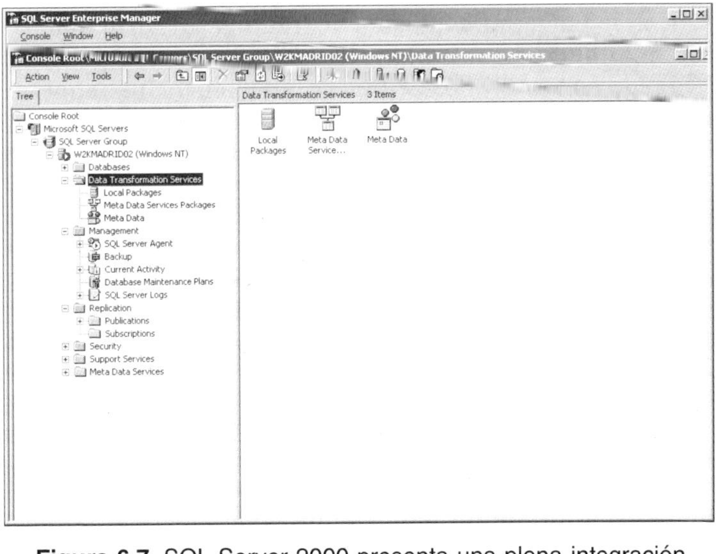

Figura 6.7. SQL Server 2000 presenta una plena integración con el lenguaje XML

Ahora llega el turno de XML. Esta aplicación, pensada en términos de programación de Windows DNA, se podría orientar de la siguiente forma: la conversación de los usuarios se almacena en una base de datos que es capaz de ofrecernos dichos datos en formato XML. Para dichos datos definiremos una serie de marcas XML adecuadas para nuestra aplicación (ver cuadro).

6.2.4. XML e Internet Explorer 5

El desarrollo de aplicaciones de Intranet constituye uno de los campos de programación con más expansión de los últimos tiempos, además de ser uno de los más turbulentos en lo que a aparición de nuevas tecnologías y estándares ser refiere. Aquí se produce un elemento bastante curioso para el observador del mundo de Internet.

Todo el mundo conoce lo que tradicionalmente se viene llamando como "guerra de los navegadores". Esta situación se origina desde el primer momento que Netscape lanzó su navegador al mercado y Microsoft se retrasó en el lanzamiento del suyo (por la famosa desestimación de Bill Gates en cuanto al mercado de Internet).

Con la posterior explosión de Internet surgió el titánico esfuerzo de Microsoft por recuperar el mercado perdido, llegando en los últimos tiempos a igualar o incluso superar al navegador de Netscape. Pero hoy en día la batalla se ha trasladado hacia otro campo, que es precisamente el de las aplicaciones de Intranet.

Por tanto, la cuestión ya no reside en el número de usuarios que utilizan el navegador para navegar por Internet, ya que ambos navegadores están lo suficientemente preparados como para ofrecer una "experiencia" de navegación bastante satisfactoria.

El meollo de la cuestión reside en la capacidad que cada uno de ellos ofrece para su utilización como plataforma de visualización (interfaz de usuario) para aplicaciones de Intranet.

Si usted no está familiarizado con este último término, una aplicación de Intranet es una aplicación empresarial (gestión, contabilidad, intercambio de información, etc.) que se realiza bajo los estándares de Internet (TCP/IP, aplicaciones CGI, Java, etc.) y que cuenta con unas características especiales, como el estar fuertemente centralizada y de poderse acceder mediante la utilización de un sencillo navegador.

Es, por tanto, que en el seno de las empresas desarrolladoras la evaluación que se está realizando de ambos navegadores no reside tanto en su popularidad o capacidades multimedia, sino en la integración con las diversas tecnologías y herramientas de programación existentes en el mercado.

Así, si yo estuviera pensando en crear una aplicación de Intranet para el control de las horas trabajadas de mis empleados, y en mi empresa se trabaja históricamente con Visual Basic y SQL Server, buscaría un navegador en el cual pudiese programar con la misma idea y lenguajes. De igual forma, si por el contrario en mi empresa se trabaja con un servidor de aplicaciones basado en Java, mi navegador sería el que mejor soporte diese a los lenguajes Java y Javascript.

Volviendo específicamente a la plataforma de Microsoft, el navegador que manejaremos en relación a su arquitectura y al lenguaje XML será por supuesto Internet Explorer 5.0. Este navegador está pensado expresamente para su plena integración con este lenguaje, y lo implementa a varios niveles. Estos niveles son los siguientes:

- **Visualización de XML:** Cuando abrimos un documento XML, el navegador de Microsoft lo interpreta de forma previa a su visualización, y nos lo muestra como un árbol de elementos (la estructura básica de todo fichero XML se basa en una jerarquía en árbol), permitiéndonos una visualización mucho más clara, ya que podemos expandir y colapsar los diversos nodos del árbol. Esta es una característica que aún no tiene implementada su competidor Netscape Navigator 4.7 y que francamente se echa de menos.
- **Jerarquía de objetos XML:** Internet Explorer ofrece al programador de XML la posibilidad de acceder a toda la estructura de nodos mediante los lenguajes de script implementados en el sistema de Windows Scripting Host, o a cualquier sistema que sea capaz de manejar objetos COM. Esto es así porque Microsoft ha

integrado la especificación del organismo W3C llamada XML DOM (*Document Object Model* de XML) bajo una serie de objetos e interfaces implementadas en COM (veremos algunos de ellos más adelante). Así, la programación, manipulación y acceso a los diversos elementos de nuestro árbol XML se realiza de una forma sencilla y jerarquizada, olvidándonos de complicadas API, e integrándose a la par con otro modelo paralelo de manejo de el DOM de HTML.

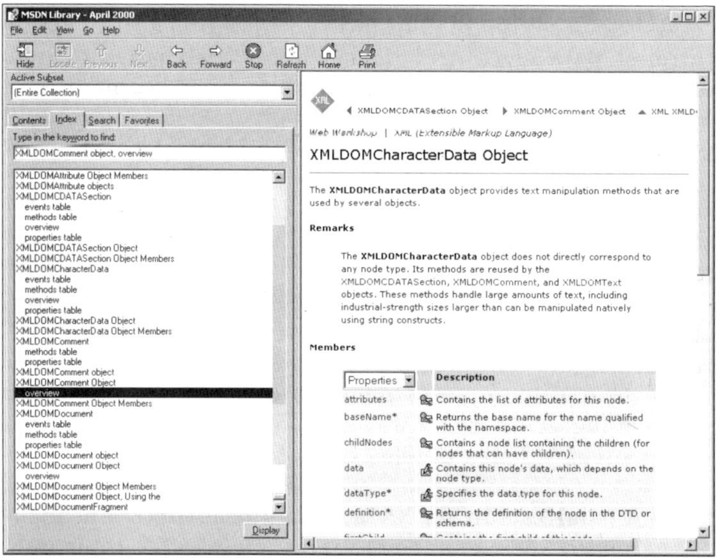

Figura 6.8. El motor de XML de Microsoft presenta una gran potencia ante los desarrolladores de aplicaciones basadas en este lenguaje

- **Soporte para XSL y XSLT:** Como ya hemos visto, XSL se trata de un lenguaje basado en XML que se utiliza para formatear nuestros documentos de datos XML con unas hojas de estilo con el fin de presentar los datos al usuario final con un interfaz más cuidado. De igual forma, el motor de transformaciones XSL también permite las transformaciones XSLT, mediante las cuales podemos transformar nuestro documento XML en otro documento XML, HTML, o de cualquier otro tipo. Como veremos más adelante, esta integración

con XSL constituye un punto fundamental en la potencia del sistema de XML ofrecido por Microsoft.
- **Data Islands:** Este término se utiliza para designar a código XML (habitualmente datos) insertados dentro de un documento HTML. La ventaja de poder hacer esto (y que obviamente el navegador lo entienda) es que se pueden mandar datos sin formatear al cliente (al navegador de Internet) y trabajar con ellos en dicha parte cliente. Por ejemplo, se puede construir una página HTML con un Data Island que contiene datos de una factura, y mediante VBScript presentar dichos datos en una tabla. Como dicha tabla se construye dinámicamente en el navegador, se puede ofrecer al usuario una serie de ventajas adicionales (como ordenación de registros, ocultación de campos, etc.) sin que ello suponga una nueva petición de página al servidor. En esta Guía Práctica no trabajaremos con Data Islands, por considerarla todavía una tecnología demasiado propietaria de Internet Explorer, aunque ofrece unas posibilidades realmente sustanciosas. Si le interesa más sobre este tema, le recomendamos acceder a la librería MSDN de Microsoft, donde podrá encontrar abundante información sobre el tema.

Obviamente, toda esta tecnología tiene que estar basada en unos parámetros de rendimiento y escalabilidad adecuados. Uno de los posibles usos que puede tener el *parser* de XML es el de su utilización en aplicaciones de Internet o Intranet. Como tales, estas aplicaciones están destinadas a un número de usuarios variable, pero pocas veces pequeño, y cualquier componente de dichas aplicaciones se verá sometido a un *tour de force* importante, y que pondrá a prueba su rendimiento y escalabilidad.

Por tanto, el desarrollo de una parte tan crucial como el motor de XML tiene que estar basado en código altamente optimizado. Bajo estos parámetros, el primer *parser* o motor de XML que Microsoft desarrolló y sacó al mercado estaba basado en una implementación realizada en el lenguaje Java. Esta implementación resultaba a todas luces insuficiente, y debido a ello la compañía de Bill Gates decidió reestructurar sus componentes y desarrollarlos nuevamente en otro lenguaje más óptimo.

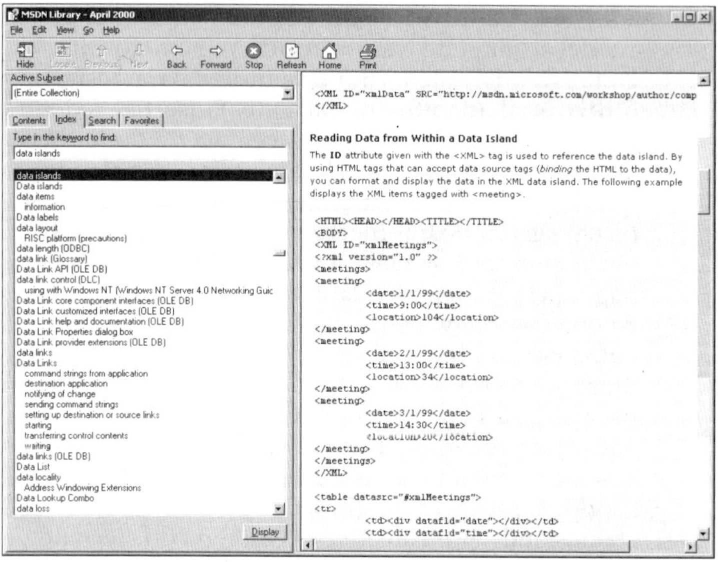

Figura 6.9. Los Data Islands son datos XML embebidos en páginas HTML

> ***Nota:*** *Mientras se escribe este libro, Microsoft ha sacado una beta de la versión 3 de su parser de XML, realizada en C++ (la versión 2 también estaba realizada en este lenguaje) lo que le dota de un mayor rendimiento tanto en su uso en aplicaciones cliente (Internet Explorer 5) como en aplicaciones servidor (IIS).*

6.2.5. XML e Internet Information Server

Ya hemos hecho referencia a que el uso de XML tiene dos vertientes claramente diferenciadas, que son su utilización desde la parte cliente por medio de Internet Explorer 5.5 como en la parte servidor, dentro de un servidor Web o de aplicaciones como el Internet Information Server 5.0 de Microsoft, Apache, BEA Weblogic, etc.

Ambos tienen sus ventajas e inconvenientes. Por un lado, la visualización de XML en la parte cliente (que puede incluir visualización con CSS, transformaciones XSLT, etc.) depende precisamente del cliente que se esté utilizando. Así, un usuario que utilizase una versión antigua de Internet Explorer o cualquiera de Netscape Navigator (a fecha de escritura de este libro todavía no ha aparecido la nueva versión de dicho navegador), no visualizaría bien los contenidos.

Por otro lado, la ejecución de aplicaciones XML en la parte del Servidor lleva consigo una carga en tiempo de ejecución del servidor. Al fin y al cabo, por muy lento que resulte un motor de XML, al ejecutarse en la parte cliente y por tanto tener que ocuparse de un único usuario (uno por puesto de ejecución), el rendimiento general de la plataforma o aplicación que se esté desarrollando resultará satisfactorio.

Pero por el contrario, en aplicaciones distribuidas que ofrecen servicio a cientos o miles de usuarios, y en las que el motor de XML se ejecuta en la parte de servidor, sirviendo contenidos a distintos tipos de clientes y teniendo que realizar las operaciones en el / los servidor / es, compartiendo su tiempo de proceso entre todos los usuarios que acceden al sistema, cualquier pequeña desviación en el rendimiento o escalabilidad de nuestro motor XML será notablemente apreciada. Hoy en día ningún desarrollador de Internet y de XML tiene que perder el "norte" de conseguir realizar desarrollos que presenten un buen rendimiento y escalabilidad.

Hablar de XML en la parte de servidor y de plataformas Microsoft es hablar de la plataforma Windows DNA. Las siglas DNA se refieren a *Windows Distributed interNet Applications Architecture*, o *Arquitectura de Aplicaciones Distribuidas para Internet*. Esta plataforma, en tanto que no aparezca al mercado el nuevo sistema Microsoft .NET, es la actual oferta de Microsoft en cuanto a desarrollos empresariales y el sistema ideal para la integración de un lenguaje como XML (del que Microsoft .NET también hace uso extenso). A continuación se explica brevemente en qué consiste esta plataforma a través del significado de cada una de sus siglas.

Internet: Con el comienzo del nuevo siglo Internet se consolida como el mar en donde todos los demás navegamos. Esto incluye a las grandes empresas, que no parecen tan grandes en comparación como esta inmensa red. Microsoft, Sun Microsystems, ORACLE, IBM, BEA, etc.

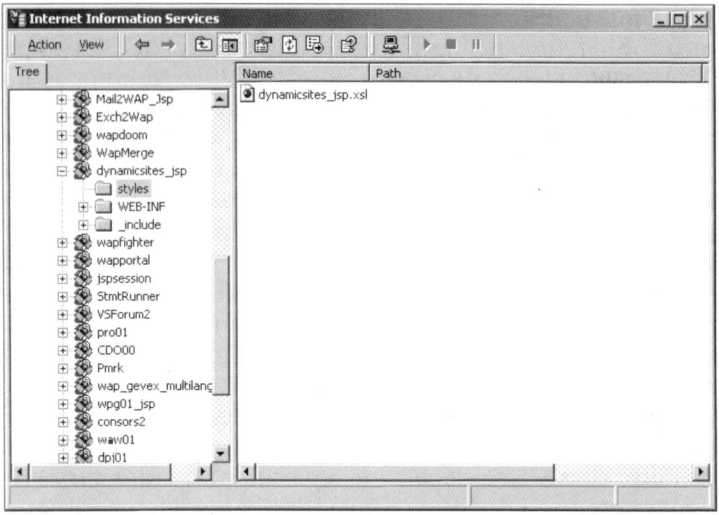

Figura 6.10. Las aplicaciones para IIS se verán seriamente modificadas con la introducción del estándar XML

Así, en un breve lapso de tiempo (apenas unos años), se ha producido una espectacular explosión de compañías, productos y estándares relacionados con la Red. El mundo Web ha evolucionado desde la mera presentación de páginas de contenido textual o multimedia hacia un modelo formado por grandes sistemas de información, una verdadera plataforma para la construcción de aplicaciones de Intranet o Extranet de todo tipo. Microsoft, mediante Windows DNA, orienta su contenido y recursos hacia los requisitos del sistema (escalabilidad, rendimiento, tolerancia a fallos, soporte transaccional, etc.) impuestos por la propia naturaleza del medio y requeridos por la misma naturaleza mastodóntica de las aplicaciones del medio (¿quién antes había desarrollado aplicaciones cliente / servidor esperando tener cientos de miles de usuarios al mes?...).

Distributed: Distribución de objetos e información. Este término representa unos parámetros de escalabilidad dentro del sistema de Windows DNA. Escalabilidad quiere decir simplemente que nuestra aplicación es capaz de crecer ordenadamente tanto en potencia y recursos como en prestaciones conforme a las necesidades de los usuarios.

El modelo de programación de Windows DNA se basa fuertemente en un punto de vista de desarrollo orientado a objetos, y permite la distribución de dichos objetos e incluso la interacción de objetos de forma remota, gracias a las bondades del sistema DCOM o el más moderno COM+. Windows DNA ofrece un modelo de objetos distribuidos, optimizado para este tipo de funcionamiento, y que presenta, por tanto, un alto nivel de escalabilidad y potencia.

Applications: Es preciso recordar que la tecnología no lo es todo, y que por encima de todo están las aplicaciones y su correcto funcionamiento. Por eso la plena orientación de Windows DNA y su inversión en recursos y conocimiento tiene un objetivo claro: la consecución del desarrollo de aplicaciones robustas y escalables. Nada serviría de mucho si el resultado final fuese una aplicación mediocre. El objetivo fundamental de Windows DNA es el desarrollo asistido de aplicaciones con un alto nivel tecnológico.

Windows DNA se presenta como una apuesta por una plataforma estable para el desarrollo de aplicaciones dentro de unos parámetros de robustez y escalabilidad adecuados, basada en una tecnología de componentes como es COM+ y una serie de servidores de base de datos y middle-tier como SQL Server 2000, BizTalk 2000, Site Server, etc.

Todas las aplicaciones construidas bajo las tecnologías de Windows DNA podrán acceder o beneficiarse de una serie de componentes y servicios integrados en los sistemas Windows que las permitirán construir modelos de aplicación idóneos para conseguir aplicaciones escalables. El que una aplicación sea escalable quiere decir que la aplicación, tanto en su diseño como en su rendimiento, responderá bien a los futuros cambios o modificaciones que puedan ocurrir. Entre estos cambios podemos encontrarnos como un aumento en el número de usuarios de la aplicación, ya que una aplicación en Internet puede tener desde muy pocos usuarios hasta cientos de miles.

También puede ocurrir que la aplicación deba ser adaptada o modificada para integrar nuevos estándares del mercado, tal es el caso de la relación de Windows DNA con XML y especialmente con las transformaciones XSLT, que como veremos son ampliamente utilizadas dentro de esta plataforma.

Gracias a la amplia aceptación del modelo de aplicaciones ofrecido por la plataforma Windows DNA, el paradigma de programación de aplicaciones de Intranet está siendo migrando hacia una utilización exhaustiva pero ordenada de las tecnologías XML y XSLT. Esto se debe a que estos lenguajes ofrecen al desarrollador de aplicaciones unas facilidades de desarrollo que le permiten separar los datos propiamente dichos de su presentación, paradigma actual del desarrollo de aplicaciones Web.

De igual forma, este lenguaje actúa también como un "metalenguaje" para la creación de aplicaciones o estándares de intercambio de información de modo que el analista de la aplicación puede crear pequeñas API de programación basadas en XML que producirán código HTML, XHTML, WML o cualquier otro lenguaje o serie de datos después del correspondiente proceso de transformación mediante XSLT.

Pongamos un ejemplo para visualizar mejor esta tecnología: imagínese que usted desea crear una herramienta de foros de discusión en Internet integrada en un portal temático o vertical.

Figura 6.11. Como veremos en el capítulo 8, el lenguaje WML (WAP) está basado también en XML

Si por cada cliente suyo (navegadores, dispositivos móviles, etc.) tuviese que duplicar el código de las páginas activas ASP o componentes que gestionan el foro de discusión (ya sabemos que cada uno de nuestros clientes, por su propia naturaleza de clientes, querrá su foro en unos colores y forma diametralmente distintos al resto), a los diez o doce desarrollos que tuviese en cartera, el mantenimiento de dicha aplicación se vería seriamente afectado.

Sin embargo, aplicando un mejor análisis y una arquitectura de aplicación en tres capas, mediante el uso de XML, se puede crear una serie de plantillas o transformaciones XSLT exclusivamente encargadas de la presentación de los datos del foro, que permiten aislar lo que constituye el motor de la aplicación (datos y operaciones) de la presentación final de dichos datos. Además, también se podría utilizar el formato de datos XML para exportar o importar sus conversaciones, mezclarlas, ordenarlas, y en general trabajar con ellas de una forma más potente y flexible.

IIS 5.0

Antes de comenzar con la utilización del sistema de objetos XML de Microsoft, vamos a ver brevemente el servidor que nos va a servir de base para nuestros desarrollos. Éste no es otro que Internet Information Server 5.0, la nueva versión del conocido IIS 4 aparecida junto a Windows 2000.

Esta nueva versión del servidor de Internet mantiene una mecánica muy similar a la versión anterior 4.0, ya que se siguen manteniendo los estándares de programación de aplicaciones ISAPI y las páginas activas ASP, con sus correspondientes objetos de servidor, mismos métodos, etc. La anterior plataforma de servicios de Internet funcionaba bastante bien en lo que a concepto y desarrollo de software se refiere, por lo que la versión 5.0 lo único que hace es mejorar ostensiblemente el rendimiento y potencia del sistema, y añadir una serie de funciones que la comunidad de desarrolladores había pedido por echarlas en falta.

Las mejoras introducidas en la versión 5.0 se refieren especialmente a la ampliación de las interfaces de algunos de los objetos de servidor (objetos COM) utilizados en la programación de aplicaciones y sitios de Internet. Algunos de los métodos más utilizados de los mismos afectaban directamente al rendimiento de las aplicaciones, ya que introducían elementos de lenta ejecución o de mala escalabilidad, por lo que se ha intentado sustituirlos por otros.

En lo referente a su supuesta (supuesta porque todavía no la hemos visto en detalle) integración con XML, la apuesta de Microsoft en este sentido es total. Los esfuerzos realizados por esta empresa en conseguir un motor de ejecución XML y XSLT ultrarrápido repercuten en la posibilidad de integrarlo a aplicaciones tan críticas como pueden ser las desarrolladas para grandes portales. Vamos por tanto a comenzar a ver cómo utilizar estas tecnologías (XML y XSLT) dentro de nuestros propios desarrollos para Internet.

Veamos una primera página de ejemplo. Para ello utilizaremos dos documentos, uno XML y otro XSL, que son los siguientes:

DATOS.XML

```
<?xml version="1.0" encoding="UTF-8"?>
<?xml:stylesheet href="estilo2.xsl" type="text/xsl"?>
<coleccion>
   <libro>
      <titulo>Guia Practica de XML</titulo>
      <autor>Oscar Gonzalez</autor>
   </libro>
   <libro>
      <titulo>El juego de Ender</titulo>
      <autor>Orson Scott Card</autor>
   </libro>
   <libro>
      <titulo>2001 Odisea en el espacio</titulo>
      <autor>Arthur C. Clarke</autor>
   </libro>
</colección>
```

ESTILO.XSL

```
<?xml version="1.0" encoding="UTF-8"?>
<xsl:stylesheet xmlns:xsl="http://www.w3.org/TR/WD-xsl">
   <xsl:template match="/">
      <xsl:apply-templates select="//libro"/>
   </xsl:template>

   <xsl:template match="libro">
      <table width="200" border="1">
```

```
      <tr><td>
         <xsl:value-of />
      </td></tr>
      </table>
      <br />
   </xsl:template>
</xsl:stylesheet>
```

La página ASP que se encargará de realizar la conversión será la siguiente:

```
<%
function reportParseError(error)
   Dim i, s, r
for i=1 to error.linepos
    s = s & " "
Next
   r = "<font face=Verdana size=2><font size=4>XML
Error loading '" & error.url & "'</font><P><B>" &_
  error.reason & "</B></P></font>"
   if (error.line > 0) then
   r = r & "<font size=3><XMP>" & "at line " &
error.line & ", character " &_
      error.linepos & "\n" & error.srcText & "\n" & s &
"^</XMP></font>"
   End If
   reportParseError = r
End Function

function reportRuntimeError(exception)
  reportRuntimeError= "<font face=Verdana size=2><font
size=4>XSL Runtime Error</font>" &_
  "<P><B>" & exception.description & "</B></P></font>"
End Function
%>

<%
Response.Buffer=true
styleFile = "c:\estilo.xsl"

Set source = Server.CreateObject("Microsoft.XMLDOM")
source.validateOnParse = false
source.resolveExternals = false
source.preserveWhiteSpace = false
source.async = false

source.load( "c:\datos.xml" )

Set style = Server.CreateObject("Microsoft.XMLDOM")
```

```
style.validateOnParse = false
style.resolveExternals = false
style.preserveWhiteSpace = false
style.async = false
style.load(styleFile)

if (style.parseError.errorCode <> 0) then
  result = reportParseError(style.parseError)
else
   result = source.transformNodeToObject(style,
Response)
End If

If result<>"" then Response.Write( result )
Set source = nothing
Set style = nothing

%>
```

Para la ejecución de esta página damos por supuesto que tenemos el servidor IIS 4.0 funcionando y bien configurado.

Como se puede observar, la página crea unas instancias del objeto COM con el identificador "Microsoft.XMLDOM", y mediante ellas transforma el contenido XML contenido en el documento "c:\datos.xml" utilizando para ello la plantilla de transformación situada en la ruta física "c:\estilo.xsl".

Esta plantilla se supone que contiene la información necesaria para transformar los datos del documento XML en un formato distinto, como sería por ejemplo el de una página HTML. Así, por cada elemento "<libro>" que el motor de XML encontrase en el documento, se podría originar un código HTML con una tabla y una serie de formatos HTML que presentasen dicha información al usuario.

Esta página es solo un ejemplo de lo que se puede llegar a realizar con la integración de XML e IIS.

El futuro de la programación de aplicaciones, cuando éstas precisan de una integración con otras aplicaciones o la misma Internet, pasa indudablemente por el lenguaje XML. La cantidad de esfuerzo y tecnología que la industria informática está invirtiendo en este lenguaje, unido a la curiosa coincidencia de que todas las grandes compañías se están volcando sin excepción con este lenguaje, hacen de XML una apuesta de futuro segura y robusta. En cuando a qué puede hacer XML por nosotros ahora mismo, gracias a la integración que hemos visto que realiza Windows DNA, el desarrollo de aplicaciones de Internet que utilizan XML ya no es una cuestión de futuro, sino de un bien definido presente, ya que ya son multitud las aplicaciones que implementan XML como sistema de gestión o intercambio de datos.

Microsoft ha tomado una cierta ventaja en el lanzamiento de un excelente motor de XML y XSL, y por tanto los desarrolladores más orientados hacia las tecnologías de esta empresa podrán comenzar a trabajar con XML con el respaldo de un sólido sistema, sin tener que utilizar API complicadas o sistemas sin depurar (que abundan en estos albores del XML). Aun así, aunque estas primeras experiencias con el modelo de objetos XML-DOM están generando un buen resultado entre la comunidad general de desarrolladores, todavía son de esperar grandes cambios en este sistema, tanto en su rendimiento como en sus posibilidades. Esperemos que Microsoft siga apostando por este lenguaje y que podamos disfrutar pronto de nuevas y más potentes versiones de su tecnología XML.

A continuación mostramos una pequeña referencia del modelo de objetos XMLDOM para ilustrar la cantidad y calidad de recursos que el motor de Microsoft pone a nuestra disposición:

IXMLDOMDocument	Inicio del árbol XML (documento XML)
IXMLDOMNode	Nodo dentro del documento XML. Esta interfaz representa a un nodo en concreto contenido en la jerarquía del árbol XML que estamos manejando.
IXMLDOMNodeList	Interfaz que representa una lista de objetos IXMLDOMNode, para operaciones de recorrido y lista.
IXMLDOMNamedNodeMap	Interfaz que representa una lista de atributos para operaciones de recorrido y lista.
IXMLDOMParseError	Esta interfaz se utiliza como ayuda para la gestión de errores dentro de la jerarquía de objetos de XML.

(continúa)

	Mediante ella se puede acceder a información extendida sobre el error de parseo producido.
IXMLHttpRequest	Esta interfaz se utiliza principalmente desde aplicaciones cliente para establecer una comunicación bidireccional entre un cliente y un servidor que intercambiarán datos XML.
IXTLRuntime	Esta interfaz representa al motor utilizado en las transformaciones XSL y provee a la aplicación de una serie de funciones de propósito general.
IXMLDOMAttribute	Esta interfaz representa un atributo de un objeto del árbol XML
IXMLDOMCDATASection	Esta interfaz representa a un área de datos CDATA, que no son interpretados por el motor de parsing XML.
IXMLDOMCharacterData	Esta interfaz se encarga de ofrecer rutinas de manejo de texto para el runtime de XML.
IXMLDOMComment	Esta interfaz representa un comentario XML
IXMLDOMDocument Fragment	Esta interfaz se utiliza para efectuar operaciones optimizadas dentro del árbol XML.
IXMLDOMDocumentType	Esta interfaz ofrece información acerca del tipo de documento utilizado.
XMLDOMElement	Esta interfaz representa a un objeto elemento.
IXMLDOMEntity	Esta interfaz representa a una entidad dentro del documento XML.
IXMLDOMEntity Reference	Esta interfaz representa a un nodo de referencia dentro del árbol XML

(continúa)

IXMLDOMImplementation	Esta interfaz define los métodos que son independientes de la implementación del DOM
IXMLDOMNotation	Esta interfaz representa al esquema de notación definido en un DTD o en un Schema deXML.
IXMLDOMProcessing Instruction	Esta interfaz se utiliza para guardar información acerca de la instrucción que se está ejecutando en la actualidad (dependiendo del procesador utilizado esta información será diferente).
IXMLDOMText	Esta interfaz representa texto simple.

6.3. XML y Java

Pero por supuesto que la tecnología XML no es propietaria de Microsoft. Por el contrario, prácticamente todas las grandes y medianas empresas están utilizando un número elevado de soluciones y motores XML, que comparten el estándar, pero que no provienen de una única compañía.

Para hablar de XML y Java probablemente harían falta dos o tres guías como ésta. Nosotros vamos a optar por una solución práctica y vamos a construir una pequeña aplicación, basada en páginas JSP, que realice la misma operación que hemos realizado anteriormente con páginas ASP.

Para ello vamos a utilizar los motores de XML y XSLT llamados XERCES y XALAN. Estos motores han sido desarrollados (y continúan en proceso de mejora) por Apache (http://xml.apache.org/) y están ganando una gran popularidad entre los desarrolladores de este tipo de plataformas.

Vamos a entrar directamente en material de trabajo. Para ello vamos a construir un sistema similar al que teníamos con las páginas ASP de Microsoft. Para ello, utilizaremos el sistema de páginas activas JSP de SUN. Damos por supuesto que sabe configurar este sistema. En caso contrario visite el site de SUN donde se encuentra la información necesaria para configurar un servidor Web para que ejecute páginas JSP.

```
<%@ page language=»java» session=»true»
   import="java.net.*, java.io.*, java.util.*,
   org.xml.sax.SAXException,
   org.apache.xalan.xpath.*,
   org.apache.xalan.xslt.*"
%>
<%
String szXML = new
   String("<root><datos>hola</datos></root>");

System.out.println("");
System.out.println( System.currentTimeMillis() + "-");
System.out.println( System.currentTimeMillis() + " -
XMLWrapper: Process started.");

XSLTProcessor processor =
   XSLTProcessorFactory.getProcessor();

java.io.ByteArrayInputStream bais = new
java.io.ByteArrayInputStream( szXML.getBytes() );

org.xml.sax.InputSource is = new
org.xml.sax.InputSource(bais);

System.out.println( System.currentTimeMillis() + " -
XMLWrapper: XSLT Transform start...");

processor.process(new XSLTInputSource(is),
   new XSLTInputSource("file:\\c:\\template.xsl"),
   new XSLTResultTarget(out));

System.out.println( System.currentTimeMillis() + " -
XMLWrapper: XSLT Transform end.");

System.out.println( System.currentTimeMillis() + " -
XMLWrapper: Process successful.");

System.out.println( System.currentTimeMillis() + "-");

%>
```

Vamos a analizar esta página. En primer lugar, estamos utilizando las siguientes librerías:

```
org.apache.xalan.xslt
org.apache.xalan.xpath
org.xml.sax.SAXException
```

Estas librerías Java se encuentran en los ficheros Xerces.jar y Xalan.jar que distribuye Apache, y se utilizan para implementar las transformaciones XSLT, las consultas Xpath y gestionar las excepciones XML que pudiesen ocurrir en el "parseo" de los documentos. El resto es bastante sencillo. Se construye un objeto XSLTProcessor que implementa un método llamado "process", que se encarga de efectuar la transformación XSLT sobre el documento XML. Esta página, como en el caso de la anterior página ASP, es una página de transformaciones generales que no realiza ninguna otra operación. Por supuesto que el motor Xalan es mucho mas potente y puede realizar muchas mas opciones, pero eso es materia para otro libro... Por ahora este tipo de transformaciones seguro que nos tendrán ocupados varios meses.

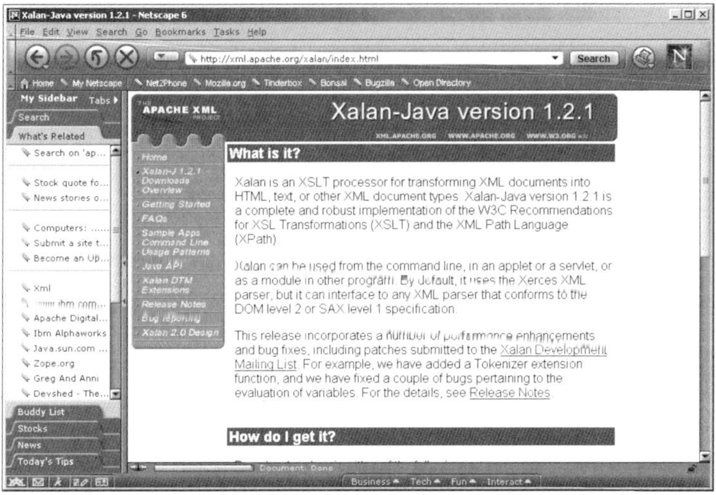

Figura 6.12. Página de inicio del proyecto XML de Apache.org

7 XML y derivados

7.1. Introducción

Aunque como habrá podido comprobar la orientación de esta Guía Práctica es, por motivos pedagógicos y de espacio, eminentemente práctica, este capítulo va a tratar de nuevo sobre los aspectos prácticos del lenguaje XML, pero con una pequeña diferencia.

En este capítulo vamos a ver todas aquellas implementaciones, o por lo menos las más importantes, que se han realizado en el "mundo real" a partir del lenguaje de marcado XML. De esta forma, este capítulo va a ser una inmejorable referencia para el lector más inexperto o para el que busque refinar y asentar sus conocimientos sobre XML, ya que le va a permitir contrastar sus conocimientos con estándares reales que han realizado terceras empresas para solucionar problemas de lenguaje concretos.

Así, esta serie de lenguajes derivados de XML que aquí presentamos tendrán que ser vistos con un ojo crítico, que estudie la forma en que se ha utilizado este lenguaje en distintos campos de la informática, estudiando cómo se han construido las DTD, el distinto uso de elementos y atributos, el contexto en que son utilizados, etc.

La tabla siguiente recoge los lenguajes que vamos a estudiar con una pequeña descripción de cada uno de ellos para ayudarle a elegir los más interesantes o los que más se adecuan a su actividad o aplicaciones. Recuerde que todos y cada uno de estos lenguajes están estrictamente basados en XML, ya que en caso contrario no tendrían cabida en este libro ni servirían como elementos comparativos ni ejemplos de utilización de dicho lenguaje.

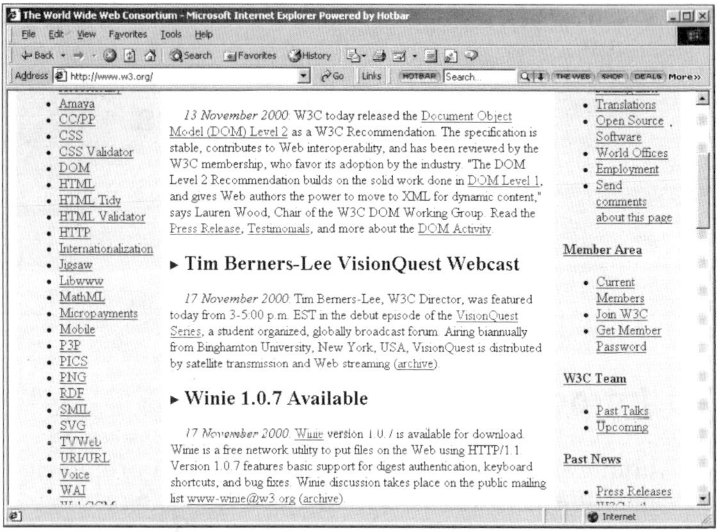

Figura 7.1. El navegador Amaya de la W3C resulta muy útil a la hora de trabajar con los estándares de esta organización

Lenguaje	*Campo/utilidad*
3DML	Representación de objetos en tres dimensiones
CDF	Definición de Canales Web
MathML	Definición de fórmulas y ecuaciones matemáticas
SMIL	Creación de presentaciones y contenidos multimedia
VML y SVG	Definición de gráficos vectoriales
WIDL	Vinculación de datos
WML	Creación de aplicaciones para terminales Wireless (WAP)
SOAP	Sistema de instanciación remota de objetos

7.2. 3DML

Dentro del mundo del grafismo en tres dimensiones también hace falta una serie de estándares que permitan el intercambio de información sobre todos los elementos referidos al mismo. Objetos, escenas, texturas son elementos de uso cotidiano en aplicaciones de diseño o que utilicen visualizaciones de objetos en tres dimensiones. En Internet hace tiempo que se está intentando introducir una serie de tecnologías que hagan posible en el futuro una navegación por la red de una forma tridimensional, ofreciendo una experiencia mucho más completa al navegante. Una de las primeras tecnologías aparecidas fue VRML, con distintos niveles de éxito y aceptación.

3DML es un lenguaje para la representación de escenas o mundos en tres dimensiones que sigue las reglas descritas por XML. En 3DML se maneja el concepto de "spot", que se trata simplemente de un "mundo" virtual por el que el usuario puede navegar. 3DML es únicamente un lenguaje de marcado que define los distintos objetos y estancias por las que pasamos, y no interviene nunca en la visualización de los mismos, que viene dada por terceras aplicaciones o *plugins* para los navegadores de Internet.

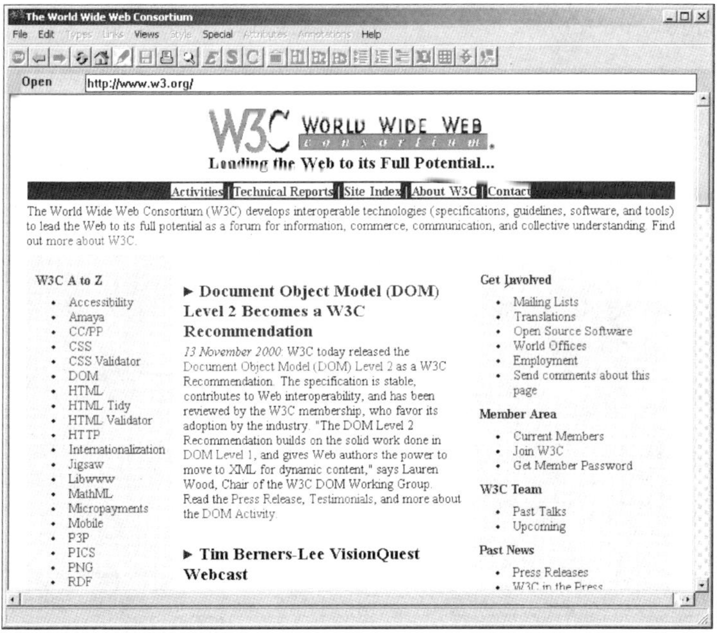

Figura 7.1a. El en sitio Web de la World Wide Web Consortium se presenta una gran cantidad de lenguajes basados en XML

Por esta razón, aprender 3DML no es aprender las técnicas y conocimientos para la representación de objetos en tres dimensiones en nuestro ordenador. Para este tipo de conocimientos es necesario estudiar otros sistemas como los populares OpenGL o Direct3D, que sí que permiten a los programadores realizar simulaciones y visualizaciones de objetos en tres dimensiones, requiriendo, como es lógico, un nivel de programación y de conocimientos mucho más alto. Así, aprender 3DML es aprender un lenguaje que informará a estas terceras aplicaciones sobre qué objetos tienen que visualizar.

Uno de los puntos a favor del lenguaje 3DML es que permite la definición de este tipo de sistemas de una forma muy rápida y sencilla, ofreciendo un formato muy compacto para la definición de este tipo de información. Aquí es donde aparece la principal ventaja o inconveniente de este lenguaje. Como ya hemos dicho, 3DML aparece en un mercado dominado anteriormente por VRML. Las diferencias entre estos dos lenguajes son claras, veámosla en la siguiente tabla:

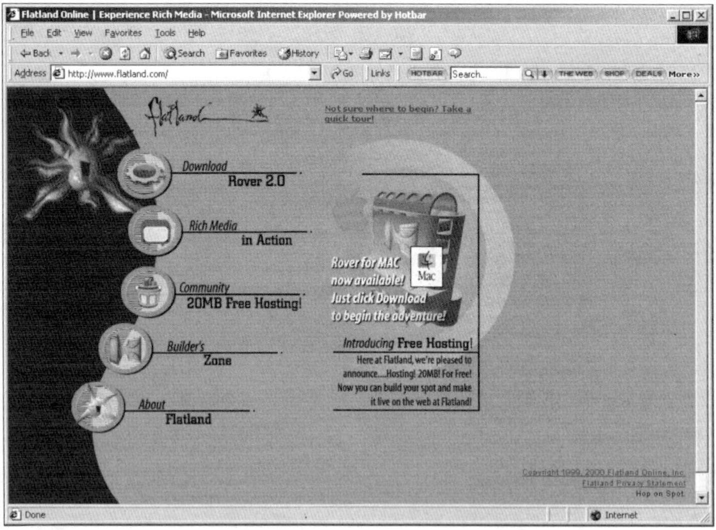

Figura 7.2. www.flatland.com en uno de los sites dedicados al lenguaje 3DML

3DML	VRML
Sencillo modelo de programación	Modelo de programación complicado, incluyendo incluso un sistema de programación por Script
Tamaño de ficheros compacto	Mayor tamaño de ficheros
Funcionalidad reducida: se utiliza básicamente para crear mundos de "bloques" con un bajo nivel de resolución y creación de objetos complejos.	Gran funcionalidad. Se basa en sistemas de coordenadas que permiten la creación de escenarios y objetos mucho más realistas
Fácil aprendizaje	Aprendizaje costoso.
Visualizadores "ligeros"	Visualizadores "pesados"

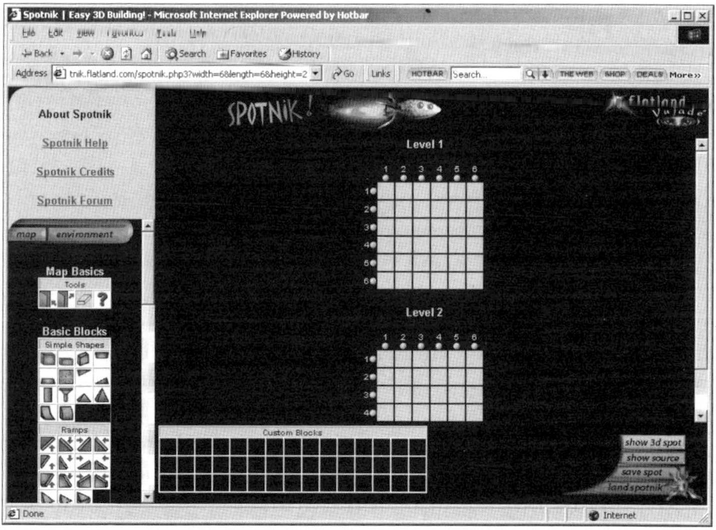

Figura 7.3. 3DML está ganando mucha aceptación por la industria de Internet

Figura 7.4. El visor Rover 2.0 muestra resultados como este

7.3. CDF

El formato de datos CDF se refiere al *Channel Definition Format* o *Formato de Definición de Canales*. ¿Y qué son los canales? Esta palabra se refiere a los canales de Internet, implementados por el navegador de Microsoft Internet Explorer. Resulta curioso cómo uno de los primeros lenguajes totalmente basados en un formato XML haya sido creado, implantado y llevado a la práctica por una empresa en principio ajena a la W3C como es Microsoft. Esto ofrece alguna pista sobre la importancia que tienen los lenguajes basados en XML en la globalización de una aplicación o servicio.

Por tanto, con el estudio del formato CDF, tenemos una excelente oportunidad de estudiar un lenguaje basado en XML con una implementación real en el mundo de Internet.

El servicio de Canales (o Canales Activos) es un servicio de actualización automática de información Web que ofrecen los servidores o empresas a los navegantes de Internet.

La diferencia es que no son los usuarios los que navegan a los sitios Web, buscando actualizaciones o cambios en dichos sitios, sino que son los sitios los que actúan de forma más activa, informando a los usuarios de los cambios producidos en su sitio de Internet.

Por tanto, el carácter del movimiento de la información en Internet cambia. Ya no son los usuarios los que buscan activamente información, sino que una vez suscritos a un canal determinado, son ellos los que reciben periódicamente las actualizaciones o novedades que se produzcan de forma automática. En esta mecánica, un desarrollador desarrolla un documento CDF que describe su canal, y son los usuarios los que mediante este documento CDF pueden ver las distintas características de este canal y suscribirse a él si lo desean.

Cuando el contenido de los datos o páginas del canal cambie, el fichero CDF también cambiará, reflejando los últimos cambios producidos en el site. Entones Internet Explorer comparará las diferencias entre su fichero CDF y el del servidor, y procederá a descargar los nuevos contenidos que haya encontrado.

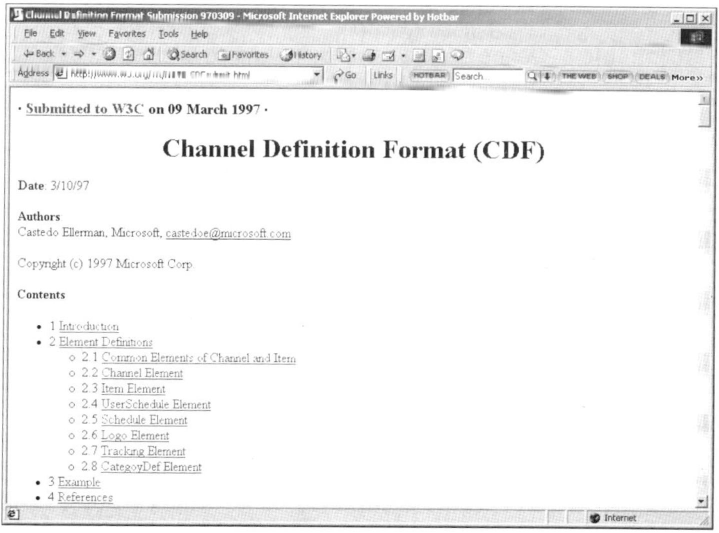

Figura 7.5. El documento DTD de CDF fue enviado por Microsoft a la W3C

A continuación vamos a ver algunos de los elementos de esta especificación más utilizados y por tanto más importantes.

CHANNEL

El elemento *Channel* se utiliza como elemento raíz de los documentos CDF (recuerda que cada documento XML siempre tiene un elemento raíz, ¿no?). La única diferencia con los nodos raíz "puros" es que debido a que la especificación CDF permite crear "subcanales" dentro de otros canales, el documento DTD de la CDF permite incluir o anidar elementos *Channel* dentro de otros elementos *Channel*, incluido el nodo raíz.

Si se fija en la DTD que incluimos, efectivamente el elemento *Channel* incluye a *Channel* en la lista de elementos permitidos.

Este elemento acepta los siguientes atributos:

Nombre	*Descripción*
HREF	Define la URL de Internet en donde se puede encontrar la "home" del canal.
IsClonable	Define si este canal se puede copiar dentro de otro canal.

Veamos a continuación un ejemplo de este elemento en lo que sería el comienzo de una declaración de canal en un archivo CDF.

```
<Channel
   HREF="http://www.myhost.com/canal.html"
   IsClonable="NO">
</Channel>
```

LastMod

El elemento *LastMod* se utiliza para especificar la última fecha en la que algún contenido del canal cambió. Este elemento es crucial para la comprobación del nivel de actualización u obsolescencia de los clientes o usuarios suscritos al canal. Este elemento presenta el siguiente atributo:

Nombre	Descripción
VALUE	Define la fecha en que cambió el canal, con el siguiente formato: AAAA.MM.DD

Por ejemplo, el siguiente elemento informaría a todos los usuarios suscritos al canal de que éste cambió por última vez el día 31 de diciembre de 2000.

```
<?xml version="1.0" encoding="UTF-8"?>
<Channel
   HREF="http://www.myhost.com/canal.html"
   IsClonable="NO">
<LastMod VALUE="2000.12.31" />
</Channel>
```

Title

El elemento *Title* representa, como su propio nombre indica, el título que tendrá el canal. Este título es una cadena de texto que aparecerá en el navegador a los usuarios que accedan o descubran por primera vez nuestro canal. Dicho elemento presenta el siguiente atributo:

Nombre	Descripción
VALUE	Cadena textual con el título del canal.

```
<?xml version="1.0" encoding="UTF-8"?>
<Channel
   HREF="http://www.myhost.com/canal.html"
   IsClonable="NO">
<Title VALUE="El Canal Fender Stratocaster" />
<LastMod VALUE="2000.12.31" />
</Channel>
```

Abstract

El elemento *Abstract* define una pequeña descripción textual sobre el canal. Esta descripción aparece normalmente asociada al título del canal, y ofrece a los usuarios una "pista" sobre el tema del canal e información adicional. Dicho elemento presenta el siguiente atributo:

Nombre	Descripción
VALUE	Cadena textual con un resumen sobre la información que contiene el canal

```
<?xml version="1.0" encoding="UTF-8"?>
<Channel
   HREF="http://www.myhost.com/canal.html"
   IsClonable="NO">
<Title VALUE="El Canal Chiquito" />
<Abstract VALUE="El canal Chiquito ofrece chistes y
fotografías sobre Chiquito de la Calzada, cobarde!!!" />
<LastMod VALUE="2000.12.31" />
</Channel>
```

Publisher, Author y Copyright

Estos elementos, igualmente auto explicativos, definen la persona o entidad dueña del canal y una pequeña información sobre la propiedad intelectual del mismo. Dichos elementos presentan el siguiente atributo:

Nombre	Descripción
VALUE	Cadena textual con información sobre el dueño y derechos legales del canal.

```
<?xml version="1.0" encoding="UTF-8"?>
<Channel
   HREF="http://www.myhost.com/canal.html"
   IsClonable="NO">
<Title VALUE="El Canal Chiquito" />
<Abstract VALUE="El canal Chiquito ofrece chistes y
fotografías sobre Chiquito de la Calzada, cobarde!!!" />
<LastMod VALUE="2000.12.31" />
<Author VALUE="Oscar Gonzalez Moreno" />
<Publisher VALUE="Anaya Multimedia" />
<Copyright VALUE="OGM & Anaya Multimedia" />
</Channel>
```

PublicationDate

Este elemento define la fecha de la primera publicación del sitio. No hay que confundir con la fecha de última actualización, representada por *LastMod*. Este elemento presenta el siguiente atributo:

Nombre	Descripción
VALUE	Cadena textual con la fecha de publicación primera del canal.

```
<?xml version="1.0" encoding="UTF-8"?>
<Channel
   HREF="http://www.myhost.com/canal.html"
   IsClonable="NO">
<Title VALUE="El Canal Chiquito" />
<Abstract VALUE="El canal Chiquito ofrece chistes y
fotografías sobre Chiquito de la Calzada, cobarde!!!" />
<LastMod VALUE="2000.12.31" />
<Author VALUE="Oscar Gonzalez Moreno" />
<Publisher VALUE="Anaya Multimedia" />
<Copyright VALUE="OGM & Anaya Multimedia" />

<PublicationDate VALUE="2000.01.01" />

</Channel>
```

Keywords

El elemento *Keywords* define una serie de palabras o términos que ofrecen información adicional sobre el contenido del canal. Esta información, al igual que la información META de las páginas HTML, puede ser utilizada en motores de búsqueda con el fin de ayudar al usuario en la localización de canales mediante temas o palabras clave.

Este elemento presenta el siguiente atributo:

Nombre	Descripción
VALUE	Cadena textual con la lista de palabras clave que definen al canal.

```
<?xml version="1.0" encoding="UTF-8"?>
<Channel
   HREF="http://www.myhost.com/canal.html"
   IsClonable="NO">
<Title VALUE="El Canal Chiquito" />
<Abstract VALUE="El canal Chiquito ofrece chistes y
fotografías sobre Chiquito de la Calzada, cobarde!!!" />
<LastMod VALUE="2000.12.31" />
<Author VALUE="Oscar Gonzalez Moreno" />
```

```
<Publisher VALUE="Anaya Multimedia" />
<Copyright VALUE="OGM & Anaya Multimedia" />
<PublicationDate VALUE="2000.01.01" />

<Keywords VALUE="Condemorl, jarl, cobarde, me cago en
tus muelas, pradera" />

</Channel>
```

Schedule

Este elemento se encarga de definir la agenda de actualizaciones de la información contenida en el canal. Este elemento presenta los siguientes elementos:

Nombre	*Descripción*
StartDate	Fecha de inicio de la actualización del canal
EndDate	Fecha de finalización de la actualización del canal
IntervalTime	Tiempo entre actualizaciones del canal
EarliestTime	Hora más temprana de actualización del canal
LatestTime	Hora más tardía para la actualización del canal

Estos tres últimos elementos presentan los siguientes atributos:

Nombre	*Descripción*
DAY	Unidad de tiempo de Días
HOUR	Unidad de tiempo de Horas
MIN	Unidad de tiempo de Minutos
SEC	Unidad de tiempo de Segundos

El siguiente ejemplo acaba con nuestra definición de canal. Existen más valores aplicables a los documentos CDF que no incluimos por motivos de espacio, pero que están perfectamente documentados en los sitios Web de la W3C y Microsoft.

```
<?xml version="1.0" encoding="UTF-8"?>
<Channel
   HREF="http://www.myhost.com/canal.html"
   IsClonable="NO">
<Title VALUE="El Canal Chiquito" />
<Abstract VALUE="El canal Chiquito ofrece chistes y
fotografías sobre Chiquito de la Calzada, cobarde!!!" />
<LastMod VALUE="2000.12.31" />
<Author VALUE="Oscar Gonzalez Moreno" />
<Publisher VALUE="Anaya Multimedia" />
<Copyright VALUE="OGM & Anaya Multimedia" />
<PublicationDate VALUE="2000.01.01" />
<Keywords VALUE="Condemorl, jarl, cobarde, me cago en
tus muelas, pradera" />

<Schedule>
   <StartDate VALUE="2000.01.01" />
   <EndDate VALUE="2010.01.01" />
   <IntervalTime DAY="1" />
   <EarliestTime HOUR="1" />
   <LatestTime HOUR="12" />
</Schedule>

</Channel>
```

7.4. MathML

Uno de los lenguajes que más se han beneficiado de la aparición de un estándar como XML es el lenguaje matemático. La representación de fórmulas y expresiones matemáticas siempre ha requerido de un formato especial que MathML ha sabido recoger de forma bastante acertada.

El estándar de MathML se encuentra en su versión 1.01, y es una recomendación de la W3C del año 1998 revisada a mediados de 1999. Como ya hemos dicho, uno de los factores fundamentales en este lenguaje es el referido a la representación gráfica de las distintas fórmulas matemáticas. Existe un número elevado de aplicaciones de cálculo matemático y estadístico (como la popular *Mathematica*) y como en el resto de aplicaciones de hoy en día, se hace cada vez más necesario un sistema estándar de intercambio de información entre todas ellas.

Por otro lado, la representación de fórmulas matemáticas también se encuentra con otro objetivo a cumplir, que es una correcta integración y visualización dentro del mundo de las páginas Web. Por tanto, uno de los aspectos de XML que más serán utilizados por parte de MathML es precisamente la posibilidad de formateo mediante XSL o CSS que permite este lenguaje. Como veremos a continuación, la representación de fórmulas matemáticas dentro de una página Web puede alcanzar un excelente nivel de definición y refinamiento gracias a la acción conjunta de estos tres lenguajes.

De todos es sabido que este tipo de representación de ecuaciones se ha realizado históricamente gracias a la generación de gráficos por aplicaciones dedicadas (como el mismo Microsoft Word con su editor de ecuaciones), exportándose más tarde los gráficos conseguidos a formato GIF e incluyéndolos entonces en las páginas Web. Esta situación ofrecía distintos problemas: El primero era la carga de trabajo para el autor de las páginas. Suponga que desea publicar un libro electrónico sobre cálculo en Internet y que tiene que exportar cientos de imágenes de fórmulas. Este tipo de trabajo no es en ninguna forma "escalable", ya que no permite modificaciones de una forma rápida, ni define "per-se" un estándar para el almacenaje de nuestras fórmulas.

Como problema añadido, las imágenes una vez exportadas no permiten las capacidades de escalado y formato de fuente que permite MathML y CSS, con lo que presentan un carácter excesivamente estático, tanto para el autor como para el lector.

Nuestro primer ejemplo MathML

Vamos a comenzar con un sencillo ejemplo para ilustrar el funcionamiento de este lenguaje. Para ello, necesitaremos una primera ecuación matemática con la que poder comenzar a trabajar. Esta ecuación será la siguiente:

$$3x^2 + 2x + 1 = 0$$

Lo que esperamos de MathML es un sistema de etiquetas XML que nos permita definir esta sencilla ecuación. Lo primero que tendremos que aprender sobre MathML es que permite dos tipos de definición de contenido (DTD) distintas. Uno es el marcado por Presentación, y el segundo el marcado por Contenido. El primero de ellos responde a una serie de etiquetas que definen directamente cómo se visualizará nuestra ecuación en el navegador o aplicación encargada de ello. En este caso, nuestro documento MathML será como el siguiente:

```
<math xmlns="http://www.w3.org/1998/Math/MathML">
   <mrow>
      <mrow>
         <msup> <mi>x</mi> <mn>2</mn> </msup> <mo>+</mo>
            <mrow>
               <mn>4</mn>
               <mo>&invisibletimes;</mo>
               <mi>x</mi>
            </mrow>
      <mo>+</mo>
      <mn>4</mn>
   </mrow>
      <mo>=</mo>
      <mn>0</mn>
   </mrow>
</math>
```

Esta representación basta para la representación de nuestra fórmula en el visualizador (en adelante el navegador de Internet), pero se queda corta para la comprensión por parte de una aplicación matemática del significado real de la fórmula. Para ello, existe otra DTD más adecuada para tal fin que es la que hemos designado como de marcado por Contenido. Esta representación hace un mayor caso al contenido en términos matemáticos de la fórmula, implementando etiquetas matemáticas como "<power/>" o "<plus/>". En este lenguaje de marcado (recordemos que ambos son parte integrante del conjunto de MathML), nuestro documento sería el siguiente:

```
   <apply/>
      <plus/>
         <apply>
            <power/>
            <ci>x</ci>
            <cn>2</cn>
         </apply>
         <apply>
```

```
        <times/>
        <cn>4</cn>
        <ci>x</ci>
    </apply>
  <cn>4</cn>
</apply>
```

MathML en la práctica

Obviamente el aprendizaje de MathML queda lejos de la extensión y posibilidades de esta Guía Práctica, por lo que a continuación le recomendamos una serie de recursos de Internet en los que podrá ampliar información sobre este lenguaje de marcado, además de poder conseguir herramientas para el trabajo con el mismo. Recuerde que MathML, como el resto de lenguajes que estamos repasando someramente en este capítulo, se basa por completo en XML, por lo que su aprendizaje se limitará básicamente al estudio de sus DTD o esquemas propios, con el fin de conocer las distintas etiquetas y atributos disponibles. Más allá de esto, siempre tendremos la base de las reglas XML aplicadas a todos estos lenguajes.

Tenga en cuenta que siempre podrá encontrar información actualizada en el site de la W3C (http://www.w3c.org) sobre las últimas actualizaciones y herramientas aparecidas sobre MathML y el resto de especificaciones creadas por esta organización.

Aplicación	*Descripción*	*URL*
Amaya	Editor experimental propiedad de la W3C que implementa un buen visualizador de documentos MathML, así como un editor de ecuaciones	http://www.w3c.org/Amaya
IBM TechExplorer	Visor de documentos MathML y TeX/LaTeX de IBM	http://www.software.ibm.com/techexplorer

(continúa)

Aplicación	Descripción	URL
E-Lite	Visualizador Java de MathML de ICESoft	http:// www.icesoft.no/ ICEBrowser/
Mathematica	Popular herramienta matemática que ofrece pleno soporte a MathML	http:// www.wolfram.com/
Omega	Conversor de LaTeX a MathML	http:// www.ens.fr/omega/
EzMath	Herramienta para la creación de fórmulas matemáticas con soporte a MathML	http:// www.w3.org/People/ Raggett/EzMath/
WebEQ	Completo sistema Java de creación y visualización de documentos MathML.	http:// www.webeq.com/

7.5. SMIL

Dentro del repaso de tecnologías basadas en el lenguaje XML no podemos olvidarnos de una de las primeras en aparecer y también una de las que ha ofrecido un aspecto práctico más inmediato al usuario.

El lenguaje SMIL actualmente en versión 1.0, pero con un muy avanzado borrador sobre la versión 2.0, se refiere a "Lenguaje de Integración Sincronizada de contenidos Multimedia" (*Synchronized Multimedia Integration Language*) y deriva, como ya decíamos, directamente de XML. Este lenguaje, como su nombre indica, es utilizado para la creación de sistemas de contenidos multimedia (publicidad, presentaciones, etc.) y ofrece al desarrollador una especificación de lenguaje adecuada para el manejo de los diversos contenidos multimedia que pueden visualizarse en un ordenador o navegador (imágenes, audio, texto, vídeo, etc.). Su gran ventaja en cuanto a otros estándares como el propio HTML es precisamente la referida a la sincronización de dichos contenidos multimedia.

Por medio de una sencilla especificación, el lenguaje SMIL permite crear presentaciones basadas en medidas de tiempo, en las que cada uno de los contenidos multimedia se sincronizan o actúan en un momento determinado. Así, por ejemplo, SMIL hace muy sencilla la tarea de realizar presentaciones tipo PowerPoint, en las que primero puede aparecer una imagen, a los quince segundos ser solapada por un texto, y terminar con una música y un vídeo sincronizados a los cuarenta segundos de tiempo.

Existe una propuesta similar a SMIL llamada HTML+TIME, que ofrece una funcionalidad parecida en cuanto a presentación de contenidos sincronizados o controlados en el tiempo. La diferencia fundamental entre estas dos tecnologías es que SMIL es un estándar propuesto de la W3C, con grandes posibilidades de convertirse en un estándar de Internet, por el peso que tiene esta organización en el mundo del desarrollo Web. Por el contrario, HTML+TIME, que se refiere a Extensiones Multimedia controladas por Tiempo para HTML (*Timed Interactive Multimedia Extensions for HTML*), viene de la mano del todopoderoso Microsoft, que cuenta con una carta importante, y es la aceptación mayoritaria de su navegador Internet Explorer 5. No sería la primera vez que se enfrentasen estas dos organizaciones, y aunque Microsoft ha presentado una propuesta de estándar a la misma W3C referida a HTML+TIME, añadido del hecho que a este estándar también le respalda Macromedia (el líder en software de animación), habrá que ver en qué queda todo esto y qué decisiones toman ambas compañías en cuanto al estándar contrario.

Desde la aparición de SMIL en el mercado, han sido tradicionalmente tres las empresas que se han apurado en realizar implementaciones de SMIL. Estas empresas son las siguientes:

- **RealNetworks**: Con su versión de *RealPlayer G2*, esta compañía ha realizado un visor SMIL de muy buena calidad, aunque a menudo el desarrollo de animaciones no sea todo lo sencillo que podría esperarse. La gran ventaja de este visor SMIL es la integración con dos tecnologías ya existentes por parte de esta compañía, que son *RealAudio* y *RealVideo*. De forma adicional, en la última versión del visualizador se incluye soporte para Macromedia Flash, lo que le da un nuevo e importante impulso.

- **GRiNS**: Esta compañía ha realizado su propia versión de visualizador de contenidos multimedia, referida a *Graphical interface to SMIL*. Dicha compañía tiene desarrollado un *Applet* de Java, distribuido mediante un cómodo archivo .jar que permite visualizar animaciones SMIL de una forma muy sencilla y automática, aunque no incluye algunos formatos gráficos y de sonido que serían de agradecer.
- **Helio.org**: Uno de los visores SMIL más conocidos, en forma de *Applet* de Java, pero que guarda todavía algunas limitaciones en lo que se refiere a cantidad de formatos multimedia soportados. Su producto tiene el peculiar nombre de **Soja**.

Por tanto, un archivo SMIL es un archivo que contiene un documento basado en XML que define una serie de elementos multimedia, así como información sobre su posición, tiempo de aparición, efecto especial, etc.

Los archivos SMIL tienen básicamente dos secciones. Ambas secciones están incluidas en un elemento raíz llamado "<smil>". La primera de ellas se marca mediante el elemento "<head>" y la segunda mediante el elemento "<body>". La sección "<head>" define una serie de regiones dentro de nuestro documento, así como metainformación sobre el mismo (autor, derechos, título, etc.). Por otro lado, la sección body se encarga del posicionamiento de los elementos multimedia, así como de la gestión de los tiempos de aparición de cada uno de ellos.

La siguiente página es una página real funcionando en Internet:

```
<smil>
<head>
<meta name="author" content="oscar gonzalez"/>
<meta name="copyright" content="oscar gonzalez"/>
<meta name="title" content="smil"/>
<layout>
<root-layout width="472" height="370" background-
color="#ffffff"/>
<region id="header" top="0" left="0" width="472"
height="55"/>
<region id="flash_navi" top="55" left="0" width="472"
height="92"/>
```

```
<region id="line1" top="147" left="0" width="472"
height="4"/>
<region id="line1_5" top="168" left="0" width="472"
height="1" z-index="50"/>
<region id="content_brn" top="169" left="0" width="472"
height="69" background-color="#000000" z-index="40"/>
<region id="content_gp" top="169" left="0" width="472"
height="69" background-color="#000000" z-index="39"/>
<region id="content_nv" top="169" left="0" width="472"
height="69" background-color="#000000" z-index="38"/>
<region id="content_gtv" top="169" left="0" width="472"
height="69" background-color="#000000" z-index="37"/>

<region id="line2" top="238" left="0" width="472"
height="4"/>
<region id="kms" top="242" left="0" width="39"
height="64"
background-color-"#dedede"/>
<region id="greets" top="242" left="39" width="196"
height="64" background-color="#dedede"/>
<region id="stream_links" top="242" left="235"
width="237"
height="64" background-color="#dedede"/>

<region id="line3" top="306" left="0" width="472"
height="3"/>
<region id="ads" top="309" left="0" width="234"
height="60"
background-color="#dedede"/>
<region id="web_links" top="309" left="234" width="238"
height="60" background-color="#dedede"/>
</layout>
</head>

<body>
<par>
<animation region="flash_navi" src="realflash.swf"/>
<img region="header" src="header.gif"/>
<img region="line1" src="line1.gif"/>
<img region="line1_5" src="line3.gif"/>
<img region="line2" src="line1.gif"/>
<img region="kms" src="km
<img region="line3" src="line2.gif"/>
<text region="content_brn" src="brn.rt"/>
<text region="content_gp" src="gp.rt"/>
<text region="content_nv" src="nv.rt"/>
<text region="content_gtv" src="gtv.rt"/>
<text region="greets" src="greets.rt"/>
<text region="stream_links" src="stream_links.rt"/>
<text region="web_links" src="web_links.rt"/>
</par>
</body>

</smil>
```

Como se puede observar, este fichero SMIL contiene entre otros elementos multimedia una presentación Flash. A día de hoy, únicamente el visor de RealPlayer puede visualizar este tipo de contenidos, e incluso éste únicamente puede hacerlo en su última versión. El contenido Flash aporta un espectacular grado de diseño y animación a los contenidos SMIL, igual que lo hace con los contenidos HTML.

SMIL es muy parecido al HTML, pero como consecuencia de ser una aplicación XML es sensible a la diferencia entre mayúsculas y minúsculas. Todas las etiquetas SMIL deben ir en minúsculas, y todas las etiquetas deben ir correctamente anidadas y terminadas, incluyendo las etiquetas vacías:

```
<etiqueta></etiqueta>
<etiqueta vacia/>
```

7.6. VML y SVG

7.6.1. VML

El siguiente estándar que vamos a ver es una especificación de lenguaje referida a gráficos vectoriales. Los gráficos vectoriales han tenido mucha importancia en el desarrollo del mundo Web, y es probable que la sigan teniendo, aunque menos. La razón es la siguiente: cuando el mundo Web de Internet comenzaba a despuntar, las comunicaciones todavía resultaban en la mayor parte de los casos lentas y caras. Muchos de los contenidos Web eran meramente textuales ya que el envío de imágenes se producía de forma exasperantemente lenta. Con el tiempo esta situación ha ido cambiando para mejor, pero todavía hay un nivel de transferencia que no se ha rebasado (siempre hablando del público general y no de casos concretos de excelentes ratios de transferencia).

Casi todo el mundo conoce la tecnología Flash. Esta tecnología se basa en una herramienta de creación de animaciones y un visualizador de dichas animaciones que es capaz de integrarse en nuestro navegador favorito. Lo bueno de Flash es que trabaja principalmente con gráficos de forma vectorial, por lo que es posible realizar buenas animaciones con un pequeño gasto de espacio. El resultado es que el usuario puede visualizar dichas animaciones sin esperar el tiempo que sería necesario de estar éstas realizadas con meros gráficos GIF o JPEG. La razón es sencilla: los gráficos GIF o JPEG son gráficos de *Bitmap*, por lo que almacenan su información de forma secuencial como imágenes de mapa de puntos (con mayor o menor compresión). Por el contrario, los gráficos vectoriales se basan en coordenadas, que ocupan mucha menos memoria que los anteriores.

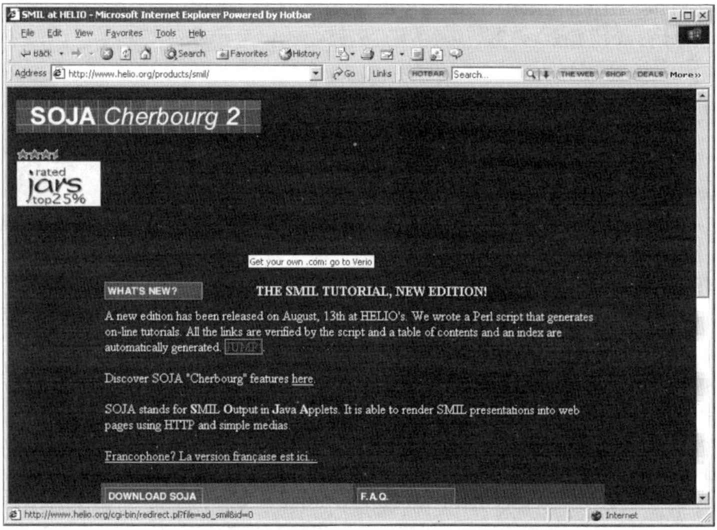

Figura 7.6. Helio.org es uno de los muchos sitios en donde encontrar información sobre SMIL

La especificación de VML ha sido creada (una vez más) por Microsoft, y se trata de un lenguaje basado en XML para la definición de gráficos vectoriales (*Vector Markup Language*). Por tanto, se pretende que la visualización de este tipo de gráficos se desvincule de visualizadores o *plugins* en concreto (como el mencionado *Flash* de Macromedia) y que pase a ser un estándar interpretable por cualquier software o compañía dispuesta a implementar la especificación VML.

Actualmente, y debido a que es la misma compañía que los ha creado, el principal visualizador de gráficos VML es el navegador Internet Explorer 5 y posteriores, así como la suite ofimática Office 2000, que hace gran uso de este tipo de gráficos vectoriales (*clipart* de Microsoft Word, gráficos estadísticos, etc.).

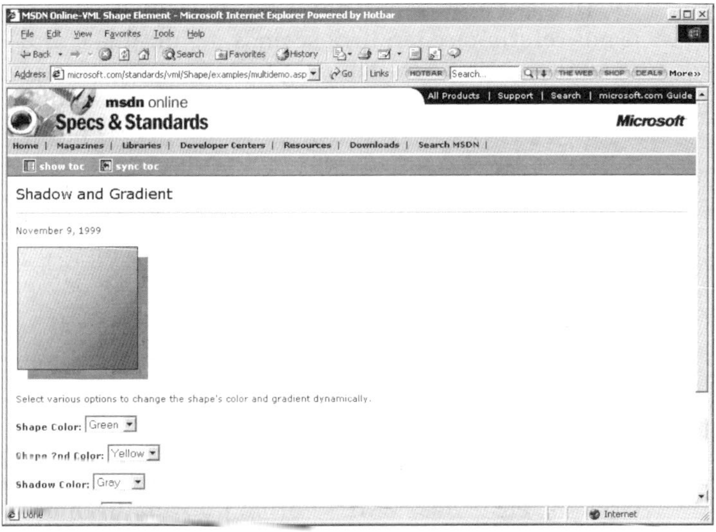

Figura 7.7. En el site de Microsoft se puede encontrar abundante información sobre VML

> ***Nota:*** *La especificación del lenguaje VML puede encontrarse en la URL* http://www.w3.org/TR/NOTE-VML

Por tanto, VML o *Lenguaje de Marcas Vectorial* es un lenguaje que define un estándar de información sobre gráficos vectoriales a través de entidades gráficas compuestas de líneas y curvas conectadas, con o sin información de textura. VML es capaz de emplearse junto con el lenguaje de definición de estilos CSS (en concreto con la versión CSS2) con el objeto de determinar el trazado del contenido de los gráficos vectoriales. De igual forma se integra con el Modelo de Objeto de Documento (DOM).

Vamos a ver un ejemplo práctico de creación y visualización de gráficos VML, utilizando para ello nuestro editor de HTML preferido (en nuestro caso será *HomeSite*) y el navegador Internet Explorer 5.0. Para crear un documento HTML que incluya gráficos VML es necesario seguir los siguientes pasos:

1. Debemos incluir en nuestro documento HTML un nuevo espacio de nombres, para que el *parseador* de Internet Explorer sepa a qué especificación de lenguaje nos referimos cuando deseamos incluir una etiqueta VML dentro de nuestra página HTML. Dicha especificación se realiza mediante una declaración de espacio de nombres (*namespace*) dentro de la etiqueta <html>. Nuestra página por tanto comenzaría así:

```
<html xmlns:v="urn:schemas-microsoft-com:vml">
<head><title>VML</title></head>

<body>

</body>
</html>
```

2. A continuación, es necesario incluir en nuestra página HTML una declaración de objeto ActiveX, que será el encargado de reconocer y permitir la ejecución de etiquetas VML. Por tanto, añadiremos a nuestro documento HTML la siguiente etiqueta, dentro de la cabecera de documento (entre las etiquetas "<head>" y "</head>").

```
<object id="VML" classid="CLSID:10072CEC-8CC1-
11D1-986E-00A0C955B42E">
</object>
```

3. El siguiente paso es definir un estilo CSS para la visualización de las etiquetas VML. En este caso, se utilizará el anterior objeto como objeto de "Behavior", especificación creada por Microsoft para la automatización de tareas y componentes dentro de su navegador. Este estilo se define como siempre con la etiqueta "<sytle>" y, de igual forma, se incluirá entre las etiquetas "<head>" y "</head>".

```
<style>
   v\:* { behavior: url(#VML) }
</style>
```

4. Por último, ya únicamente nos queda definir nuestros objetos VML dentro de nuestra página. Aquí sin duda alguna entran o entrarán en juego las herramientas de autor de gráficos vectoriales, ya que aunque es posible realizarlos a mano (no olvidemos que al fin y al cabo se fundamentan en una estructura textual basada en XML), la complejidad de formas hace casi imprescindible una herramienta de ayuda en la creación de este tipo de documentos. Pruebe a escribir la siguiente página en su editor HTML (Homesite o cualquier otro similar) y a visualizarla con Internet Explorer 5. En pantalla se visualizará una estrella amarilla como la de la figura 7.9.

```
<html xmlns:v="urn:schemas-microsoft-com:vml">
<head><title>VML</title>
<object id="VML" classid="CLSID:10072CEC-8CC1-
11D1-986E-00A0C955B42E">
</object>
<style>
v\:* { behavior: url(#VML) }
</style>
</head>

<body>
<v:shape style='top: 0; left: 0; width: 250;
height: 250'
      stroke="false" strokecolor="blue"
      fill="true" fillcolor="yellow"
      coordorigin="0 0" coordsize="175 175">
<v:path v="m 8,65 l
72,65,92,11,112,65,174,65,122,100,142,155,92,121,42,155,60,100
x e"/>
</v:shape>

</body>
</html>
```

Como puede observar, la cantidad de código que requiere una definición de un objeto VML es bastante reducida, aunque como ya hemos dicho, el sistema de coordenadas hace casi obligatorio el uso de una herramienta de autor. En cualquier caso, investigue las posibilidades que le puede ofrecer VML en su campo laboral. Presentaciones, esquemas, indicaciones, etc. se pueden realizar todos con VML.

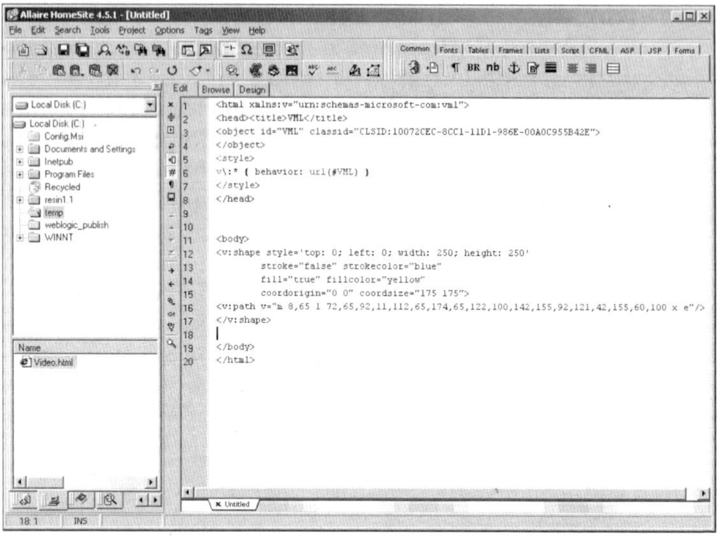

Figura 7.8. Nuestra página VML antes de ser visualizada

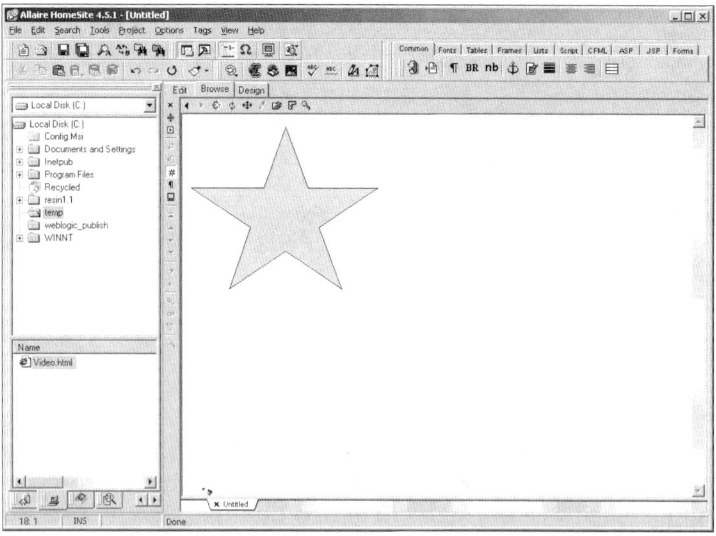

Figura 7.9. Nuestra página VML visualizada en Homesite (este programa utiliza internamente a Internet Explorer para la visualización)

No olvide tampoco visitar frecuentemente el site de la W3C (http://www.w3c.org) para obtener información actualizada sobre este lenguaje, así como para obtener las DTD adecuadas y de igual forma actualizadas.

7.6.2. SVG

De forma paralela a la aparición de VML la compañía Adobe, famosa por sus aplicaciones de diseño gráfico (*PhotoShop, Illustrator*, etc.) y por el archiconocido visualizador de ficheros PDF *Adobe Acrobat*, presenta al mercado una alternativa a VML, bajo la forma de un segundo formato de representación de gráficos vectoriales llamado SVG.

SVG (*Scallabe Vector Graphics*) se presenta como uno de los estándares más poderosos del mercado en lo que a representación de gráficos se refiere, en parte por la gran fuerza comercial de su empresa creadora, y para el próximo año se espera una plena compatibilidad con los principales navegadores y aplicaciones de diseño gráfico.

La especificación de SVG posee muchas de las cualidades que ya posee su "rival" VML, como integración con el estándar CSS y con el modelo de documento DOM, añadiendo nuevas funcionalidades como posibilidad de Zoom, manejo de tipografías, búsquedas de gráficos y ciertas posibilidades de interacción con el usuario.

7.7. WIDL

Uno de los problemas que está descubriendo una segunda generación de desarrolladores software para Web es la integración entre distintos sistemas. Las empresas y organizaciones cada vez abordan proyectos más ambiciosos con portales monumentales con una importante carga de desarrollo y de información, pero poca gente se ocupa de la integración de su site o portal (vertical u horizontal) con el resto de Internet. Por poner una imagen gráfica, es como la antigua Grecia. Existen una multitud de "polis", pero con poca conexión entre ellas.

Para solucionar esto se hace necesario un mecanismo y lenguaje de "conversación" entre todos estos sistemas que permita a un site descubrir y obtener información sobre los servicios que otro site ofrece a Internet. Para solventar esta situación se ha creado el lenguaje WIDL, derivado directamente de la especificación XML. Por tanto, WIDL ofrece una sintaxis adecuada para la integración de aplicaciones con los documentos o formularios HTML o XML existentes en un sitio Web. Así, será posible integrar aplicaciones de todo tipo (Internet, Desktop, Intranet, etc.) a través del protocolo HTTP, que actuará como nexo común.

WIDL se refiere por tanto a "Web Interface Definition Language" o "Lenguaje de Definición de Interfaces Web", con obvias connotaciones hacia el lenguaje de definición de interfaces IDL, estándar de la OMG, y que se utiliza ampliamente en tecnologías de desarrollo orientado a objetos como CORBA o COM.

> **Nota:** *Podrá encontrar información sobre WIDL en el sitio web del World Wide Web Consortium (http://www.w3.org/TR/NOTE-widl).*

Por tanto, los beneficios de la utilización del lenguaje WIDL van a venir desde el punto de vista de poder utilizarlo como software "middle-ware" orientado a la integración y automatización de distintas aplicaciones y servicios. Sus beneficios fundamentales son los siguientes:

1. Se recoge y publica información sobre los servicios de las aplicaciones Web implicadas
2. Deja de ser necesaria la utilización de un navegador de Internet para acceder a las aplicaciones Web.
3. La comunicación se realiza a través del protocolo HTTP, por lo que se elimina la necesidad de acceder a ellas por puertos TCP/IP especiales, y por tanto los FireWalls o cortafuegos de Internet no afectarán al sistema.
4. Se simplifica la utilización y sincronización de distintas aplicaciones heterogéneas.

La especificación WIDL se basa en una DTD que recoge los elementos y atributos necesarios para llevar a cabo esta comunicación entre aplicaciones. A continuación vamos a ver cada uno de estos elementos y su uso:

Elemento	Descripción
<WIDL>	Este elemento define un interfaz dentro del sistema, que puede contener múltiples elementos SERVICE y BINDING.
<SERVICE>	Un elemento SERVICE agrega distintos elementos de enlace (BINDING) tanto de entrada como de salida.
<BINDING>	Este elemento representa a un "enlace" del sistema, y define las variables de entrada y salida, así como las condiciones especificadas por el método a ejecutar.
<VARIABLE>	Este elemento define los parámetros utilizados en el servicio, ya sea de entrada, salida o internos. Son las variables de "toda la vida".
<CONDITION>	Los elementos CONDITION implementan parte de lógica del sistema y definen las condiciones de los métodos así como los mensajes de error producidos.
<REGION>	Define regiones dentro de los documentos solicitados para poder recoger la información necesaria.

7.8. WML

WML es un lenguaje basado en XML para el desarrollo de aplicaciones para dispositivos WAP. Como probablemente sabrá, el protocolo WAP es un sistema que incorporan cada vez más teléfonos móviles, y que ofrece un sistema parecido al de navegación por Internet, con las limitaciones obvias de este tipo de terminales.

Básicamente WML se trata de un lenguaje muy similar a HTML, con el que comparte numerosas etiquetas como <b>, <img>, etc. pero que se adecua a las características de los terminales telefónicos (pantalla reducida, poca velocidad de conexión, recursos escasos, nula capacidad multimedia, etc.)

Para utilizar aplicaciones WML, es necesario tener un móvil o dispositivo móvil (como una PDA) que sea capaz de ejecutar aplicaciones WAP. Dichas aplicaciones tienen una operativa similar a la de HTML con HTTP. Es decir, se basa en un sistema de pedir "páginas" muy similar.

Los tipos MIME otorgados a WML y relacionados son los siguientes:

	MIME	*Extensión*
Código WML	text/vnd.wap.wml	.wml
Imágenes wbmp	image/vnd.wap.wbmp	.wbmp
WMLScript:	text/vnd.wap.wmlscript	.wmls
WML compilado:	application/vnd.wap.wmlc	.wmlc
WMLScript compilado:	application/vnd.wap.wmlscriptc	.wmlsc

Para comenzar a desarrollar páginas WML es necesario obtener las herramientas adecuadas. Aquí sí que necesitaremos algo más que un simple editor de textos. Necesitamos un emulador WAP que sea capaz de visualizar en pantalla las páginas WML tal y como lo haría un teléfono móvil.

Actualmente en el mercado existen distintos emuladores WAP, algunos con editor de código incorporado y otros no. A continuación presentamos una pequeña lista de herramientas de desarrollo para WML:

Nombre	*Link*
Ericsson SDK	http://www.ericsson.com/
MobileDev	http://mobiledev.speedware.com/
Motorola	http://www.motorola.com/developers/wireless/
Nokia SDK	http://www.nokia.com/wap/index.html
UP SDK	http://www.phone.com/products/upsdk.html

Es necesario aclarar que a menudo es necesario utilizar una combinación de todos ellos, ya que por las características de los distintos dispositivos WAP, se hace imprescindible comprobar nuestros desarrollos en el mayor número de terminales posibles. Algunos terminales aceptan imágenes, otros no, otros tienen una pantalla muy pequeña, otros muy grande, etc.

Para los ejercicios que vamos a ver en este libro, utilizaremos el SDK de Nokia, uno de los más populares y fiables. Comencemos por tanto con una sencilla página WML.

```
<?xml version="1.0"?>
<!DOCTYPE wml PUBLIC «-//WAPFORUM//DTD WML 1.1//EN"
«http://www.wapforum.org/DTD/wml_1.1.xml">
<wml>
<card id="main">
<p>Tarjeta de inicio<br /></p>
<p>Hola mundo!</p>
</card>
</wml>
```

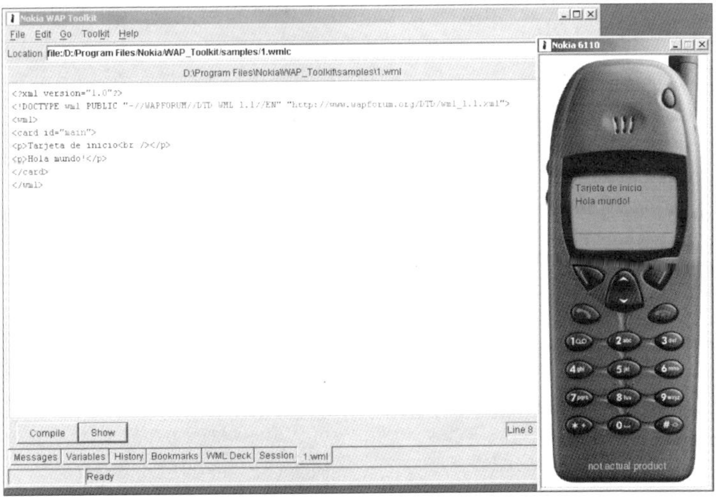

Figura 7.10. Aspecto de nuestra primera página WML en el Kit de desarrollo de Nokia

El funcionamiento básico de las páginas WML es a través del concepto de CARD o tarjeta. Un elemento CARD es un elemento incluido dentro de una página WML, y que muestra una información en el terminal WAP. Una página WML puede tener distintos elementos CARD. Veamos una segunda página con dos elementos CARD:

```
<?xml version="1.0"?>
<!DOCTYPE wml PUBLIC "-//WAPFORUM//DTD WML 1.1//EN"
"http://www.wapforum.org/DTD/wml_1.1.xml">
<wml>
<card id="main">
<p>Tarjeta de inicio<br /></p>
<p>Hola mundo!<br />
<a href="#card_b">Pasar a la carta "card_b"</a>
</p>
</card>

<card id="card_b">
<p>Ya estamos aqui...</p>
</card>

</wnl>
```

Veamos ahora una tercera página que juega un poco más con el juego de caracteres que nos deja utilizar el lenguaje WML:

```
<?xml version="1.0"?>
<!DOCTYPE wml PUBLIC "-//WAPFORUM//DTD WML 1.1//EN"
"http://www.wapforum.org/DTD/wml_1.1.xml">
<wml>
<card id="main">
<p>

<b>Caracteres en Negrita </b> <br />
<i>Caracteres en Cursiva </i> <br />
<em>Caracteres en Enfasis </em> <br />
<strong>Caracteres Strong</strong> <br />
<u>Caracteres en Subrayado </u> <br />
<big>Caracteres en letra grande </big> <br />
<small>Caracteres en letra pequeña </small> <br />

</p>
</card>

</wml>
```

Como se puede observar, WML es capaz de realizar páginas de una forma y una sintaxis muy similar a la de HTML. El estándar de WML recoge muchas otras características, como utilización de imágenes, uso de tablas, etc., que dejamos a otros libros explicar con mayor grado de detalle. Si le interesa profundizar en el mundo de WML y

WAP, puede visitar alguno de los enlaces que suministramos al final del libro.

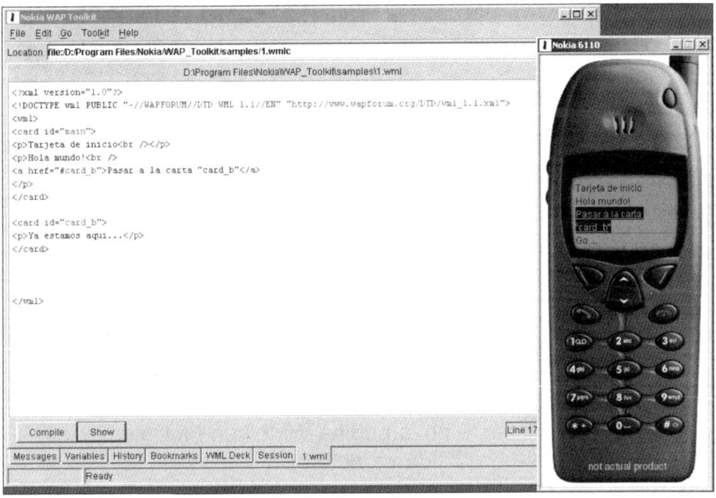

Figura 7.11. Aspecto de la página WML situada en el primer elemento CARD

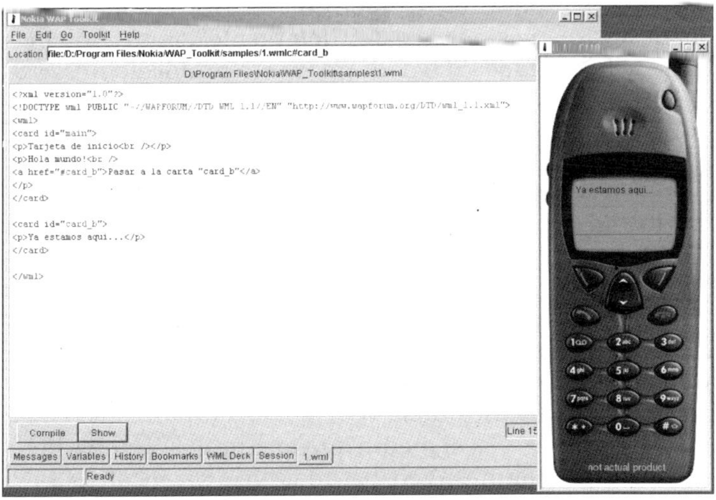

Figura 7.12. Aspecto de la página WML situada en el segundo elemento CARD

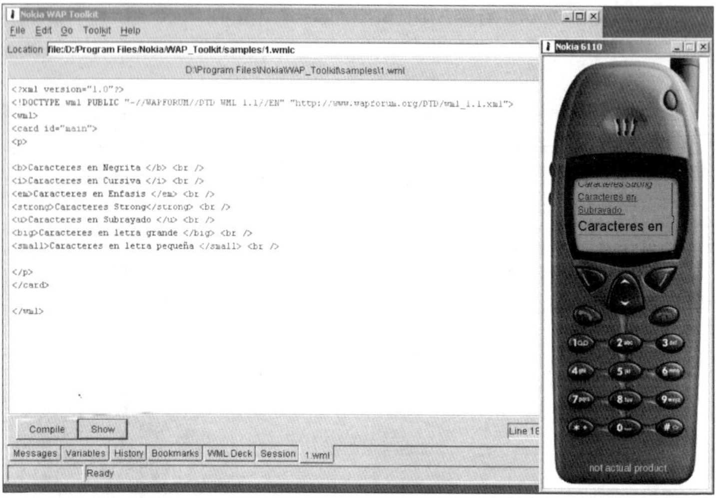

Figura 7.13. Aspecto de la página WML con múltiples juegos de caracteres

7.9. SOAP

SOAP es, para todo aquél que conozca la lengua de Shakespeare, un sinónimo de "detergente", pero nada más lejos de la realidad. SOAP es un nuevo protocolo desarrollado por una serie de importantes empresas del sector (tales como Microsoft, IBM y Developmentor) que se utiliza para la ejecución de objetos de forma remota en sistemas cliente-servidor basados en el protocolo HTTP.

Hoy en día, la preocupación por cómo se desarrollará el mundo del software de Internet supone un alto porcentaje en cualquier departamento de desarrollo o de I+D. Es notorio que no todos los elementos, protocolos o servicios integrantes de la red han evolucionado de una forma similar, debido en gran parte a su nivel de aceptación por parte de los usuarios de la red.

Sin duda alguna, el medio que más ha evolucionado ha sido el de las páginas Web, basadas en el protocolo HTTP, y a las que se accede con los populares navegadores de Internet (presentes en casi cualquier ordenador de sobremesa).

Resulta de obligada observación el que en un lapso relativamente pequeño de tiempo (unos cuatro o cinco años) este modelo ha experimentado una importante evolución. Desde un sencillo modelo de descarga de páginas estáticas (HTML), prácticamente con ningún elemento de dinamicidad, se ha evolucionado hacia un sistema de aplicaciones CGI, y finalmente a toda una explosión de tecnologías relacionadas con el tema.

Así, actualmente y a final del año 2000, el conjunto de tecnologías que reinan en este medio, y por tanto en un gran porcentaje de la informática mundial, se compone de sistemas de páginas dinámicas (ASP, JSP, Servlets, etc.), sistemas más profesionales servidores de aplicaciones, arquitecturas n-tier (Windows DNA, J2EE, etc.), sistemas de integración con mainframes, tecnologías Wireless, y sistemas de e-commerce y e-business.

Pero como decíamos, no todos los sistemas de Internet han evolucionado de igual forma. Algunos, como el malogrado Gopher, desaparecen por momentos de la red. Otros sistemas y protocolos de Internet siguen ofreciendo la misma funcionalidad que hace veinte años, obviamente con muchas mejoras, pero con un nivel tecnológico mucho menor. Tal es el caso del protocolo de transferencia de archivos (FTP), inalterado desde hace años, o Telnet.

En el caso de los protocolos de correo electrónico (SMTP, POP3, MIME, IMAP4) es algo distinto, porque aunque ha sufrido mejoras, la mayoría relacionadas con su integración con el mundo HTTP, el funcionamiento básico sigue siendo el mismo. Si abrimos cualquier cliente de correo, vemos que la mecánica sigue siendo la misma, habiendo evolucionado únicamente el contenido de los mensajes, que en su mayoría han evolucionado hacia un modelo HTML.

En el caso que nos trata en relación a SOAP, que es el del protocolo de navegación HTTP, las deficiencias se han hecho algo más notables con el tiempo. La primera especificación HTTP 1.0 ha sido ampliamente utilizada por los navegadores de todo el mundo para acceder a billones de páginas Web o a aplicaciones de I*Net (Internet, Intranet y Extranet).

La nueva especificación 1.1 del protocolo añade una importante cantidad de funcionalidad al mismo, pero sigue basándose en la misma mecánica que veremos a continuación.

7.9.1. Especificación

Todas las aplicaciones que son construidas bajo el modelo ofrecido por el protocolo HTTP se pueden dividir actualmente en dos grandes grupos. El primero de ellos es el de aplicaciones basadas en sistemas de páginas activas y plantillas. El segundo gran grupo es el referido a los servidores de aplicaciones.

SOAP pretende ser una ayuda principalmente para el primer grupo, ya que es tradicionalmente el menos orientado a objetos y en el que peores modelos de aplicación se están desarrollando en la actualidad. Este grupo cuenta con el problema principal de no poder manejar objetos desde la parte cliente a la servidora si no es con soluciones desarrolladas específicamente por el desarrollador.

Por el contrario, los sistemas basados en servidores de aplicaciones ofrecen un modelo mucho más moderno y orientado a componentes, pero con un grave problema. Si desean ofrecer funcionalidad Web, deben basarse igualmente en sistemas de páginas activas, y si no, deben ofrecen sus servicios a través de puertos TCP/IP no estándares (distintos del conocido puerto 80 de HTTP), y por tanto pueden tener problemas para atravesar los sistemas de FireWall de Internet, ya que de forma habitual los administradores de servidores Internet cierran todos los puertos no conocidos y estrictamente necesarios, en un intento de minimizar los riesgos de ataques externos por parte de hackers y otros intrusos.

SOAP *(Simple Object Access Protocol)* se presenta entre estos dos mundos como un protocolo de comunicaciones que permite enlazar el sistema de aplicación implementado por el protocolo HTTP con las tecnologías orientadas a objetos del mercado.

SOAP se configura desde un principio como una gran idea, y como su nombre indica, como un sistema "simple" por encima de todo. De cualquier forma, la necesidad o no necesidad de implementar SOAP dependerá de las expectativas que el desarrollador de software tenga para su plataforma o aplicación de I*Net, ya que SOAP se presenta no como un sustitutivo, sino como una alternativa que busca el ofrecer a un anticuado y reducido modelo de programación nuevas capacidades de orientación a objetos.

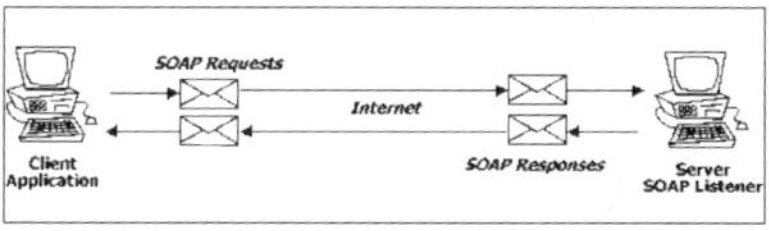

Figura 7.14. Esquema básico del protocolo SOAP

Por todo esto, SOAP se configura desde un principio como un protocolo construido por encima de la infraestructura de las capas TCP/IP y HTTP existentes. SOAP es capaz de funcionar sin realizar ningún cambio en los protocolos actuales, ya que lo único que hace es añadir una nueva capa a las ya existentes. La especificación o mecánica de SOAP es realmente muy sencilla.

SOAP se basa en aprovechar la mecánica habitual de las peticiones de página por HTTP, añadiéndole una información adicional basada en una especificación de lenguaje basada en XML. Por tanto, siempre que se trabaje con SOAP, habrá que tener en mente una estructura muy simple: por un lado, la petición de URL mediante HTTP, y por otro, la estructura del documento XML que se envía o recibe en cada petición.

7.9.2. Mecánica

SOAP define una especificación para la implementación de un protocolo de comunicaciones tipo RPC (*Remote Procedure Call*) que se distingue por permitir la ejecución de objetos de forma remota mediante un protocolo simple y con poca carga de datos o comunicaciones. Para ello, SOAP define una estructura de documento XML, que define dos espacios de nombres o namespaces. Estos namespaces son los llamados *Envelope* y *Serialization*. Un mensaje de SOAP se compone básicamente de una sección Envelope, una cabecera del mensaje y un cuerpo del mensaje.

La sección *Envelope* se utiliza para identificar al mensaje como un mensaje propio del protocolo SOAP. Por otro lado, la cabecera se utiliza para añadir funcionalidad a los mensajes SOAP definiendo una serie de atributos opcionales o no que pueden utilizarse en la comunicación cliente-servidor por medio de este protocolo. Y por último, el cuerpo del mensaje SOAP, que se utiliza para intercambiar la información relativa a la aplicación que esté utilizando este sistema.

El cuerpo del mensaje SOAP se distingue por tener que ser hijo directo de la sección Envelope (cuando trabajamos con XML los términos "hijos" y "padres" se utilizan para referirnos a las relaciones de unos elementos con otros en relación a si los unos están contenidos dentro del ámbito de los otros). Dentro de la sección BODY del mensaje SOAP se define un atributo en concreto llamado "Fault", que se utiliza para intercambiar información de estado o error entre las aplicaciones cliente y el servidor. Así, este atributo se utilizará para informar de cualquier error que se haya producido, ya sea por error en la sintaxis del documento XML, por un error interno de la aplicación, etc. El atributo Fault debe aparecer una única vez dentro del cuerpo del mensaje, tal y como se indica en la especificación actual de este protocolo.

SOAP es un protocolo de muy reciente aparición y que hasta la aparición de plataformas como Microsoft .NET no comenzará a ser utilizado de forma general. Como todo nuevo sistema que aparece en el mercado, SOAP introduce una gran cantidad de características y nuevos tipos de funcionalidades en la tarea de instaciación remota de objetos por Internet.

Apéndice A

Lista de acrónimos

En este apéndice se recoge a modo de resumen el conjunto de acrónimos y tecnologías aparecidas en esta Guía Práctica y que en general nos encontraremos en el día a día del trabajo con el lenguaje XML. Quizá resulte algo excesiva, no la lista en sí, sino la cantidad de acrónimos que a partir de la explosión de XML ha surgido. Una pista: habitualmente todos los lenguajes derivados de XML acaban con las letras "ML" (Markup Language).

3DML	3D Markup Language	Lenguaje de marcado para modolos de objetos en tres dimensiones.
ADO	ActiveX Data Objects	Librería basada en COM de Microsoft para el acceso a fuentes heterogéneas de datos.
ADO+	ActiveX Data Objects Plus	Evolución de ADO.
ASCII	American Standard Code for Information Exchange	Tabla de códigos de referencia de los caracteres alfanuméricos.
ASP	Active Server Pages	Tecnología de gestión de páginas web en servidor de Microsoft (versión 3).
CDF	Channel Definition Format	Lenguaje de marcado para la cración de canales de información Web.

CML	Chemistry Markup Language	Lenguage de representación de fórmulas químicas basado en XML.
CSS	Cascading Style Sheets	Hojas de estilo en cascada. Se utilizan para ofrecer formato a documentos XML o HTML, asilando los datos del formato.
DCD	Document Content Description	Sistema de esquemas de definición de documentos.
DDbE	Data Descriptors by Example	Librería de creación de documentos DTD o XML-Schema a partlr de la información contenida en documentos XML previamente existentes.
DHTML	Dinamic HTML	HTML dinámico. Se forma de una conjunción de HTML, hojas de estilo en cascada (CSS) y lenguajes de script como JavaScript o VBScript.
DOM	Document Object Model	Estándar de control y estructuración de objetos de documentos.
DSO	Data Source Objects	Tratamiento de datos en código HTML o XML.
DSSSL	Document Style and Semantics Specification Language	Estándar que especifica la transformación y el formateado de documentos SGML y XML.
DTD	Document Type Definition	Descripción para la validación de documentos XML. Incluido en la norma principal de XML.
ECMA	ECMA Script	Estándar del lenguaje de script denominado como JavaScript.
EDI	Electronic Data Interchange	Sistema comercial de intercambio de documentos en formato electrónico.

HTML	HyperText Markup Language	Lenguaje para la creación de páginas web relacionadas por hipertexto.
HTTP	HyperText Transport Protocol	Protocolo de comunicaciones utilizado por los navegadores de Internet para el acceso a recursos Web, tales como páginas HTML o ficheros multimedia.
ISO	International Standard Organization	Organización internacional para la normalización.
Java	JAVA	Lenguaje de programación orientado a objetos desarrollado por Sun Microsystems.
Javascript	JavaScript	Lenguaje de script utilizado principalmente en los navegadores de Internet. Desarrollado por Netscape y actualmente con implementaciones de Mozilla (Rhino).
MathML	XML para matemáticas	Lenguaje estándar de marcado para la representación de fórmulas matemáticas utilizado por las principales aplicaciones de cálculo actuales.
OFX	Open Financial eXchange	Lenguaje estándar de marcado para el intercambio de datos financieros. Es utilizado por las principales aplicaciones de gestión financiera personal, tales como Quicken o Microsoft Money.
P3P	Platform for Privacy Preferences	Estándar sobre el control de información personal sobre los usuarios.

PGML	Precision Graphics Markup Language	Especificación de gráficos XML promovida por Adobe.
PICS	Platform for Internet Content Selection	Lenguaje para la clasificación de recursos en Internet en base a una serie de parámetros de contenido.
RDF	Resource Descriptor Format	Lenguaje para la descripción de recursos de Internet.
SAX	Simple API for XML	Interfaz de programación para la manipulación de documentos XML.
SGML	Standard Generalized Markup Language	Norma primaria de los lenguajes de marcado generalizado.
SMIL	Synchronized Multimedia Integration Language	Lenguaje de marcado para la creación de presentaciones multimedia.
SVG	Scalable Vector Graphics	Especificación de gráficos vectoriales basada en XML.
VBScript	Visual Basic Script	Lenguaje de script desarrollado por Microsoft.
VML	Vector Markup Language	Especificación de gráficos vectoriales basada en XML.
VoxML	Voz XML	Lenguaje de marcado para la creación de aplicaciones interactivas basadas en la voz.
W3C	World Wide Web Consortium	Consorcio para la definición de normas en la Web.
WML	Wireless Markup Language	Lenguaje de marcado para dispositivos Wireless.
XHTML	Extensible Hyper-Text Markup Language	Especificación de HTML basada en XML.

XLink	XML Linking Language	Lenguaje para la definición de hiperenlaces entre documentos XML.
XML	Extensible Markup Language	Leer el libro!
XML-Name spaces	XML Namespaces de nombre de XML.	Descripción de espacios.
XML-Schemas	XML Schemas	Especificación de esquemas de XML (en desarrollo).
XPath	XML Path	Lenguaje mediante el que se puede hacer referencias a partes de un documento XML.
Xpointer /XPL	XML Pointer Language	Lenguaje para la definición de hiperenlaces internos.
XQL	XML Query Language	Lenguaje de consulta de datos basado en XML.
XSL	Extensible Stylesheet Language	Lenguaje para aplicar estilos y transformaciones sobre documentos XML.
XSLT	XSL Transformation	Parte de XSL que describe como convertir un documento XML en otro documento XML o HTML.

Apéndice B

XSLT y Microsoft

XSLT es un estándar propio de la W3C. Hasta este punto las cosas van bien. Pero uno de los participantes en la elaboración del estándar, y el que antes tuvo preparada una versión estable de producción de transformaciones XSL, Microsoft, realizó una serie de librerías no compatibles totalmente con el estándar de la W3C. A continuación reproducimos una lista de las funcionalidades que tienen unas y otras, como referencia al programador.

Las cabeceras de las columnas representan las implementaciones de la W3C (la primera de todas ellas) y las distintas versiones "Release" que ha lanzado Microsoft al mercado. La leyenda de dichas columnas es la siguiente:

Especificación de la W3C	*W3C*
MSXML 2.0 (Distribuido mayoritariamente con Internet Explorer 4.0)	MSXML2
MSXML 2.6 Release de enero de 2000	MSXML26
MSXML 3.0	MSXML3

Listado de funciones XSLT

	W3C	*MSXML2*	*MSXML26*	*MSXML3*
[msxml:script]		X	X	X
[xsl:apply-imports]	X			X
[xsl:apply-templates]	X	X	X	X

(Continúa)

	W3C	MSXML2	MSXML26	MSXML3
[xsl:attribute]	X	X	X	X
[xsl:attribute-set]	X			X
[xsl:call-template]	X			X
[xsl:choose]	X	X	X	X
[xsl:comment]	X	X	X	X
[xsl:copy]	X	X	X	X
[xsl:copy-of]	X		X	X
[xsl:decimal-format]	X		X	X
[xsl:element]	X	X	X	X
[xsl:fallback]	X			X
[xsl:for-each]	X	X	X	X
[xsl:if]	X	X	X	X
[xsl:import]	X			X
[xsl:include]	X		X	X
[xsl:key]	X			X
[xsl:message]	X			X
[xsl:namespace-alias]	X			X
[xsl:number]	X			X
[xsl:otherwise]	X	X	X	X
[xsl:output]	X		X	X
[xsl:param]	X		X	X
[xsl:preserve-space]	X			X
[xsl:processing-instruction]	X	X	X	X
[xsl:sort]	X		X	X
[xsl:strip-space]	X		X	X
[xsl:stylesheet]	X	X	X	X
[xsl:template]	X	X	X	X

(Continúa)

	W3C	MSXML2	MSXML26	MSXML3
[xsl:text]	X	X	X	X
[xsl:transform]	X			X
[xsl:value-of]	X	X	X	X
[xsl:variable]	X		X	X
[xsl:when]	X	X	X	X
[xsl:with-param]	X		X	X

Funciones

	W3C	MSXML2	MSXML26	MSXML3
[current]	X		X	X
[document]	X			X
[element-available]	X			X
[format-number]	X			X
[function-available]	X			X
[generate-id]	X			X
[key]	X			X
[system-property]	X			X
[unparsed-entity-url]	X			X

Funciones XPath

	W3C	MSXML2	MSXML26	MSXML3
[boolean]	X		X	X
[ceiling]	X			X
[concat]	X		X	X
[contains]	X		X	X
[count]	X		X	X

(Continúa)

	W3C	MSXML2	MSXML26	MSXML3
[false]	X		X	X
[floor]	X			X
[id]	X	X	X	X
[lang]	X			X
[last]	X	X	X	X
[local-name]	X		X	X
[name]	X		X	X
[namespace-uri]	X		X	X
[normalize-space]	X		X	X
[not]	X		X	X
[number]	X		X	X
[position]	X		X	X
[round]	X			X
[starts-with]	X		X	X
[string]	X		X	X
[string-length]	X		X	X
[substring]	X		X	X
[substring-after]	X		X	X
[substring-before]	X		X	X
[sum]	X			X
[translate]	X		X	X
[true]	X		X	X

Apéndice C

Comparativa de motores XSLT

Como apéndice final a este libro incluimos una comparativa publicada en Internet (lo notará entre otras cosas porque está en inglés) sobre el rendimiento de distintos procesadores XSLT. La comparativa corresponde a diciembre de 2000, lo que es una buena fecha en el desarrollo de la tecnología. Consideramos que resulta muy interesante debido a la gran pugna por el rendimiento que tienen todas las casas fabricantes de motores de transformación XSLT. La URL de Internet en la que podrá encontrar esta comparativa actualizada es http://www.tfi-technology.com/xml/xslbench.html. Aquí la tenemos:

XSLBench – 2.0

La prueba XSLBench es una prueba de rendimiento para procesadores XSLT. Esta prueba de rendimiento mide los tiempos que tardan los procesadores XSLT en realizar la transformación de una serie de documentos XML, y la cantidad de desviación de esos tiempos respecto de un tiempo medio.

Esta prueba ha sido diseñada para probar los motores de XSLT bajo circunstancias de máxima carga, en un entorno de generación de páginas Web, generación de documentos y generación y cálculo de estadísticas, tres de los casos más utilizados.

Desde que estas pruebas fueron creadas, la empresa Datapower ha realizado también unas pruebas, llamadas XSLTMark, que actúan de forma similar, aplicando una serie de pruebas a los motores de XSLT.

Resultados

Desde la última vez que se realizaron las pruebas, ha habido una serie de cambios y nuevas apariciones en el mundo de los procesadores XSLT. Los cambios más importantes han sido los siguientes:

- El rendimiento del motor "Napa" no ha cambiado significativamente desde la última comparativa.
- El motor MSXML está ya en una versión de producción, con mejoras de rendimiento en torno a un 10-20% sobre la versión de septiembre.
- Saxon 6.0.1 ha corregido un problema de rendimiento que le estaba dando un mal resultado. Los últimos resultados le sitúan más cerca del motor XT.
- Resin 1.2b3 resulta una auténtica promesa en su primera aparición en la comparativa.
- Xalan Java 1.2.2 parece haber dado un paso atrás en su rendimiento con mucho peores resultados que la versión 1.2D02.

Comparativa

La siguiente tabla muestra una media de los resultados de las pruebas de los distintos motores XSLT. Cada prueba es calculada como un tanto por ciento del tiempo consumido en comparación con la media de todos los motores XSLT. Esta tabla permite por tanto comparar la diferencia de velocidad entre los motores. Un motor con un valor de 100% está totalmente dentro de la media. Un motor con un 50% es dos veces más rápido que la media, etc.

Motor XSLT	*Media %*
Napa 0.4	21.83
MSXML 3	40.68
SUN XSLTC Beta 4	51.45
XT	64.43
Saxon 6.0.1	73.94
Resin 1.2b3	90.84
Sabletron 0.44	117.35

(Continúa)

Motor XSLT	Media %
Oracle Java V2 2.0.9	130.40
Xalan C 0.40	201.74
Xalan Java 1.2.2	214.48

Nota:

- *El procesador "Napa" es de producción propia.*
- *Los resultados de los motores que no se adecúan a la especificación XSLT no aparecen en el test precisamente por esta razón.*

Otros motores XSLT

En estos motores se ha intentado realizar las pruebas pero no ha sido posible por una razón u otra. En un futuro seguirán siendo analizados.

- SourceForge XSLTC: Hojas de estilo compiladas, pero falló en la ejecución del test2 y del test3.
- Oracle C++ V2 2.0.7: El Test3 ocasionaba un bucle infinito.
- Xalan C 1.0: Tiene problemas de memoria con las hojas de estilo compiladas.
- 4XSLT: No fue posible configurar el entorno de Python para ejecutarlo.
- TransformMiiX: No soporta Windows 2000.
- Unicorn: Sólo se distribuye como un programa EXE.

Resultados absolutos

La tabla y el gráfico siguientes muestran el rendimiento de cada motor XSLT en cada prueba. Los tiempos están medidos en milisegundos. Las pruebas se realizaron en un ordenador PentiumIII 550Mhz con 196Mb y Windows 2000.

Motor XSLT	Test1 (ms)	Test2 (ms)	Test3 (ms)
Napa 0.4	1.27	54.28	43.56
MSXML3	2.70	101.35	74.21

(Continúa)

Motor XSLT	Test1 (ms)	Test2 (ms)	Test3 (ms)
Sun XSLTC (Beta 4)	5.51	108.66	65.49
XT	4.90	128.88	128.09
Saxon 6.01	7.60	173.65	87.72
Resin 1.2b3	6.00	255.57	144.71
Sabletron 0.44	14.12	266.18	104.25
Oracle Java V2 2.0.9	8.61	373.13	167.44
Xalan C 0.4	3.60	540.00	540.00
Xalan Java 1.2.2	27.64	266.28	315.35

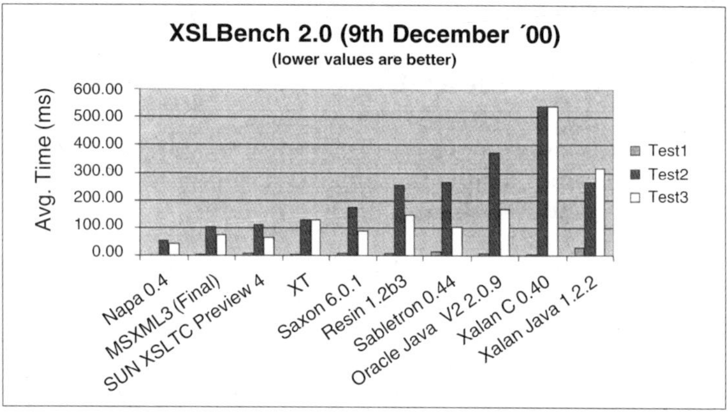

Entorno de pruebas

El entorno de ejecución Java bajo el que se están realizando las pruebas puede suponer una gran diferencia en los resultados finales de las mismas. Para esta prueba se ha utilizado el estándar del JDK 1.3. Utilizando otra máquina virtual Java se puede aumentar el rendimiento de dichos motores XSLT.

También influye en los resultados qué procesadores XML se hayan utilizado. En las pruebas se han utilizado las siguientes combinaciones:

- Sun XSLTC - Internal (JAXP/ProjectX)
- MSXML - Internal
- Napa - Expat
- Sabletron - Expat

- Saxon - Ælfred
- Xalan C - Xerces C 1.2.0a
- Xalan J - Xerces J ??
- XT - JAXP 1.0
- Oracle J V2 - Internal

También se ha probado el motor Saxon contra JAXP1.0 (ProjectX) pero el resultado ha sigo algo más lento que con Ælfred.

Pruebas de velocidad

Las pruebas utilizadas han sido diseñadas para imitar la utilización más común del lenguaje XSLT. Han sido diseñadas de forma que expresen de forma correcta la compatibilidad de los distintos motores XSLT con el estándar XSLT.

Estas son las pruebas utilizadas:

- Test 1 – "Construcción de página Web"
  Esta prueba es típica de las páginas Web que son construidas vía XSLT. La hoja de estilo contiene casi una página HTML completa. En la transformación, algunos datos tipo tabla son extraídos del XML e insertados en la página generada. Esta prueba se basa en la velocidad de salida de datos del motor XSLT.
- Test 2 – "Generación de documentos"
  Esta prueba se basa en la generación de grandes ficheros de texto. La hoja de estilo utiliza plantillas para tratar los elementos del documento fuente y formatearlos con etiquetas HTML. El fichero XML utilizado es una obra de Shakespeare. Esta prueba se basa en la velocidad de búsqueda de "templates" del motor XSLT.
- Test 3 – "Computación de datos"
  Esta prueba se basa en el análisis de datos. Se utiliza el mismo fichero que en la prueba 2, pero esta vez se calcula la media de líneas de cada acto de la obra. Esta prueba mide la velocidad de ejecución de las expresiones Xpath.

Índice alfabético

3DML, 256

A

Abstract, 263
ADO, 133, 225
Adobe, 281
Almohadilla, 47
Amaya, 256
ANY, 77
Apache, 43, 224, 240
Applet, 235
ASCII, 46
ASP, 227, 245, 289
ATL, 108
Atributo, 78
ATTLIST, 79
Attribute, 103
AttributeType, 101, 103
AttrName, 79
Author, 264

B

BACKGROUND, 153
Base numérica, 48
BEA WebLogic, 240
Bitmap, 276

BizTalk, 243
BOX, 155

C

C++, 109
Canales Web, 260
CARD, 285
Cascading Style Sheets, 144
CDATA, 80, 120
CDF, 256, 260
CGI, 36, 134, 289
Channel Definition Format, 260
Channel, 262
CHECKED, 131
Clases especiales, 160
Clases, 167
CLASS, 168
Codificacion XML, 46
ColdFusion, 29
COLOR, 153
COM, 226, 237, 282
COM+, 231
Comentarios, 158
Comillas, 41
Component Object Model, 226
Content, 94
Copyright, 264
Corba, 282
CSE HTML Validator, 138
CSS, 144, 178, 185, 278
CSS, aplicación global, 163
CSS, aplicación individual, 163
CSS, aplicación por importacion, 163

D

Data Island, 239
DataType, 90, 91
Datos, 182
DCD, 87
DCOM, 108

Declaracion XML, 44
Default, 104
Delphi, 109
DHTML, 225
Direct3D, 258
Diseño, 182
Dispositivos móviles, 283
DIV, 179
DLL, 227
DOCTYPE, 63, 69, 122
Document Type Definition, 61
DSSSL, 35
DTD External, 64
DTD Internal, 64
DTD, 31, 53, 61, 85

E

e-Business, 289
e-Commerce, 289
EJB, 108
ELEMENT, 65, 71
Element, 98
ElementName, 79
Elemento raiz, 206
Elementos, 70
ElementType, 93, 94, 103
EMPTY, 73
Encoding, 45
Engine, 186
Enumeracion, 83
Enumeration, 102
Envelope, 291
Estructura, 39
Etiqueta, 144
Etiquetas, 46
EXE, 229
eXtensible Style Language, 186

F

Flash, 276
FONT, 147

Frameset, 135
FTP, 289

G

GIF, 276
Grins, 273
Group, 101
GUID, 229, 230

H

Helio.org, 273
Hexadecimal, 48
Hojas de Estilo en Cascada, 144, 146, 178
Homesite, 55
HTML Tidy, 139
HTML, 26, 30, 33, 40, 108, 110, 203
HTML+TIME, 272
HTTP, 23, 282

I

IBM, 43, 241
ID, 169
IIS, 227, 245
IMAP4, 289
IMPLIED, 83
Importación CSS, 173
IMPORTANT, 175
Internet Explorer, 30, 109, 188, 191
Internet Information Server, 240
ISAPI, 245
ISO 8879, 31

J

J2EE, 289
Java, 19, 235, 251
Javascript, 237
JPEG, 276
JSP, 251, 289

K

Keywords, 265

L

LastMod, 262
Link, 33, 173

M

MATCH, 190
Mathematica, 267
MathML, 43, 256, 267
MaxOccurs, 98
Metalenguaje, 22
MFC, 108
Microsoft Transaction Server, 231
Microsoft, 87, 97, 191, 223, 240
Middle Tier, 28
MIME, 194, 284, 289
MinOccurs, 98
Mixtos, 76
MOD, 221
Model, 94
MSMQ, 231
MSXML, 20, 53, 233
MTS, 231
Multicapa, 36

N

Namespace, 86, 195
Netscape Navigator, 30, 109, 188
NMTOKENS, 102
Normas, 60

O

Object Pooling, 231
OCX, 229
OleDb, 225, 233

OMG, 282
OpenGL, 258
Open-source, 141
Opera, 30, 109
OPTION, 120
ORACLE, 241
Order, 95
OSF, 229

P

Párrafo, 167
Parser, 25, 239
Patrón, 190
PDA, 30
PDF, 204
Perl, 28
PHP, 28
Plantilla predeterminada, 190
Plantilla raíz, 190
Plantilla, 187, 195, 218
POP3, 289
Position, 221
Publication data, 264
Publisher, 264

R

RAD, 109, 228
RDF, 87
RealNetworks, 272
RealPlayer, 272
Relativo, 183
Required, 104
REQUIRED, 81
root, 39
RPC, 291

S

Schedule, 266
Schema, 90

Script, 120
SELECTED, 120, 132
Serialization, 291
Servlet, 134, 289
SGML, 31, 85
Site Server, 243
SMIL, 56, 256, 272, 275
SMTP, 289
SOAP, 256, 288
Soja, 273
SPAN, 179
SQL Server, 225, 233, 243
SQL, 69, 233
Stand-alone, 45
Standard Generalized Markup Language, 31
Strict, 135
Style, 120, 164
StyleSheet, 173, 195
SUN, 28, 43, 223, 241
SVG, 256, 275, 281

T

Tag, 144
TCP/IP, 28, 282
Template, 187, 195, 199, 208
TEXT, 150
Title, 263
Transitional, 135
Type, 104

U

URL, 175, 194, 291
URN, 90, 97
UTF-8, 124

V

Validacion estricta, 122
Validacion frameset, 122
Validacion transicional, 122

Validación, 43
VBScript, 239
Version, 45
Visual Basic, 109, 237
VML, 43, 256, 275, 276, 278
VRML, 258

W

W3C, 20, 87, 139, 267
WAI, 24
WAP, 43, 188, 283
WIDL, 256, 281
Windows DNA, 20, 225, 233, 241, 289
Windows Scripting Host, 237
WML, 43, 244, 256, 283
World Wide Web Consortium, 23, 185

X

Xalan, 224, 251
Xerces, 224, 251
XHTML, 73, 107, 117, 204, 244
XML Schema, 53, 61, 87
XMLDOM, 238, 248
XPath, 253
XQL, 35
XSL Transformation, 194
XSLT Processor, 253
XSLT, 185, 209, 243

Soporte Técnico de Anaya Multimedia

Soporte Técnico

Si tiene algún problema relacionado con el contenido de nuestras publicaciones, o con el material suministrado en las mismas, por favor comuníquelo a nuestro **Departamento de Soporte Técnico** a través de alguno de estos medios:

- Teléfono, en el número **91 320 90 36**. El horario es de **Lunes a Viernes desde las 9 a las 15 horas**. En el resto del día existe un contestador automático en donde podrá dejar sus mensajes, que serán respondidos a la mayor brevedad posible.
- Fax, en el número **91 320 44 19**.
- Correo a nuestra dirección, **C/ Juan Ignacio Luca de Tena 15. 28027 Madrid**.
- e-mail a la dirección, **a_multimedia@anaya.es**.

Anaya Multimedia dispone de un servicio especial mediante el cual, cualquier persona que disponga de una DIRECCIÓN DE CORREO ELECTRÓNICO puede recibir información detallada de las nuevas publicaciones de nuestra editorial.

Si está interesado en suscribirse, puede hacerlo directamente a través de nuestro Web:

http://www.anayamultimedia.es

Una vez aquí, diríjase a la sección **Servicios** y después, al apartado **Novedades a usuarios**.

También puede contactar con nosotros a través de cualquiera de los medios antes mencionados.